U0927432

pepsi

pepsi

现代传播学丛书

丁 红

现代广告案例分析

The Analysis of Modern Advertisement Cases

清华大学出版社
北 京

内容简介

广告案例是现代传播学的具体运用。在现代社会和后现代社会，涌现出许多经典的广告案例，对产品销售做出了突出的贡献。本书通过对经典广告案例进行认真的分析，可以拓展现代传播学的研究领域，总结广告运作的经验与教训，提高中国广告人才的业务水平。本书选材严格，重点突出，分析详细，语言流畅，适合大专院校新闻传播专业师生及广告界同行阅读与参考。

图书在版编目（CIP）数据

现代广告案例分析/丁红. --北京：清华大学出版社，2010.6(2022.8 重印)
(现代传播学丛书)
ISBN 978-7-302-22563-8

Ⅰ. ①现… Ⅱ. ①丁… Ⅲ. ①广告－案例－分析 Ⅳ. ①F713.8

中国版本图书馆 CIP 数据核字(2010)第 072792 号

责任编辑：张秋玲 洪 英
责任校对：赵丽敏
责任印制：杨 艳

出版发行：清华大学出版社
网 址：http://www.tup.com.cn，http://www.wqbook.com
地 址：北京清华大学学研大厦 A 座 邮 编：100084
社 总 机：010-83470000 邮 购：010-62786544
投稿与读者服务：010-62776969，c-service@tup.tsinghua.edu.cn
质 量 反 馈：010-62772015，zhiliang@tup.tsinghua.edu.cn
印 装 者：三河市龙大印装有限公司
经 销：全国新华书店
开 本：148mm×210mm **印张**：9.5 **插页**：2 **字 数**：260 千字
版 次：2010 年 6 月第 1 版 **印 次**：2022 年 8 月第 11 次印刷
定 价：39.00 元

产品编号：037461-03

广告虽然是一种商业推销手段，但也是一种文化。成功的广告往往并不是赤裸裸地“王婆卖瓜”，相反，它要把自己的商业动机乃至商业性质巧妙地掩藏起来，给人的感觉仿佛不是在做广告。这个时候它就要借助于文学与艺术，运用各种修辞手段与叙述技巧来包装自己，这就是广告制作中至关重要的话语转换。这里所说的“包装”还不仅仅是指广告要讲究色彩、构图的美丽、巧妙，广告语言要力求文学化与诗意化；更指广告必须调用特定社会、特定文化传统中的意义阐释模式，尤其是关于现代社会的意义阐释模式。这种阐释模式常常是人们习以为常的，它们在文化的承传过程中不断地得到强化与再生产，结果变成了一种似乎“理所当然”的东西，甚至变成了人们的无意识、潜意识。在市场经济的大背景下，中国面临着在最短时间内催生最多品牌的大环境、大需求和大课题，任务十分繁重。中国的营销界、广告界必将在本土化的前提下迅速地融合、提升、细分直至成熟。而公司之间的差距已经不能简单地用本土或是4A来划分，谁能真正洞察市场局势，把握消费导向，进行整合营销，谁就是未来市场竞争中的赢家，而本书折射的正是这样一种趋势，当然，特别关注的是现代广告案例分析。

红罐王老吉的电视媒体选择了能够覆盖全国的中央电视台，并结合原有销售区域（广东、浙南）的强势地方媒体，在2003年短短几个月内，一举投入4000多万元广告费，效果立竿见影，销量得到迅速提升。同年11月，企业乘胜追击，再斥巨资购买了中央电视台2004年黄金广告时段。正是这种急风暴雨式的投放方式，保证了红罐王老吉在短期内迅速进入人们的视野，给受众一个深刻的印象，并迅速红遍大江南北。

突出文化气质，赋予产品以丰富的联想，更能增强广告作品的震撼力和感染力。今天的广告传播媒体容量是超负荷的，同类产品的与日俱增更加剧了竞争的激烈，产品同质化现象使得产品不仅要满足消费者的使用功能，更要有深刻的内涵和精神上的慰藉。"百年润发"广告巧妙地借用"百年"时间概念，展示洗发液的浓浓深情，"青丝秀发，缘系百年"的美好境界，足以给人强烈的震撼，这种力量是直白利益诉求的广告所无法表达的。

而"新电解导融技术成功治疗前列腺疾病"医疗广告中宣称的"在全国300余家大中型医院临床应用，已让数万例患者得到康复"、"数小时达到治疗目的"的内容，无相关证明材料证明，误导消费者，违反了《中华人民共和国广告法》第四条的规定。"华佗银屑王"药品广告中含有大量不科学的表示功效的断言，宣传治愈率，违反了《中华人民共和国广告法》第十四条第（一）、第（二）项的规定。这些都是失败的广告案例，值得广告从业人员深思。

我们正生活在一个广告泛滥的世界里，广告就像是这个世界的一个个细胞，植入我们生活、工作、学习、休闲、娱乐的方方面面。我们的眼睛躲避不过广告射来的五彩缤纷的光线；我们的耳朵关闭不住从四面八方钻进来的关于商品、服务与观念的声音；我们甚至可以嗅到广告散发出来的气息，随时感觉到广告的存在。本书展现了广告运作实施的全过程，包括品牌策略、传媒运用、创意表现、效果评估等综合内容，覆盖中国广告投放的重点行业，是全方位了解广告策划与运作过程的工具。本书案例覆盖了中国广告投放的主流行业，从品牌定位确立、广告市场调查、品牌文化建设、广告创意与表现，到广告媒体的巧妙使用以及活动营销的精准传播，都实现了全方位、立体化的品牌提升与理论阐述，尤其是对中国市场中颇具成长性的广告案例的分析尤为精当。

本书由丁红总负其责，曾耀农、丁钊、曾忆梦、李冬璟、欧阳秀兰、丁芊、曾耀辉参与写作，部分学生承担了资料搜集与整理工作。本书参考了许多资料，未能一一注明出处，在此一并表示谢意。

编者

2010年5月

目录

第1章 现代广告与现代艺术

广告本来从属艺术。就像一位业内人士总结的那样：广告与艺术是有着不解之缘的，并且是融于一体的。艺术得以传播后再感受（即变向宣传），这就是广告与艺术之间的关系。

在日益进步的社会环境下，在日益多元的日常生活中，广告可以说是无孔不入，无论是城市还是农村，无论是高山还是平原，无论是中心城市还是边陲之地，都逃不脱广告的阴影。事实上，今天的广告已经发展到令人眼花缭乱甚至瞠目结舌的地步，像传单、直邮、户外媒介、数字互联媒介、特殊媒介等，如影随形，挥之不去。

历史文献证明，以中国报刊为媒介的现代广告是由外商引入的。1858 年，外商首先在香港创办了《孑孓剌报》，在 1861 年后成为专登船期、物价的广告报。在这期间，外国人除了创办一些综合性报纸外，还创办了一些专业广告报刊，如《东方广告报》、《福州广告报》、《中国广告报》等。当时的广告业务，主要以船期、商品价格为主，这同五口通商之后国外商船往来频繁、货物进出种类多且数量大不无关系。1872 年 3 月 23 日，《申报》创刊，这是我国历史最久、最有名望的中文报纸。同期创办的还有《上海新报》、

《中国教会新报》等。这些报纸都刊登大量的广告，几乎达 2/3 版面。在这一时期，机械设备广告开始出现。这说明，在国内已有人在开办现代化的工业生产厂家。而现代广告与现代艺术的结合，则是后来的事情，值得我们认真分析。

1.1 现代广告的概念

广告有广义和狭义之分。广义广告包括非经济广告和经济广告。非经济广告指不以营利为目的的广告，如政府行政部门、社会事业单位乃至个人的各种公告、启事、声明等。狭义广告仅指经济广告，又称商业广告，是指以营利为目的的广告，通常是商品生产者、经营者和消费者之间沟通信息的重要手段，或企业占领市场、推销产品、提供劳务的重要形式。广告作为现代产业，从其归属上看，属于第三产业中的服务业。在广告传播过程中，广告公司通过广告代理服务收取服务费，即广告主付费委托广告公司实施传播推广，广告公司通过市场调查、分析策划、制作表现、广告发布、效果评估这一系列服务行为，力求达成广告主的目的，这一过程具有明显的服务性行业的一般特征。

现代广告业的主要内容是商业性广告，即经济广告或营利性广告。在商业广告中，各种企业、经济单位或集团、个人委托广告代理公司进行广告传播，其目的在于促进商品或劳务销售。非商业广告一般包括公益广告和政治广告。政治广告推介的是政治观点、政治主张或政治人物；公益广告推介的是有利于人类社会的道德观念、行为规范和思想意识，以维护社会公众利益为目的。无论是商业广告还是非商业广告，广告活动从本质而言，是一种特殊的大众传播活动，它最终是想达到改变或强化人们的观念和行为，而广告经营主体正是通过这种代理服务，达到广告主意想中的这种改变。

“广告”一词，据考证是一外来语。它源于拉丁文 adverture，其意为“注意、诱导”。中古英语时代（约公元 1300—1475 年）演变为

advertise，其含义衍化为“使某人注意到某件事”，或“通知别人某件事，以引起他人的注意”。直到17世纪末，英国开始进行大规模的商业活动。这时，“广告”一词便广泛地流行并被使用。此时的“广告”已不单指一则广告，而指一系列的广告活动。静止的物的概念的名词advertise，被赋予现代意义，转化成为advertising，成为商品流通过程中的桥梁。美国广告专家路易斯在1898年提出了AIDA法则，认为一个广告要引人注目并取得预期效果，在广告程序中必须达到引起注意A(attention)、产生兴趣I(interest)、培养欲望D(desire)和促成行为A(action)这样一个目的。心理学报告显示，人凭感觉接收到的外界信息中，83％的印象来自视觉，11％来自听觉，3.8％来自嗅觉。因此听觉和视觉对人的心理感觉影响最大。广告词的构成和人们心理感觉有很大关系。研究表明，人们很多时候是边看电视，边做自己的事情，因此一则富有美好内涵的广告词，能使受众注意并引起人们美好的心理感觉，从而达到刺激消费的目的。2005年大众汽车品牌广告背景歌曲 *I will come to you* 便是一个很好的例子：“当黑夜阴沉、风雨交加，当你迷失方向、无人相伴，不需你向我求援，我自会向你走来；我发誓，无论如何，我都会伴你左右……”。不禁使人想到爱人的臂弯、父母的怀抱、孩子的笑脸、朋友的肩膀，让人情不自禁地去购买大众汽车。

《跟踪》这部广告片不同于以往的BMW广告片，或是以精彩火爆的场面或是以一个惊险的故事情节为主线，而是在略带忧伤的优美音乐中讲述一个名人妻子的苦恼和心酸。他，一个非常出色的司机，被雇佣来监视这个名人妻子的一切行踪。对于他来说，任何车的行踪都逃不过他的眼睛，可到最后，为什么又放弃了这个可以拿到高薪的任务呢？他到底发现了什么呢？爱情是永恒的主题，王家卫拍摄的尽管是部广告片，但它的风格仍然体现了对当代婚姻情感的独特理解。

社会学家、评论家艾君从广告运行的规律、程序，为现代广告下这样一个定义：广告，即确定的组织或个人为了一定的目的，依靠付出费用，在规定的时间内，按照要求，由指定的媒体，将真实信息传播出去的一种交流活动。他认为,这个定义从实践中来,必然能反映广告的本质属性,也能够解释除商业广告之外的一些广告现象。如征兵启事、政府通告、聚会通知等一些与经济无关的公益广告,不会显得狭隘。

1926年,我国著名报学史专家戈公振先生在研究中国报学史的过程中,提出了对于广告的看法:"广告为商业发展之史乘,亦即文化进步之记录。人类生活,因科学之发明日趋于繁密美满,而广告即有促进人生与指导人生之功能。故广告不仅为工商界推销产品之一种手段,实负有宣传文化与教育群众之使命也。"

《韦伯斯特大辞典》(1977)中广告的定义是:广告是指在通过直接或间接的方式促进商品销售、传播某种主义或信念、召集参加各种聚会和集会等意图下所有告知性活动的形式。《韦伯斯特大辞典》(1988)中广告的定义变为:在现代,广告被认为是运用媒体而非口头形式传递具有目的性信息的一种形式,旨在唤起人们对商品的需求并对生产或销售这些商品的企业产生好感,告知提供某种非营利性目的的服务以及阐述某种意见和见解等。

戈公振先生对于广告的看法及《韦伯斯特大辞典》中广告定义的变迁都说明了广告是具有时代特征的,不同的时代由于社会环境和人文环境的不同,对广告的理解可能不同。著名广告大师大卫·奥格威也曾说过:"广告没有永恒的成功。"从"一战"后至今,政治、经济、科技、文化、生活诸领域的发展极大程度上影响着广告的发展,广告艺术作为广告信息的主要载体,就必然随着人类文明的发展而不断进步。

1.2 广告是一门情感的艺术

在人们的社会心理和市场竞争日新月异的今天,商业广告的表现形式更应该向艺术化的方向发展。今日的消费者不再是纯粹的追求物质满足,他们不仅要求广告能告知他们信息,而且要求具有艺术性和娱乐性，满足其心理上的审美需要。艺术是广告所涉及的所有学科（经济学、社会学、文学、美学、艺术、心理学等）中的一种，是现代广告的基本要素。商业广告就是通过从营销的角度出发构思立意，站在消费者角度思考并寻找创意的元素，先求表现的形象，再求艺术的抽象，并且实现高度的融合。

广告是一种情感的艺术。不求广告画面多特别、多精致，不求广告语多么朗朗上口，贯穿广告片的那种情感才是俘获受众的杀手锏。正如美国著名广告人罗宾斯基所说："我坚信一流的感情才能组成一流的广告。所以，我们每次都刻意在广告作品中注入强烈的感情，让消费者看后忘不了，丢不开。"可口可乐公司的J. W. 乔戈斯也说："你不会发现一个成功的全球名牌，它不表达或不包括一种基本的人类情感。"可以说，以伯恩巴克为首的"唯情派"和以李奥·贝纳为代表的"芝加哥学派"所开创的优良传统，正不断得到继承和发扬光大，代表着当今世界广告发展的基本趋势。

宝马公司隆重推出了新近投资拍摄的系列网络广告短片中的第一集。该系列短片名为《雇佣》，讲述了一位驾驶着宝马车的保镖是如何受人雇佣，出生入死完成使命的。导演是鼎鼎大名的好莱坞资深导演约翰·弗兰肯海默，他执导的影片包括《人魔岛》和《驯鹿游戏》。片中主角、保镖的扮演者则由温文尔雅的英国男演员克莱夫·欧文担纲，欧文扮演的保镖为了保护他的雇主——一位珠宝大盗，驾驶着最新的740Li型宝马车与追击者在乡间小路上展开了一场轰轰烈烈的汽车拉锯战。尽管欧文演得颇为卖力，可谁都看得出银灰色的宝马车才是真正的主角。在夜色的掩护下，银灰色的宝马不仅把追逐的车辆甩得不见踪影，还越发衬托出主演的勃发英姿。短短5分钟的广告俨然就是一部"缩水"版的"007"电影，凸显出好莱坞的经典叙事风格。

南方黑芝麻糊电视广告相信大家并不陌生，无论是它旧版的温情，还是新版的回忆，都恰到好处地俘获了受众的心。广告柔和的画面恰到好处地营造出一个温馨的氛围，深深地感染了每一位观众，而小男孩贪婪地舔碗的动作自然而生动，一点都不能剩更显现出芝麻糊的美味，也挑逗着受众的食欲。广告片结尾，出现一碗热气腾腾的黑芝麻糊，配上“一缕浓香，一股温暖”的广告语，使人体会到南方黑芝麻糊的诱人香味正向屏幕前的受众扑面而来。整个画面集中表现主题，广告形象意味深长，恰到好处地给人以视觉的享受。所以广告的感染力实际上与创意即艺术是分不开的。没有深厚的艺术修养，不可能创作出如此优秀的广告作品。

而故事的后续发展也在媒体上新鲜出炉：当年那个贪婪地舔着碗底的小男孩，如今已成了一个两鬓斑白的老华侨。多年后他带着孙子，乘飞机从海外回到阔别多年的故乡。昔日梦中的故园已是踪影难觅，而那记忆犹新的芝麻糊小作坊早已消失在历史的脚步中，代之而起的则是一幢富丽豪华的南方黑芝麻糊大厦。走进大楼，秀气的服务小姐端来两碗香喷喷的南方黑芝麻糊，小孙子正如老人小时候一样，意犹未尽地将碗底舔了个干干净净。此情此景勾起了老人对童年生活的美好回忆，“黑芝麻糊哎——”的亲切吆喝声仿佛在耳畔回响，大嫂的朴实身影在脑海中萦绕不去……，在回忆和怜惜中，老人怜爱地将孙子的嘴擦干净。而此时念出的广告语“南方黑芝麻糊，抹不去的记忆”显得意味深长，充满怀旧的情绪。

通过以上广告实例的描绘与分析，我们不难总结出广告与艺术有着不解之缘，并且是融为一体的。正如一位业内人士入木三分地总结：广告本来从属于艺术。再有伏明霞为雪碧做的广告，广告通过蓝天、白云、碧水这组清丽的画面为背景，绿色与柠檬黄的清晰色调，游动的畅快与飞翔的自由，再加上健康美丽的青春偶像，给我们塑造了一个温馨、浪漫的青春世界。而我们则不自觉地把这种梦幻般的自然和青春与雪碧联系在一起，也就是说，只要喝了雪碧，就会有伏明霞的这种感觉、这种享受。又如电视的洗发水广告，一定会有美女配上飘逸的秀发，某品牌的化妆品令你的肌肤重现柔嫩和光彩等。和其他大众文化形式一样，广告的造梦特点是非常明显的，它所显现的艺术气息是无处不在的。艺术得以传播后再感受（即变向宣传），这就是广告与艺术之间的关系，显示出优秀广告的永恒魅力。

优秀的广告创意，可以将广告策划等前期工作所提供的信息、策略、意图表达得面面俱到，而且十分精彩。同时，这一切又是在艺术的创作和享受之中实现的。在现代社会里，广告几乎举目皆是。当广告的制作与艺术结合起来，并融为一体时，广告所具有的艺术形式便显现出其引导的作用。这当然是由于所有的艺术样式具有的表现性的缘故。所有广告共同的一个意图是劝诱消费者消费其商品，享受其服务，为此提供必要的信息。对于广告主来说，这样一个良好的意图却又是不便直说的。所谓广告设计或广告创意，事实上就是将这个明确的广告意图和内容丰富的劝诱，巧妙地隐藏在一种可以给人带来精神享受的艺术形式中。完成这样一个使命，仅仅靠语言文字是远不能胜任的。应该说，这样的使命非艺术语言莫属。于是，人们接受了广告的诉求。由此也使广告创造性的劳动成为艺术创作的一个独特分支，并且越来越受到艺术界的重视。

1.3 公益广告与艺术的联姻

受众津津乐道的商业广告注重了商业与艺术的结合，达到了商业与艺术的统一，如中国的黑芝麻糊广告。而广告商总是毫不避讳地强调广告和艺术的这一层“隐身联姻”。“今年过节不收礼，收礼只收脑白金”广告语家喻户晓，到处可见对它的调侃，其口碑却并不尽如人意。爱的是它的简单明了、朗朗上口，它的定位也颇为大众接受——送礼更是送健康嘛！健康谁不爱。不屑的是它略显低俗化了，这就牵涉到了一个广告与艺术的问题。在广告投放的过程中，人们不仅挑剔广告产品的理念，也越来越挑剔广告的画面，强调一种广告艺术与受众心理的共鸣。人是视听动物，对艺术一直渴望同时又一直苛求。

近代公益广告最早出现在20世纪40年代初的美国，亦称公共服务广告、公德广告，是为公众服务的非营利性广告。我国通过电视媒体播出公益广告，最早出现的是1986年贵阳电视台摄制的《节约用水》。之后，1986年10月26日，中央电视台开播《广而告之》栏目，公益广告虽然不必像商业广告那样一字千金，公益广告却以极强的亲和力在倡导健康的社会风尚。用心品味公益，确实令人心悦诚服，广告也符合伦理道德。

公益广告是以为公众谋利益和提高福利待遇为目的而设计的广告。它是企业或社会团体向消费者阐明它对社会的功能和责任，表明自己追求的不仅仅是从经营中获利，而是过问和参与如何解决社会问题和环境问题这一意图的广告，是不以营利为目的而为社会公众切身利益和社会风尚服务的广告。它具有社会的效益性、主题的现实性和表现的号召性三大特点。公益广告拥有最广泛的广告受众。从内容上来看大都是我们的社会性题材，从而导致它解决的基本上都是我们的社会问题，这就更容易引起公众的共鸣。由于它不以经济利益为目标，因此，公益广告更容易深入人心。

国家政策影响着公益广告的发展。20世纪初，Coca-Cola进入中国，立即被赋予一个备受中国民众青睐的名字“可口可乐”。20世纪80年代，可口可乐卷土重来，广告语是You can’t beat the feeling（挡不住的感觉）。那个时期，中国刚刚实行改革开放政策，中国要了解世界，世界要了解中国，这是大势所趋，也是任何潮流无法阻挡的。这样看来，Coca-Cola的广告及其宣传的产品被中国人接受也是无法阻挡的，其中艺术在广告中承担着劝说的作用。现代化的生活中充斥着太多的一次性用品：一次性餐盒、一次性桌布、一次性牙刷、一次性圆珠笔、一次性照相机……，这么多的一次性用品虽然给人们带来了短暂的便利，却使生态环境付出了高昂的代价。据相关资料显示，一棵生长20年的大树，仅仅能制成6000～8000双筷子。我国每年生产1000万箱一次性筷子，为此减少森林面积达200万平方米。有这样一则公益广告：当地球上最后一棵大树也被人们砍伐用以制作一次性筷子时，我们居住的环境开始无法避免地变成了沙漠。这部公益广告运用艺术元素来表现主题，给人以震撼的力量，促使受众抵制一次性筷子的消费行为。

《真情传递》这则公益广告就给看过的受众以温馨的感觉。劳累了一天的妈妈回到家中，给自己的孩子一边讲小鸭子的故事一边给他洗脚，接着又提了一大桶水为自己年迈的老母亲洗脚，淘气的小男孩本是想偷窥妈妈去干什么了，却看到了这一幕，眼含泪花。妈妈服侍完母亲，回到孩子的房间，却发现孩子不见了，妈妈担忧地皱起了眉头，忽而听到身后的响动，孩子端着一盆水，踉踉跄跄地朝她走来，稚嫩地说："妈妈，您洗脚……"这则打动了千万观众心的公益广告并没有花哨的讲述，也没有做作的传教，只是通过艺术的画面娓娓道来，道出"爱"这一鲜活主题。这则公益广告，通过简短的真情表演，呼唤起广大观众被世俗生活打磨迟钝了的人性和爱心。看完后，你是否被广告本身感动了，是否也想到了自己的母亲，是否也很想回家能亲自为母亲洗洗脚?！当广告与艺术完美融合，会让受众在最自然的状态下接受广告的理念，让广告更长久地保留在受众的记忆深处。商业广告如此，公益广告亦然。

据北京市征兵办负责人介绍，北京市已连续3年在征兵期间推出公益广告，产生了很好的社会反响。3年来，征兵公益广告不仅形式上连年有所突破，而且内容上紧贴现实生活，有着鲜明的时代性和针对性：2007年首次推出平面公益广告，以航天英雄杨利伟、创新理论学者方永刚、北大学子高明等时代人物代言征兵，并在广告中展现了我军新军装的风采；2008年在平面广告中融入奥运安保、抗震救灾、神七飞天等时代新元素，同时制作了电视二维动漫广告，着力宣传征兵政策的调整；2009年又将国庆60周年大阅兵作为背景，尤其是针对女兵征集政策的大幅调整变化，将受阅女兵选作征兵代言人，电视广告也从二维升级为三维动漫，更加形象生动，富有艺术性，给观众留下了深刻印象。

把广告当作艺术，或将艺术视为广告，把完全有别的两种东西混为一团，真枪实弹的广告变成了中看不中用的艺术品，而花里胡哨的艺术品却代替了广告，以至广告被折腾得面目全非，几乎不能发挥广告的作用，失去销售的力量，消费者对广告啧啧称赞，对产品却无动于衷，真正的目的被抛在一边，给企业造成很大的损失。故而我们有必要澄清现代广告与现代艺术的关系。一位广告大师说得好，广告是一种特殊的推销术，广告人是一种特殊的推销员。这极为简洁地道出了广告的本质，我们再加上一句：艺术涉足广告是为广告服务。

在需求多样化和市场竞争日益激烈的今天，简单告知式的广告已成为历史。广告人都千方百计地把各种各样的观念、情感渗透在广告作品中。可以说，广告艺术是植根于民族文化的土壤之中的。而且一种文化对人的价值观念、思维方式等方面的影响是潜移默化的，所以现代广告不可避免地受到传统文化与艺术的影响。不同民族之间的文化碰撞、冲突或交流，常常带来不同文化的相互汲取，并促进了文化的繁荣和昌盛。任何一种民族文化，它都具有继承性、稳定性和流变性。随着市场经济和科学技术的高度发展，民族文化的稳定性将会受到越来越强烈的冲击，只有更具有开放兼容的胸怀才能在世界文明中占有一席之地。广告艺术的生命力在于创新求异。追求现代气息和时代精神的广告艺术，必然或多或少地改变着一些传统文化，推动现代艺术的发展。

参考文献

[1] 王一川.大众文化导论[M].北京：高等教育出版社，2004.

[2] 周静.现代广告英语语言发展变化主要因素探析[J].中国教育与社会学，2009(05)：23-27.

[3] 伊立.著名企业营销与广告策划方案[M].北京：蓝天出版社，2004.

[4] 白智勇.广告艺术中的策略[M].北京：北京工艺美术出版社，1991.

[5] 王可.广告文化的人文精神[J].西部电视，2003(06)：32-38.

[6] 西瓜.瑞士的广告艺术[J].世界博览，2006(03)：21-25.

[7] 孙仲鸣，高汉成，张荣红，等.珠宝广告艺术初论[J].宝石和宝石学杂志，2005(01)：32-36.

[8] 丁立斌.浅析图形创意在现代广告设计中的应用[J].科技信息(科学教研)，2007(20)：11-15.

[9] 汪成哲，董洁晶.广告的文化内涵与人文精神体现之初探[J].科技信息，2007(09)：32-36.

[10] 柯思昱.试论有效的广告艺术[J].科技资讯，2007(26)：43-48.

[11] 李鹏.浅析商业广告与艺术[J].商场现代化，2009(05)：28-31.

[12] 张翼."民间电视"的暴力[J].中国民营科技与经济，2000(09)：41-47.

第2章 现代广告与情感诉求

最近几年，一种新的广告文案策划方式得到了业界人士的广泛认同和追捧。很多广告策划人士甚至把它当成了敲开“阿里巴巴”之门的法宝和制胜的秘密武器。它就是情感诉求式广告。情感诉求是现代广告创意的一种重要表现手段。分析消费文化时代广告创意中情感元素的运用特点，有助于掌握现代广告情感诉求的发展新趋向，从而指导当前广告创意实践。

现代社会消费者的需要正从量和质的满足上升到情感满足，这就是消费者的高层次需要，消费者越来越需要体现自身的价值，他们更需要表达拥有该产品所获得的心理价值，即产品实用价值之外的象征价值，如荣誉、地位等。拥有豪华高级奔驰轿车已不再是拥有便捷的交通工具，而是一种富有和高级社会地位的显示，是个人成就的表达。同样，拥有幸福美满的家庭，始终是现代生活中的一个永恒的主题。美国心理学家阿恩海姆认为：艺术创作是以知觉为基础的，它不是凭空创造，而是以生活积累和生活体验为基础的，而艺术家的生活积累则以知觉为媒介，艺术创造的基础就是客观对象的表现性的知觉。情感诉求广告主要通过情感的作用去促使消费者的购买力行为发生变化，即抓住能打动消费者情感方面的内容，去感染、召唤与说服消费者，进而达到诱导购买的目的。广告是一门应用艺术，一门商业艺术，它的艺术价值是依附于它的经济价值而存在的，其艺术性表现在于对信息的艺术化包装和处理，塑造符号化和个性化的商品形象，既要求承载其诉求意愿，又以其直观的美的形式激发受众的心理认同与共鸣，从而达到扩大销售的目的。而情感性广告讲求以情动人，在传递出品牌价值的同时，又满足人们的情感需求。情感诉求广告本身就是一种浪漫型的艺术，它的创作以现实为基础，以现实为对照，同时又不满足于现实而表达理想和激情。

这种情感诉求路线的成功很大程度上依赖广告中的叙事成分，即用讲故事的方法来做广告。针对人类的共通心理状态，我们可以从消费者的心理着手，采用一种富有人情味的方式满足其情感需要，激发起消费者某种否定或肯定的感情，从而诱发其购买欲望，这也就是情感诉求的广告表达方式。应该说情感诉求式广告的出现带来了广告市场的繁荣，它满足了人们的情感心理需要，增强了商品的人情味，给人以亲切感。它使广告形成了一种文化，在深深地影响着、感染着、左右着人们的生活，达到扩大营销的目的。

2.1 故事背景的构建

消费者不是彼此孤立存在的，他们在社会交往中相互作用，建立起亲情友情，为了表达他们的心情，他们会用礼品来相互送上健康、财运或温暖。因此，如果产品正符合他们的这些愿望，他们便会主动去购买该产品，而更少地去考虑产品的质量、功效。而如果购买这种产品的风气能被广告制作者操作成为一种当今社会流行的时尚，消费者便会被这种时尚所牵引，抢着购买该产品。如“脑白金”诉求的是师徒之间的感情，“小霸王游戏机”诉求的是父母望子成龙的心情，“雅士利正味麦片”诉求的是母亲对子女的母爱，广告产品就自然会成为表达他们这些心愿的时尚消费品。

雕牌广告《中秋篇》所以动人还在于广告有着特定的背景，让人感同身受。在外打工的人，往往会有思乡的情绪，因此“你在想念他们、他们也在想念你”，正好可以打动这些人的心。雕牌在二、三线城市的占有率应该是比较高的，而在广州、上海这样的大城市就主要是碧浪、汰渍等，为了能够提升在一线城市的占有率，就必须要吸引那些从其他城市来的外来人口，也就是来打工的。因此广告里的女主角的身份就是这样确定的：为了巩固这些外来人口对家乡洗衣粉的信赖，因此需要有一些东西来勾起他们对家乡的怀念，也就是亲人了。所以广告中说：想念妈妈洗衣服的样子和爸爸做的红烧肉，利用中国传统节日打出情感牌，攻占大城市，形成品牌效应。

雕牌广告的叙事还体现在故事背景的营造上，每一则广告故事都有合理的背景。在《懂事篇》里，广告截取了一个下岗工人的家庭生活片段：年轻的妈妈下岗了，为找工作而四处奔波。懂事的小女儿心疼妈妈，帮妈妈洗衣服，天真可爱的童音说出：“妈妈说，‘雕牌’洗衣粉只要一点点就能洗好多好多的衣服，可省钱了！”门帘轻动，妈妈无果而回，正想亲吻熟睡中的爱女，看见女儿的留言——“妈妈，我能帮你干活了！”，妈妈的眼泪不禁滚落脸颊。随着下岗这一普遍社会现象的出现，这一广告引起了消费者内心深处的震撼以及强烈的情感共鸣，成功地突破了传统洗衣粉广告单一的功能诉求，而向情感诉求转变，深入受众心灵。

广告通过情感诉求的表达方式，诉求商品的特殊价值，激起受众对情感的认同，吸引目标消费群购买商品。所以广告创意的关键是使情感成为商品和消费的一部分，并能赋予商品新的性质或者丰富原有的内涵。因此，广告设计人员必须对商品进行恰当的定位和准确的分析，进行合情合理的情感表达。另外，更富有意味的是广告中的情感对社会文化的影响作用，对受众心理的引导作用。广告通过情感的宣泄来修饰完善广告商品、传递商品信息，对受众进行心理重构。其目的在于撩拨起受众的想象和联想，产生想象性满足的快感，提高顾客对产品的忠诚度。

2.2 细节描述的提炼

产品要想深入消费者的内心，可以从其需求入手，把产品与某类需求紧密相连，使得消费者一出现这类需求便想到此产品，那么这则广告就已取得良好的促销效果，达到广告主最大最终的希望。细节描述是讲故事常用的手法，《中秋篇》中白领女孩中秋节不能回家团聚的失望，看见爸爸妈妈惊喜的表情，还有回忆中的红烧肉和妈妈洗衣服的样子，这些细节叙事很细致地刻画了女孩的内心变化。《新妈妈篇》中后妈和女儿坐在沙发上亲密交谈，后妈为小女孩挤好牙膏，这些细节显示了后妈的诚心和爱心，小女孩开始充满怀疑的目光，后来开心微笑，通过这些细节的描述和对比，观众很容易理解广告的主旨——“真诚付出，心灵交汇”。这既是故事的主题，也是广告的主旨，浑然天成，没有做作的痕迹，显得非常自然。

广告制作者必须从消费者的利益着想，并且抓住消费者需求的兴奋点。因为消费者的需求决定着其感情心理活动的方向和结果。因为消费者的需求是情绪、情感产生的直接基础，一旦触发了他们的需求兴奋点，其情绪必然高涨，而情绪高涨则满足需要的行为也将更快、更强烈地出现。情感诉求正是诉求产品能满足消费者某类需要，自然能实现上述效果。如一则电视广告，画面上好友聚会，主人拿雀巢咖啡来招待，雀巢咖啡被染上了一层感情色彩，充满和谐、亲切的温情，暗示了它是招待亲友的最佳饮料，别的品牌饮料均难以代替。

2.3 社会话题的关注

人类的需要具有多重性，既有物质性需要又有精神性需要，并且这两类需要常处于交融状态。即物质上的满足可以带来精神上的愉悦；精神上的满足需要物质作为基础，有时甚至可代替物质上的满足。因此，产品质量是基础，附加值是超值，多为精神上的需要，消费者更乐意购买有超值的产品。因为购买这类产品可得到双份满足——物质上的满足与精神上的满足。情感诉求广告必须使受众达到这两方面的满足。

“妈妈，我能帮您干活了”，这是雕牌最初关注社会问题的广告。它通过关注下岗职工这一社会弱势群体，摆脱了日化用品强调功能效果等差异的品牌区分套路，对消费者产生深刻的感情震撼，建立起贴近人性的品牌形象，拉近了与消费者的距离。其后跟进的“我有新妈妈了，可我一点都不喜欢她”延续了这一思路，关注离异家庭，揭示了“真情付出，心灵交汇”的生活哲理，对人心灵的震撼无疑是非常强烈的。默默的努力，真诚的付出，终将得到顾客的肯定。雕牌广告通过故事或者情节的发展突出主题，开始的时候稳定的情景或者生活被破坏了，通过主角(产品)神奇介入，然后很完美地复原了。复原的同时便推出广告的主题。在《新妈妈篇》里，小女孩的幸福生活被打破了，家里来了一个新妈妈，爸爸还爱自己么？小女孩很是担心和忧虑，但是新妈妈温柔的微笑和细致的照顾消除了这种担心。小女孩接纳了这个有着洁白牙齿和温柔笑容的新妈妈。这个时候屏幕上恰到好处地出现了“真诚付出，心灵交汇”的字样，既表明了厂商的希望，也是一种巧妙的心理暗示，暗示顾客购买雕牌洗衣粉就能实现情感的沟通，就能取得满意的效果。

2.4 典型形象的塑造

产品跟情感之间的连接点是很重要的，这个连接点是决定广告创意成败的关键，只有先找出了这个点，才有可能继续发展广告故事。当“宝宝金水”把母子之间的亲情融入产品中后，许多小朋友每当看到“宝宝金水”的电视广告时都会跟着哼唱：洗啊洗啊洗澡澡，宝宝金水少不了，没有蚊子没虫咬。就在这个轻轻的哼唱中，牢牢地把“宝宝金水”推上了国内儿童驱蚊首选产品的宝座。“宝宝金水”的成功，并不单纯是改编儿歌的成功，还有亲情传递的成功。巧妙地把产品特性同情感联系起来的广告，可以从产品的功能和特征上来进行联想。电话是传递信息的，也可以传递爱，步步高无绳电话的广告语“喂，小丽吗？”可以代表甜蜜的爱情；例如白酒是很浓烈的，通常是男人们聚会时喝的，因此它可以代表男人之间的友情。情感诉求广告通常能达到理性诉求广告难以达到的营销效果。

中国人的情感世界以丰富而内敛为特征，这正好为中国广告人提供了以情博众、以小搏大的创意空间。抓住中国文化中注重人伦亲情这一特征，就为广告找到了勾摄人心的点。在不同的理解声中，雕牌不但赢得了眼球，也将其亲情文化的品牌内涵传达到了消费者的心中，完成了广告从眼睛到心灵的渗透过程。三篇广告中每一篇里都塑造了一个典型人物。《新妈妈篇》里，妈妈灿烂的微笑，温柔的眼神，每天早上挤好的牙膏，以及对小女孩生活上的细心照顾，都塑造了新时代新“后妈”的形象——文雅、年轻、漂亮、开放。这一如刚刚推出的外观耀眼的新牙膏，是新妈妈的成功，也暗示了雕牌广告的成功。《中秋篇》里，“你妈非要来！”爸爸这一句话就把中国传统父亲的形象活脱脱地塑造出来了，这种丰富而内敛的父爱只有中国父亲才有，爸爸说出这句话的时候，包含了太多感情，妈妈要爸爸说来的理由，爸爸就说是你妈非要来，我就跟着来了。其实掩盖了自己对女儿的思念之情，显示出中国人表达情感的含蓄性。

透过雕牌产品的广告策略，我们可以看出，要想广告深入人心，诉诸人的情感是一种有效的方式。“感人心者，莫先乎情”，以情动人，以情定位，把人物情感与广告内容自然地联系在一起，引起观众强烈的感情共鸣，在情感力的驱动下，消费者接受产品便是水到渠成之事，用不着在广告中呼吁顾客购买。

2.5 广告语言的推敲

情感诉求广告通过比喻、夸张、对比、象征、寓意、双关、谐音、联想等手法，运用“理性的倒错”等特殊手法，通过对美的肯定和对丑的嘲弄两种不同质的情感复合，创造出一种充满情趣而又耐人寻味的幽默境地，促使受众直觉地领悟到它所表达的真实概念和态度，从而产生一种会心和特殊的审美效果，情感诉求广告正是通过幽默的情趣淡化了广告的直接功利性，使消费者在欢笑中自然而然、不知不觉地接受某种商业和文化信息，从而减少了人们对广告所持的逆反心理，增强广告的感染力，并使广告作品有效地保留在受众的记忆之中。

影响广告情感诉求的因素有很多，语言是其中一个重要因素。对于同样内容的广告，以不同的语言策略来表达，会取得完全不同的效果。我们可以着重从语音、词汇和修辞三个方面探索语言策略是如何影响广告受众情感的。广告文案中使用的语言策略还有很多，情感诉求广告语言是一种重要的策略。

周象贤的著作《广告情感诉求探微：来自心理实验室的研究》梳理了前人的相关广告情感理论模型，重点介绍情感圆环理论、三因素结构模型、PAD模型、情感分化理论、广告情感反应类别模型、广告情绪反应集模型等理论，帮助读者了解已有成果，也为广告领域中情感理论的发展提供参考。该著作系统地考察经典的情感诉求，概括性地总结情感诉求的心理传播效果规律，并且，有针对性地探讨若干比较典型的情感诉求方式（幽默诉求、名人广告、性感广告、恐惧诉求等）的心理效果，对我们研究情感诉求广告具有一定的参考价值。

在情感诉求广告中，消费者首先得到的是一种情绪、情感的体验，是对产品的一种感性认识，得到了知识产品的软信息。这种软信息能够在无形中把产品的形象注入消费者的意识中，潜移默化地改变消费者对产品的态度。情感诉求广告以消费者的情感或社会需要为基础，宣传的是广告品牌的附加价值，因此，必须符合公认的道德观念。情感诉求广告，直接诉诸于消费者的情感、情绪，如喜悦、恐惧、悲哀等，形成或者改变消费者的品牌态度，不知不觉中将产品推销出去。

参考文献

[1] 束辉.广告叙事中的情感诉求[J].青年记者,2007(18):107-109.
[2] 李赞.情感诉求广告探讨[J].特区经济年,2003(04):53-54.
[3] 郭有伟.情感诉求在现代广告中的应用[J].艺术研究,2008(01):137-138.
[4] 刘晓慰.雕牌牙膏电视广告"新妈妈篇"传播效果调查报告[J].广告研究,2001(08):65-69.
[5] 张姿.情感诉求式广告之我见[J].记者摇篮,2007(3):48-50.
[6] 曾耀农.现代传播美学[M].北京:清华大学出版社,2008.
[7] 穆虹,李文龙.广告案例实战[M].北京:中国人民大学出版社,2005.
[8] 杨慧.论广告的情感诉求.[D].苏州:苏州大学,2005.
[9] 陈丽娟.情感诉求广告及其心理效应分析[D].武汉:华中科技大学,2004.
[10] 庞颖.大学生对情感广告和理性广告的态度及其影响因素[D].北京:首都师范大学,2006.

第3章 三星手机奥运广告分析

2009年的国内手机市场需求旺盛，但国内手机企业普遍业绩不佳，国产手机市场份额急剧下滑。与此形成鲜明对比的是，三星手机却一路高歌猛进，坐上了手机产业界的第三把交椅，成为亚洲手机第一品牌。三星手机之所以这么成功，就是因为它的广告成功地与奥运结合在一起，在很大的程度上提高了三星企业的形象。

据专家测算，一家企业在世界范围内提高品牌知名度，每提高1%需要2000万美元广告费。正是借助“体育营销”，韩国三星借助奥运平台迅速发展，从区域品牌成长为国际化品牌。因此，众多的企业能够认同奥运会的商机并积极的行动，这也是其眼光敏锐的体现。在北京奥运会期间，从电视广告中可以频繁看到三星奥运系列手机的宣传广告，全新登场的i728、J708、L168三剑客中，当然以i728名声最响。作为i系列的最新力作，i728是先前大受好评的i718/i718＋的升级机型，除了搭载有高达624MHz的处理器之外，摄像头升级至300万像素自动对焦以及GPS的加入均是其实力提升的重要标志。奥运临近，作为2008年北京奥运会的全球赞助商，三星集团的广告几乎覆盖了京城的每个视听角落：公交站牌的广告板、电视媒介、报纸杂志、中关村的巨幅广告、机场候机厅、奥运火炬登上珠峰时三星手机的图像，看起来狂轰滥炸，实际上极有章法。

3.1 奥运促成了三星手机的辉煌

作为奥运会全球移动电话合作伙伴，三星电子围绕“绿色奥运、科技奥运、人文奥运”都做足了文章。比如围绕“科技奥运”，三星推出了全球奥运手机旗舰产品 F488E、“奥运全心触”G618、“奥运全程听”F268 和“奥运全情传”M128 四款奥运主题手机和两款奥组委专用手机——超薄滑盖手机 E848 和 TD-SCDMA 手机 L288。

F488E 是随奥运火炬珠峰登顶的手机，它拥有 11.5mm 的轻薄身姿，2.8 英寸 26 万色 TFT QVGA 级超大手写触摸屏，独有的 touchwiz 灵动桌面给 F488E 增添一抹独特的灵动气息，让你触摸的不仅仅是冰冷的屏幕，而是翻开“鸟巢”一幕幕扣人心弦的比赛场面；进入的不仅是单纯的功能菜单，而是长驱直入震撼人心的奥运赛场。F488E 支持最高 8GB 的存储扩展——提供海量音乐存储空间，内置 FM 调频收音机，帮你网罗所有的新鲜趣闻，配备的 500 万像素数码相机，具有自动调焦功能和 CMOS 视频镜头，为你的奥运及休闲生活增添了无尽的乐趣。

三星的辉煌不是偶然的，是靠它成功的经营理念、营销策略和一部部经典手机堆砌而成的。在三星手机的营销策略中，最成功的策略就是与绿色奥运联系在了一起。从 1988 年汉城奥运会开始，三星以奥运会无线通讯合作伙伴的身份连续赞助了 5 届奥运会，公司的品牌价值已经由此前的 32 亿美元飙升至 161 亿美元，创造了手机行业的辉煌。每逢奥运之际，各家企业都在奥运营销上做足工夫。这其中，不少企业都借着出色的奥运广告进一步扩大了品牌知名度，提升了企业形象，三星手机就成功地抓住了这个商机。三星企业一开始从一家不足百人的小公司，到亚洲手机第一品牌，三星缔造了一个神话。目前的三星已经取代西门子的位置，坐上了中国手机市场的第三把交椅，并呈现出进一步上升的趋势。

作为全球最大的体育盛事，奥运会在商业方面的影响力也越来越大，成为名副其实的商业运动会。三星电子通过赞助亚运会、奥运会等体育盛事以及各种体育比赛，与各国人民之间形成了同呼吸、共命运的纽带关系，拉近了与受众的距离。三星对体育的贡献并没有仅仅停留在财政支持上，通过为奥运会提供先进的数字无线通信设备，三星已经将“挑战自我，超越极限”的奥林匹克精神融入自己的企业经营之中，成为企业文化的重要组成部分。

2004年雅典奥运会后，三星品牌价值已达126亿美元，世界排名第21位。2008年，三星又成功取得了第29届北京奥运会的赞助权。在2008年北京奥运会，三星制订了详尽的广告宣传战略，不仅仅在原有的传统宣传活动中加入中国色彩予以创新，更制订出了富有创意的新计划，赢得广大受众的一致好评。奥运火炬接力计划、三星奥运会宣传馆以及无线奥运工程作为三星奥运营销的主要载体，被赋予了更多的中国元素，以达到让更多的中国公众感受奥运、分享奥运的目的，同时，也达到了自己的广告目标，极大地扩大了三星手机的市场份额。

3.2 三星奥运广告的创意

围绕奥运，主赞助商三星电子以手机产品为主打，在过去几年中启动了一连串的宣传攻势，其中在火炬传递环节三星联合中国移动推出“星火相连短信牵——三星奥运火炬分享计划”，以平民火炬手为噱头引起关注。此外，三星还推出一系列的奥运主题手机，包括两款支持中国TD标准的3G手机，三星奥运手机还成为中国体育代表团的官方唯一专用手机。

三星最新的奥运广告动静结合，镜头由远及近，由一个举着火炬的人经过艰辛跋涉的慢跑镜头导入会场，顿时会场内的观众一起欢呼，形成大众狂欢的气氛，这样的场景具有强大的感染力。以奥运的更高、更快、更强的挑战极限的精神赋予三星品牌意义，提升三星品牌的美誉度，打造品牌的影响力，使手机与高水平的运动会结合在一起，在最大范围内让那些热爱体育、崇尚健康生活的人们认识三星，使消费者产生三星是世界一流品牌的印象。广告最后的一个镜头更是值得受众回味无穷，手举火炬的人缓缓地回过头，现场的所有人激动地手举三星手机，与传递火炬者共同欢呼，一起为奥运喝彩。画面具有强大的冲击力，正面突出了手机的形象塑造，整个广告过程中没有更多的广告语做诉求，更多的是广告中一种情绪的带动，其音乐的配合有力而传神，给人以信心和力量。

1988 年的汉城奥运会上，三星电子将奥运营销的重点放在了手机上，大获成功。三星集团一致认为 Anycall 在全球领域内的成功，80％的帮助来源于集团的奥运赞助身份和奥运营销策略。10 年之后，三星电子正式取代摩托罗拉成为长野冬奥会的顶级赞助商。韩国的三星电子可谓奥运营销的典范，通过对奥运会的赞助，三星迈出了品牌走向世界的第一步。三星电子成为奥运会赞助商的 20 年，正好是三星电子在全球范围内崛起并且迅速发展的 20 年。可以说，三星电子奥运赞助的历史，就是三星电子发展的历史。当时，三星电子 Anycall 手机的全年销售量占全球市场份额的 2.7％，排名第九；5 年后，Anycall 手机拿下全球市场份额的 12％，排名第三，在美国市场上的销售增长高达 311％。2002 年盐湖城冬季奥运会后，三星的品牌好感度从悉尼奥运会后的 52.6％上升到 72％。到 2007 年第二季度三星已经成为排名第二的手机生产商。三星成功的法宝之一就是选择了奥运营销，并且将精力集中在手机业务上。此外，三星把奥运营销视为一个长期项目，不把奥运营销同销售收入直接挂钩，而看重持续的销售增长。2007 年 4 月，三星再度与国际奥委会签订奥运会顶级赞助商续约合同，顶级赞助商资格将延续到 2016 年奥运会。

三星手机一直致力于将创新技术与时尚设计相结合，作为奥运会的 TOP 合作伙伴，它创造性地把奥运五环的 LOGO 和它主推的产品联系起来，在2000年的悉尼奥运会举办期间，三星的经典产品D608横空出世，而最让人觉得新奇的是五环LOGO在产品本身的体现。这让人尤其是关注体育赛事的目标受众很容易看到奥运五环后就能产生关于三星的品牌联想，我们不得不佩服广告策划者的宏观把握和广告设计者的巧妙构思。

三星手机另一个经典的广告是利用奥运五环的标志设计的，突出了奥运精神的本质。这则广告在当时取得了很大的成功，无疑创造了一个全球品牌价值提升的奇迹，而这一切主要归功于三星高管所具有的前瞻性战略眼光，成功地运作出了这个奥运广告营销方案，促进了三星在中国的发展，使手机与奥运广告完美地结合在了一起，品牌产品将铭刻在人们的脑海中，深入人们的记忆中。这个广告同时也突出了三星所要打造的产品特点：高品位、个性化、时尚性，这些特点受到了年轻时尚一族的青睐和追捧，成为他们身上的标志性产品。

从三星的广告案例可以看出，三星成为奥运赞助商后在国际市场上已摆脱了中低档品牌的形象，一系列的体育广告活动使其企业形象、产品和技术得到世界公认。也是在悉尼奥运会上，三星为了迅速渗透到由诺基亚把持的澳洲市场，它在奥运村设立了三星产品体验中心，向参赛运动员和各国游客提供3分钟的免费体验。就是这些创新性的营销方式让澳大利亚的本地消费者认知到了三星品牌的存在。而且作为一个服务奥运的通信产品提供商，三星赢得了更多的信任和品牌美誉度。悉尼奥运结束以后，三星的产品真正融入到澳洲的高端消费市场，市场份额和销售额得到了大幅提升，打破了手机消费市场诺基亚一家独大的市场格局。也就是那一次，三星的电子消费类产品真正在中国市场树立起高价高质的品牌形象，吸引了高端消费者的注意力，并赚取了更加丰厚的利润。

3.3 三星手机的广告营销策略

在三星的体育营销战略里，“整合”和“个性”是两个最关键的词汇。奥运营销是整合的最核心所在。这其中既包括参与体育营销最高决策机构的国际奥委会 TOP 计划,赞助世界杯足球赛等全球性单项赛事,也包括赞助亚运会等地区性体育活动。例如 1998 年曼谷亚运会,1998 年长野冬季奥运会,2000 年悉尼奥运会,2004 年雅典奥运会,2008 年北京奥运会等。除了支持奥运会和亚运会之外,三星赞助的体育赛事遍及东欧和西欧、北美和拉丁美洲、亚洲和中东。三星长跑节每年都会在俄罗斯和东欧举办,目的是帮助唤起人们对地区和全球热点问题的关注,为重要的事件和项目筹集资金。三星公司还赞助了三星国家杯——世界上历史最久、最有声望的马术比赛。在其他体育运动中,三星还在美国赞助了三星世界锦标赛(SWC)。在韩国,三星拥有 17 支体育队伍的管理权。

三星之所以选择奥运广告营销作为经营战略的突破口,主要是看中了奥运广告营销这种方式的优越性和其产品同体育运动的关联性等方面的优势。虽然三星的奥运广告营销手段让人眼花缭乱,但追根溯源,无外乎来源于这几个步骤:确定营销目标、设计事件主题、选择事件形式、整合传播方式。

1. 确定营销目标

围绕北京奥运会,三星推出了一个颇具创意的网络活动官方站,通过图文、声音、短片、动作等元素极富创意地介绍了这款奥运手机。进入官方站首页(cn.samsungmobile.com/cn/event/F488E/index.html),触目的是 F488E 手机正面图示及手机不同部位的切片图,下面几个字“感触中国心的高度”,飘逸潇洒。单击居中的手机外观图片,则平滑进入到另一个页面,该页面上则通过流线式的动作突显了 F488E 手机的优势功能,第一个是“感触 TouchWiz”,第二个是“照相”,第三个是“音乐”,第四个是“奥运”。比如单击“照相”,画面上会出现一只漂亮的手握着手机,网页上会提示将图标拖入手机,拖入后手机上会出现照相动作的自动化演示。三星倡导的体育哲学——体育中的良性竞争精神,非常契合地满足了当前年轻人追求体育运动的目标和意义。第一步就是要确定传播目标,确定目标受众群体,以及通过赞助和参与体育赛事让目标受众产生什么样的反应；然后以此为出发点选择合适的信息传播渠道和其他营销组合，使跃跃欲试的消费者能够方便地得到信息，亲身体验产品所带来的利益和感受，形成目标消费者的主动寻找信息和二次传播，达到奥运广告扩大营销的目的。

三星手机产品想要传播的科技、时尚和前卫的诉求非常适合当今年轻人追求时尚风潮的个性，而体育运动赛事的大部分目标受众正是全世界热爱体育、关心体育的年轻人。像第一则广告中的手举火炬的就是一位时尚的年轻人，这象征了年轻人有很强的活力，能代表企业的形象，在场的所有观众也都是年轻的一代人，这些年轻人热爱体育，热爱运动，追求时尚，追求个性，渴望成为“意见领袖”，这样就成功地传播了企业、品牌和产品的信息，扩大了三星手机的影响力。

2. 设计事件主题

奥运广告营销形式多种多样，各有自己的特点和优势，选择合适的奥运事件为载体，才能够正确地向企业特定的目标消费群体准确传达企业所要表达的文化理念、产品特征和品牌信息。在第二则广告中，三星手机创造性地把奥运五环的 LOGO 和它主推的产品联系起来，它选择了奥运五环这个标志进行产品设计，这就与奥运、时尚联系在了一块，既突出了奥运体育，又展示了产品设计的特点和产品所具有的特色，让人们在关注奥运赛事的同时又注意了三星手机这个品牌。这种广告设计就达到了奥运与产品紧密相连的效果，影响力很大，提高了产品的知名度。拉斯韦尔认为：对谁说、说什么确定之后，接下来就是“怎么说”的问题，也就是采取什么样的奥运广告营销形式。三星手机广告正确地处理了这个问题，通过巧妙的构思，设计出优秀的广告作品，让受众过目不忘。

2008 年是奥运年，这一年的中国广告更多地融入了奥运元素，以下就是三星手机室内的框架广告设计。

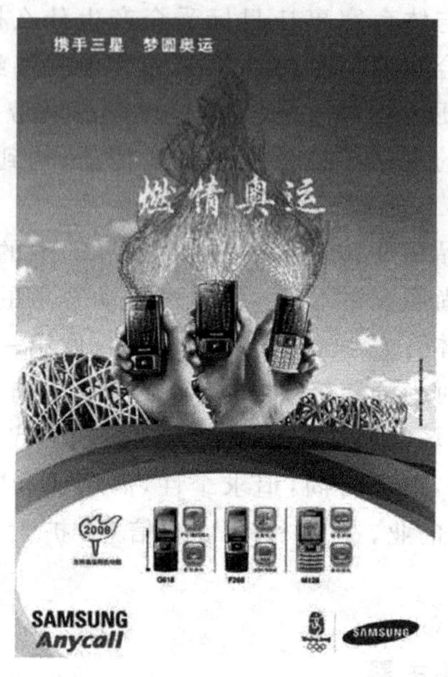

3. 选择事件形式

优秀的奥运广告营销策划，需要将体育事件本身的一些特点与企业的产品特性形成联系，使消费者能够通过对体育事件的关注潜移默化地形成对品牌的心理定位，这也就给奥运广告营销的策划提出了更高的要求。在确定了营销目标也就是"对谁说"之后，接下来就是要考虑对目标受众"说什么"的问题了。不能因为体育事件本身十分热闹、轰动就不假思索地投身其中，花钱买吆喝，关键还是要找到企业通过体育事件向消费者传递的产品信息，形成品牌意识。

三星对奥运广告营销赋予了新的概念——"健康为1，金钱为0"，其一贯的发展策略就是通过贯彻这一理念来不断树立的。三星手机在这次的奥运广告营销案例中，选择了奥运冠军刘璇作为代言人，因为刘璇传达着青春时尚、拼搏健康、积极向上的精神，很符合三星手机的概念，也符合健康第一的运动理念。这个理念是通过奥运精神来体现的，奥运精神就是为所有的人提供运动的机会，让不同年龄的人去进行体育锻炼以达到强身健体的效果。

2006年8月31日，来华访问的韩国三星电子首席执行官尹钟龙，在谈到北京2008年奥运会时表示："为了配合北京奥运会，我们正在推行 Wireless Olympicsworks，被称为'无线奥运'，到奥运会举办时，所有的比赛内容、成绩，将可以实现在手机上全程观看。"此前，三星北京奥运办事处于8月16日正式成立。这标志着三星对北京2008年奥运会的支持工作进入了实施阶段。2005年，三星电子在全球实现总销售额567亿美元，其中中国市场占31%，达到176亿美元。三星的奥运手机不仅在产品外观上使用大量具有奥运特色的元素，甚至在手机内置的壁纸、铃声还有导航类产品的地图上也加入了大量的奥运内容，对于奥运赞助商的特权使用可谓淋漓尽致，充分显示出了体育营销老手的精明。借助这一系列成功的运作，三星手机在过去两年内取得了市场份额的迅猛增长，2007年第四季度三星跃居为全球第二大手机厂商。

4. 整合传播方式

无处不在的奥运广告营销，不仅强化了品牌定位，也提升了消费者对品牌的认知和赞誉。这一切都成就了三星国际化之梦，有偶然但也是必然。整合营销传播是对企业营销战略、战术目标的一个实现过程，这需要企业高管正确制定目标市场和品牌定位，合理分配产品、价格、渠道、促销等营销要素。

三星电子于2008年2月26日在北京正式宣布：韩国明星 Rain 出任该公司继刘璇之后的第二位奥运形象大使。与此同时，三星也宣布将推出一系列以 Rain 命名的手机新品，希望能够搭上奥运直通车，进一步扩大中国市场的份额。针对北京奥运会商机，三星共准备了两大类的概念手机：一类是和中国移动合作的定制机型，将只在运营商渠道进行销售；而另一类则是在传统零售渠道推出的产品，此次 Rain 代言的 Rain Phone 系列就是其中之一。和以往不同，Rain

Phone 系列着重强调音乐功能，这也是三星首次推出的音乐手机品牌。此次启用 Rain 为奥运形象大使，三星方面专门为其量身定做三星奥运主题曲，拍摄主题曲 MV，并全面应用于中国内地及香港的三星奥运市场营销活动，其中包括历时 97 天、途经 113 座城市的境内奥运火炬传递。

体育资源本身可以提供一个营销平台，企业必须聪明地运用整合营销手段来使用这一平台才能令其真正有价值。围绕某一赛事除了投入赞助费外，还要采取一系列相关营销活动，从公益、文化、热点等各个角度，运用广告、促销、活动等多种手段，从而达到整合的功效，力争在一定的时间和空间内形成一个品牌的沟通高潮，产生轰动效应。三星电子手机广告都成功地运用了整合营销传播，不管从公益、文化还是热点的角度，都达到了高水平整合的功效，产品的整体形象得到了很大的提高，也提高了企业的品牌形象和影响力。三星生产高质量的产品，使它具有了与国际大品牌竞争的实力，衍生时尚的设计理念，使它高档高质。时尚的品牌定位得到消费者的认同，尤其是高端消费者的青睐；强大的研发力量，增强了它与国际大品牌抗衡的实力，并在竞争中取得了成功。

参考文献

[1] 胡晓云.世界广告经典案例[M].北京：高等教育出版社，2004.
[2] 陈培爱.广告学概论[M].北京：高等教育出版社，2004.
[3] 北京广播学院新闻系广告学教研室.广告学——理论与应用[M].北京：中国广播电视出版社，1992.
[4] 何佳讯.现代广告案例：理论与评析[M].上海：复旦大学出版社，1998.
[5] 江林.消费者心理与行为[M].北京：中国人民大学出版社，2002.
[6] 刘琦琳.三星的中国化营销[J].互联网周刊，2008(14)：23-27.
[7] 廉锋.三星：品牌、设计、营销“三头并进”[J].创意世界，2009(05)：65-69.

第4章 从心理学角度分析德芙巧克力广告

德芙巧克力是世界最大的休闲食品制造商美国玛氏公司(M&M/Mars)于1989年在中国推出的品牌,德芙巧克力一直是中国巧克力市场的领导品牌,可以说是"德芙巧克力"的独特广告起到了极大的作用,满足了无数消费者的心理需求。因此,我们从心理学的角度就广告的内容和创意两方面去着重分析其广告。

德芙巧克力是因爱而生的。故事开始于20世纪40年代,一天希腊裔美国人莱昂看到他的儿子正在大街上,不顾安危地紧追在一辆贩卖冰淇淋的卡车后面,出于对儿子安全的担忧,为了不让儿子再为买到一支冰淇淋而在马路上奔跑,这位芝加哥糖果店老板决定开发一种优质巧克力冰淇淋。经过几个月对产品配方不断地调整和改善,这个因爱而生的优质巧克力冰淇淋终于问世,并被莱昂命名为德芙。

富含奶油的同时被香醇的巧克力包裹的冰淇淋一推出就大受好评,很快儿童以及大人都爱上了德芙。到20世纪70年代,每年都有超过100万箱的德芙售出,喜爱它的消费者蜂拥而至,络绎不绝。不久,德芙的流行引起了一家专业巧克力制造商——玛氏食品的极大兴趣。

1986年，玛氏食品将德芙拥入怀中，并将因爱而生的德芙品牌视为掌上明珠。在对德芙巧克力的纯度和口味进行改善后，玛氏食品在20世纪90年代推出了牛奶巧克力和黑巧克力等新口味巧克力，这些巧克力续写着德芙的传奇，德芙巧克力的流行，持续至今。

2009年，在中央电视台、部分省级卫视台等重要电视媒体以及部分高端杂志媒体上，先后出现几则德芙巧克力系列广告，电视广告片中唯美的意境营造与动听的背景音乐打动了无数消费者，满足了受众的心理需求，启动新一轮销售狂潮。正是对质量提升孜孜不倦的追求，才造就了德芙巧克力香醇的味道和丝般顺滑的口感。也正因如此，全世界越来越多的人爱上了因爱而生的德芙巧克力。

4.1 德芙巧克力广告的类型

面对日益成熟的消费者，玛氏食品公司不仅全力以赴研制出高品质的德芙牛奶巧克力，而且每年求新求变，希望给消费者美好的巧克力体验。其广告片也不例外，以独特的创意及别具一格的制作技术拍摄，带给消费者全新的广告片——漩涡篇，感受丝般感觉的新境界。

玛氏爱芬食品公司在中国12个主要城市首播这些全新的电视广告片。这个电视片将德芙牛奶巧克力的魅力及纯美品质刻画得丝丝入扣。一如它的广告语阐述的“牛奶香浓，丝般感受”那般诱人。而独特的创意及制作拍摄技巧，也将身为领导品牌的德芙牛奶巧克力带向全新的境界，他们采用的广告主要有以下几种形式。

1. 橱窗篇广告

在欧洲建筑风格、整洁别致的白色主调街景中，响起的是法国香颂的背景音乐。打扮时尚可人、发型活泼的女主人公站在一间装潢高档的时装橱窗前，凝视着橱窗内一顶纯白精美的帽子。根据帽子在橱窗玻璃上反射的倒影，主人公微微倾斜自己的头，摆弄姿势使自己的影子与玻璃上帽子的倒影重合起来，产生自己戴着那顶帽子的重影。随后她转到另一个珠宝店的橱窗前，用憧憬的眼神看着陈列闪烁而迷人的钻石项链。她调整比划着姿势，在玻璃上又产生了自己戴着这串稀有珍贵的钻石项链的重影，店里的销售人员看到女孩的样子，发出善意的微笑。满意的女主人公回报一个媚眼，从提包中拿出一块德芙巧克力，掰下一块，很享受地放进嘴里，闭上眼慢慢感受那丝般的感觉，在白色街景、欧式路灯的背景前，品尝巧克力的同时，精致细腻的巧克力色缎带环绕住了沉迷于口中美味的主人公，"此刻尽丝滑"的广告语出现，给人以十分温馨的感觉。

2. 丝滑篇广告

从一片飞鸟飞过的天空开始，背景音乐响起，镜头转到黄浦江外滩露台上正在看书的女人，一个时尚性感的白领女性，露台咖啡厅的男侍者的目光一直落在她身上，女人拿出巧克力的动作流畅，将一块送入口中，画面变成牛奶与巧克力交融的情景，然后镜头来两个特写，背景音乐轻柔舒畅突出巧克力细腻丝滑的感觉。顺滑丝感的感觉从口中延续到身边，咖啡色的丝绸轻绕过女人裸出一侧的香肩上，接着又随风轻拂在抚过书页的手背上，最后轻轻环绕在走过的男侍身上，女人一脸甜蜜的微笑，沉浸在阅读和德芙所带来的愉悦里，给人以高贵的享受。最后丝绸揭开，画面正中一行字："愉悦一刻，更享丝滑"。同时充满感性的独白响起："愉悦一刻，更享德芙丝滑。"似乎是天外来音，给人挡不住的诱惑。

3. 漩涡篇广告

当低沉、感性的旁白，配合优美的吟唱音乐，渐渐引出缓缓旋转的巧克力漩涡，它有丝般润泽的质感，如清泉般流畅的律动；这个地地道道的巧克力漩涡不停地旋转，加上纯美牛奶的加入，巧克力加牛奶的美妙结合，犹如跳着一支慢板爵士舞一般的悠扬动人，它渲染出的美妙感受吸引你进入一个纯粹牛奶巧克力的世界。之后成型的巧克力块从香浓诱人的漩涡中飞出，想先尝为快的冲动再也按捺不住。这场完美的演出，将视觉与味觉的诱惑带到最高点，宛如体验一场美好的巧克力飨宴，这就是德芙想呈现给观众的巧克力体验与全新的感觉。

吃巧克力是种绝妙的体验，拍摄巧克力却是一场挑战。这个广告片创意来自达美高广告，特别委托英国资深导演迈克尔·安德森领衔制作。迈克尔曾在商业片制作领域多次荣获灯光奖、创意设计奖、胶卷洗印奖以及电影摄影奖，这些成就促使他更有经验导演商业广告片。

这部广告片的成功不只在于创意构思，更在于技术成果，当然更少不了先进的特殊摄影器材与技术的帮助。因为未用特殊摄影机之前，你看到的是一片快速旋转的巧克力大海，没有任何的神奇可言，需要丰富的想象力才行。倒牛奶的画面也是，过程就像平常倒牛奶般简单快速，在 Photo-Sonics 的镜头捕捉下，才能呈现缓缓旋转运动的美感；而非常令人赞叹的巧克力激起王冠的画面，是一台 35 毫米摄影机在每秒 360 格的高速之下所展现出的魅力。这些特殊器材及技巧起到了神奇的效果，在整个拍摄过程中采用了 60 余种不同的材料，为的是呈现一如德芙牛奶巧克力产品本身的高品质质感，透过画面传达那种产品的特质与视觉的吸引力，就像吃到德芙牛奶巧克力的经验一样难忘。

4.2 从心理学角度分析德芙巧克力广告的创意

广告创意必须符合各类目标所必须遵循的心理法则或规律，如注意、记忆、说服的规律等，才能实现广告主的销售目的。广告创意即广告构思，也就是针对广告主题设计最恰当的表现方法的过程。每一部广告作品都有明确的目标，如使消费者记住已有的品牌，注意新的品牌，说服消费者改变对某一品牌的态度等。根据目标的不同，就有不同的广告创意。

1. 广告情节有助于记忆

消费者的记忆是广告的奠基石。丝滑女人篇中，性感的女人，被吸引的男侍者，他们没有对话，但自始至终两人间的目光牵引很显然，就好似巧克力浓郁的口感，让你觉得只要吃一块德芙巧克力，生活就会更加美妙，可以是在阅读的时候，也可以是在听音乐的时候……。将产品与生活联系起来，不仅突出产品的特性，也展现了生活趣味，很耐人寻味，使得德芙巧克力的形象在重复中加深，在加深中难忘，在难忘中实现购买的行为。广告能在消费者的脑海里留下深刻的记忆，广告作品的任务就算完成了一大半，而广告情节有助于消费者对商品的记忆，因为人们都比较关注故事情节。

2. 将无形与有形紧密的结合

成功的广告要有很强的说服力感染力，才能打动受众。德芙巧克力广告首创“丝感”概念，用有形的丝绸来表现无形的巧克力细腻滑润的感觉，将这种感觉与丝绸滑腻轻柔的质感结合，营造出舒适、优雅、浪漫的意境。人们在欣赏广告的时候，似乎也在享受着德芙巧克力这种难以忘怀的美味，给受众无限的想象空间。

3. 背景音乐和场景合二为一

广告要吸引受众的眼球，要紧紧抓住受众的注意力，而诱人的音乐是法宝。德芙巧克力广告歌是*White Flag*，这首歌伴随着 Dido 天籁般的声音，舒缓迷人的曲风和弦乐配制，展露出清新脱俗又迷惑人心的绝美意境。事实上，这首歌是 Dido 写给曾和她论及婚嫁却又分手的未婚夫的，深刻的歌词充满对恋人的不舍和抱歉，每听一次就多一次体悟，尤其是恋人分手后依然想念的情景，从 Dido 的歌声中表露无遗！在橱窗篇广告中，将唯美的画面，场景的变换，加上一点无名的惆怅、淡淡的惊喜与优美的背景音乐融合在一起。背景音乐舒缓曼妙的曲风和弦乐，展露出清新高雅又沁人心田的绝美意境。音乐营造的气氛使主角享受着巧克力带来的愉悦感受时，受众也伴着醉人的音乐感受生活的真实，让人回味无穷，惹人流连忘返，情不自禁地加入到德芙巧克力目标顾客之中。

德芙广告将一种精致美好的生活引入到消费者的观念中，售卖的重点不再是德芙巧克力本身，而是吃德芙巧克力所代表的享受观念和生活品位。德芙的广告密度之大、内容更新之快以及品牌概念的深入人心，使得德芙巧克力成为中国最知名的巧克力品牌。现代意义的品牌则是指消费者与产品之间的全部体验。它不仅包括物质的体验，更包括精神的体验，它向消费者传递一种生活方式，一种消费理念。从 1995 年开始，德芙就一直是中国巧克力市场的领导品牌，应该说德芙的这种意识形态广告的品牌塑造在拉动销售方面起到了很大的作用。

4.3 从心理学角度分析德芙巧克力广告的策略

随着各国经济和文化的发展，面对当今日益竞争激烈的国际市场，面对日益成熟的消费者，各大企业不再仅仅局限于全力以赴给消费者提供优质的产品和服务，广告也渐渐成熟为商家争相竞争的一个亮点。广告对每个企业都是非常重要的，无论是电视广告还是杂志广告，因为它是为了扩大企业的知名度、提高美誉度、树立良好的形象，以求受众对产品的认可与支持，继而发生购买行为。此时，善于捕捉受众的心理显得尤为重要，这也是提高企业效益的重要法宝，也是广告成功的关键环节。

正是由于中国巧克力市场如此大的消费潜力，世界各大知名巧克力厂商都将目光聚焦中国。CMMS2004(春)数据显示：中国的巧克力市场中，前10大品牌一共占有整个市场近90%的份额。其中，世界三大著名巧克力品牌——德芙、吉百利、金帝就占了近2/3的市场份额。由此可见，中国的巧克力市场品牌集中程度非常高，德芙的优势最为明显。在整个市场份额的争夺中，合资品牌和洋品牌明显占据了上风。市场份额前10位中，德芙、吉百利、金帝、好时、雀巢均为合资品牌；国产品牌只有金丝猴(2.94%)和申丰(1.58%)两个，合计市场占有率尚不足5%，市场竞争实力尚显薄弱。另外，从"消费者品牌忠诚度"方面来进行考察的话，排在前10位的品牌分别是德芙、金帝、吉百利等。合资品牌及洋品牌继续保持着其绝对的优势地位，其中德芙更是遥遥领先，其他品牌很难与其竞争。

1. 迎合受众的习惯心理

在强调视觉快感的今天，人们已经习惯于用有意无意的目光追逐美丽、精致、无瑕疵的外壳，"德芙巧克力"便迎合了受众的欣赏心理。广告片画面简洁，色彩淡雅，灰白的浅色映衬着巧克力的浓郁，情节简单，而欧洲、上海、外滩、音乐、咖啡、法语……这一系列美妙的元素堆砌起了一个时尚、精致、唯美的意象画面，没有任何语言劝服，却让人印象深刻，自然而然地加入到购买者行列。长期在各种电视节目中出现的精细画面使观众习惯于视觉快感，逐渐满足于对画面品质的感性追求，优美的、精巧的、整洁的画面是人们愿意看到的；肮脏的、泥泞的、甚至是血腥的画面都要经过剪接或马赛克处理，不再刺激人们流连于表层感性美丽的接受习惯，免得引起反感。

从人的认知心理上说，在唯美场景与商品的画面承接中，一次次地暗示人们一种虚构的完美与商品间的因果依存关系。在广告精致唯美的画面中，为观众搭起了无穷的幻想空间，任何故事尤其是反映人们心中真正需要的故事都在这种画面中产生。如丝滑篇广告中，出现的高楼林立的上海、风光优美的外滩、外形姣好的女性和阅读爱情小说等种种生活片段的碎片，观众通过种种个人经验自行将其拼接起来，建构出了一个完整的存在于自己幻想之中的影像，某些年轻又富于想象的观众甚至会将这种种片段建构成一段虚幻的叙事，情不自禁地投入其中，难以自拔。有位女性受众描述自己的感受：昨晚回家，在电视中再次听到了德芙巧克力的那段广告音乐，不禁感动了。记得第一次听到那段广告音乐，是在一个地铁站里。自从那个广告投放上海后，上海街头的液晶显示屏里就不断放出这段音乐。每次听到那段音乐，我都要驻足听上一会儿。还记得5月份在一个联华超市里，听到这段音乐时，我傻乎乎地站了半天。我特别爱这个广告！除了欣赏广告里的成熟MM、音乐以及我爱吃的巧克力之外，还因为我欣赏这个广告里无处不体现的那种优雅的感觉，特别让人感到一种让爱包围的温馨和美的意境，就如同广告。陈年往事徐徐从音乐声中流过，如沐浴在一片宁静和煦的秋阳中；悠然的是曾经的步伐还有永远不变的心情，走得最快的总是最美的时光。

2. 满足受众精神上的慰藉

德芙巧克力的目标消费群为16～40岁的城市中等以上收入的女性。年轻的女性为其主要市场，因为女性爱吃巧克力。巧克力可以说是最美味的食品之一，尽管女性在体形和美味的抉择中痛苦不堪，但从现实来看，女性对巧克力的偏好仍十分明显。女性、尤其是年轻的女性购买巧克力的倾向性相当明显。再具体比较，年龄因素对购买者的影响要略大于性别因素的影响。对“白领”抱有幻想与憧憬，对自己“白领”身份亟待承认的女性们都在被告知：拥有德芙巧克力，你就是广告中的主角。她们不是在消费德芙巧克力，而是在消费德芙巧克力本身所代表的意义世界。在橱窗篇广告中，主角在“镜像”中实现了对高档时装、首饰的占有，简直是活生生的德芙“造梦”的隐喻，实际上的拥有已不是重点，主人公满足的微笑、自足的处境与尽享德芙巧克力融合，可以说是对高档奢侈品消费的一场“教化”，德芙巧克力这种食品与对美丽、奢华的占有联系起来，成为一种精神象征。今天的广告传播容量是繁忙与超负荷的，许多同类产品的与日俱增更加剧了竞争的激烈，产品同质化现象使得广告不光要满足消费者的使用功能,更要有深刻的内涵和精神上的慰藉,以至上升到艺术境界的层面。

针对人们的这种心理需要,德芙巧克力广告以社会规范的方式说服消费者接受自己的观点,广告中的女主人公所对应的不是其个人演员身份,而是产生了"时尚、知性、有小资生活情调品位的白领女性"。在丝滑篇广告中,"白领"身份背后的工作竞争、加班时间、薪资水平、购房压力都被掩盖在唯美的背后,德芙巧克力的物理属性、品质、产地都已不是重点,德芙巧克力已经直接与光鲜的主角形象联系在一起,被赋予了时尚、身份、品位的象征,使德芙巧克力这一商品变得高贵、奢华起来,具有了文化的内涵。

3. 符合受众的爱美心理

虽然德芙巧克力广告采用的不是众人皆知的大牌明星,可是它采用了美女主角,这更能增加广告的宣传效果。女主角的年龄、气质与德芙巧克力的特点很吻合。广告中主人公的形象非常生活化,有一种似曾相识的感觉,让观众不由自主地去关注,迫不及待想去品尝德芙巧克力。电视广告是一种很普通的广告形式,对于使用美女做广告历来褒贬不一。德芙巧克力两则广告中的主人公都是陌生面孔,比较电视屏幕上经常露脸的明星们,更具有新鲜感,让人眼前一亮。丝滑篇广告中在花边阳伞下性感、知性的女主人公或橱窗篇广告中时尚、可人的女主人公,都让人产生一种美的感觉,有了情感趣味的趋同,消费者对广告自然而然产生喜爱和执着,接着不由自主地影响了她们的购买行为,受众就会对德芙巧克力充满期待和幻想。如果广告能把美女的良好公众形象、社会地位、高雅气质巧妙地借用,这将使观众因喜爱广告中的名人而连带喜欢广告的产品,产生惊人的销售效果。

4. 满足受众的双重需求

广告词:"牛奶香浓,丝般感受",这是德芙巧克力通用的广告语，在受众中流传十分广泛。广告采用了类比联想的手法。所谓类比联想，是将形似、义近的事物加以类比形成的联想，是人们对一件事物的感知立即引起对和它在性质上、形态上相似的事物的回忆。德芙巧克力广告词“牛奶香浓，丝般感受”，把巧克力细腻滑润的感觉用丝绸来形容，用丝绸的质地与巧克力的纯正口味进行类比，与产品的特点十分符合，想象丰富，意境高远，充分利用联想感受，把语言的力量发挥到极致，增强了广告的表达效果。

“德芙如丝般的感受”是一种心灵的召唤，唤醒受众积极品味德芙巧克力的美味和精神的双重享受的兴趣，提高它的市场占有率。橱窗篇广告中一个美丽的女孩将巧克力放入口中，这时出现了一条巧克力色的丝绸在她的身旁飘扬，在优美动听的吟唱音乐中，德芙巧克力有丝般润泽的质感，如清泉般流畅的律动，将视觉与味觉的美好带至最高点。这就是德芙巧克力广告呈现给观众的感觉，叫卖的不光是商品，而是一种高雅的文化。

“意识形态广告”一词最先由台湾意识形态广告公司所倡导提出，并以此命名其系列广告代表作。其中最初闻名于世的是该公司为台湾中兴百货公司所作的系列广告，这则广告中的文案“手为了袖子而存在，脚为了鞋子而存在，空间为了家具而存在，身体为了衣服而存在，三日不购衣便觉面目可憎，三日不购物便觉灵魂可憎”至今常被人们作为“另类文案”而提起。此处意识形态广告的作用机制是将“消费”这种意识形态作为一种精神状态展现，说服消费者不仅是物质性，更多是精神性的消费商品的象征——这种象征往往是建立在消费者自身固有的欲望上，不是赤裸裸地说出欲望，而是建立起与欲望相契合的象征——德芙巧克力的目标消费群基本都具有“身份展示与承认”的欲望，商品正是以此建立象征，如果不是消费象征的话，昂贵的德芙巧克力这种商品又如何能生存下去呢？不断创新，多种并存的广告诸形态发展到今天，早已经是“见怪不怪”。具体来说，所谓意识形态广告只是在广告创意表现手法上具有分类意义，常指不是诉诸广告主体商品的物理属性，而是诉诸某种特殊的氛围、意境、情节或价值观的广告。德芙巧克力广告也可划入意识形态广告的行列，值得我们认真地进行研究。

参考文献

[1] 王一川. 大众文化导论[M]. 北京：高等教育出版社，2004，160-170.

[2] 李静，郭瑞芳. 从关联理论看广告的吸引策略[J]. 现代商业，2009(02)：13-18.

[3] 郑浩，毕鹏晖. 浅议广告语言的概念整合模式[J]. 商场现代化，2009(01)：32-38.

[4] 翟俊玉. 追求语言表达的视觉效果[J]. 作文成功之路，2007(02)：21-27.

[5] 耿璐. 试析"意识形态广告"——从两则德芙巧克力广告出发[J]. 中外企业文化，2009(06)：21-27.

[6] 孙媛等. 从德芙广告解读品牌营销[J]. 广西大学学报，2009(z1)：67-70.

第5章

从传播学角度看戴比尔斯钻戒广告策略

“钻石恒久远，一颗永流传”，戴比尔斯(DeBeers)公司用这样的一句广告语将钻石与浪漫永久地结合在了一起，由此订婚钻戒更加成了世人表达坚贞爱情的约定俗成的习惯，钻戒越加成为极其珍贵的宝石选择。我们从传播学的角度解读戴比尔斯的系列钻戒广告，从中得到一些启迪。

很多人提起钻石广告就会先想到美女，再想到闪亮的珠宝。其实最能打动人心的，不是外表的美丽而是长久的感动。钻石是一种恒久不变的美丽，只有时间可以证明它的伟大。而戴比尔斯真正让消费者接受他们商品的办法，正是让观众感受到了这一点，即让所有人感动，这才是他们的广告高明的地方。

古代对钻石的记录都充满了神秘、传奇、浪漫的色彩。因为钻石稀少、罕见，人们认为它是星星坠落时留下来的碎片；另外有人认为是天神的眼泪在地上的结晶物。在英文中，钻石一词为 diamond，法语为 diamante，德语为 diamant，俄语为 almaz，它们都源于古希腊文 adamas，意思为“不可征服”。由于它纯洁、璀璨、坚硬、独一无二的特性，使钻石成为永恒爱情的象征。

从前的人认为，爱神丘比特的爱情之箭的箭尖是钻石做成的，因此它变得无坚不摧，具有了征服异性、获得爱情的力量。钻戒第一次作为定情信物的典故发生在1477年，奥地利的马克西米连为了得到法国玛丽公主的爱，为送给她什么礼物而苦恼。因为玛丽太漂亮，追求的人很多，都没有得到她的爱。马克西米连为此召集了很多大臣出谋划策，最后有人提议，钻戒象征坚贞永恒的爱情，在公主的手指上戴上钻戒便可以得到她的爱。马克西米连用了此办法，果然灵验，当他把象征爱情的钻戒轻轻地戴在玛丽公主左手的无名指时，玛丽公主应允了。从此开创了赠送钻戒订婚的传统。

戴比尔斯的广告词"钻石恒久远，一颗永流传"已经被受众广泛接受。几百年来，坚不可摧的钻石与今生不变的爱情联系在一起，都把钻石作为表达爱意的最佳礼物。另外，为什么订婚钻戒，非要戴在左手，又要戴在无名指上呢？基督教的信徒们认为这缘于基督教式的结婚仪式，主持婚礼的牧师手拿戒指按顺序轻触新人的左手，并说"奉圣父、圣子、圣灵之名"，最后落在左手的第四个手指上，因而形成此传统。

看到钻戒，戴比尔斯的经典广告词就在耳边响起："钻石恒久远，一颗永流传"。钻石所代表的不仅仅是财富、权力和地位，而且也象征着爱情的珍贵、永恒、忠贞、纯洁无瑕以及坚不可摧。

5.1 戴比尔斯钻戒广告重新解读两性文化

放眼戴比尔斯钻戒的平面广告，虽然其文案都各不相同，但是每个广告画面上都用了一位成熟的女性作为代言人，她们人种不同、职业不同，唯一相同的就是她们的眼神。她们的眼睛直视前方，带着足以傲视一切的自信，浑身上下散发着让人无法抗拒的成熟魅力。在暗色调的背景里，她们垂放在胸前的右手上都戴着一枚戴比尔斯钻戒，钻戒放射出耀眼的光芒，不仅与暗调的背景形成强烈的对比，更是与各位成熟女性的美丽交相辉映，形成了强烈的视觉冲击力。感受着右侧图中的震撼，同时体验左侧文案的理念：你的左手表明感情，右手表明愿望。左手说："我愿意。"右手则说："那又怎么样？"从你的左手得知答案，而你的右手又提出疑问。"全世界的女人们，请举起你们的右手！"通常来说，代表婚恋的左手如果说了YES，右手哪有说NO的道理？可是戴比尔斯钻戒却打破常规，为右手赋予了独特的生命力，让右手也有自己的思维和理念，敢于向传统说：The success is my symbol。其大胆和独树一帜的创意不得不让人为之惊叹、为之折服！事实证明，戴比尔斯右手钻戒的定位相当出色，实际销售数量的增长也进一步验证了其创意的成功。现代女性们已将右手的钻戒作为自己精神上的独立宣言，她们已经开创了属于自己的另一片天地。独到而富于创意的文案加上个性鲜明的图案，完美地将钻戒定位在了成功独立的女性身上，运用大胆新颖的比喻手段，将产品的诉求定位生动有趣地凸显出来，在给人震撼的同时，也被其蕴涵的幽默所打动，会心一笑。无疑，戴比尔斯右手钻戒将自然而然地成为新一代成功女性的追求，开创世界的另一种潮流和时尚。因此我们不能不承认，戴比尔斯右手钻戒广告的创意是相当成功的，起到了吸引眼球的作用。

越来越多的女性形象成为广告的统领与精神核心。新时代的戴比尔斯钻戒广告，生活化的场景中加入了更多新时代女性的个性特征：独立、自主、有内涵，不再是逆来顺受、等待男人爱抚的小女人形象。在新的钻石广告中，女性形象不再以爱情至上者的面目出现，她们开始成为广告的主角，并且广告中男性的角色形象正在逐渐弱化。在戴比尔斯2002年年初发布的系列广告中，一位美丽的女子在图书馆的书架前徘徊，镜头中她纤秀修长的无名指上带着一枚闪闪发光的钻戒，画面婉婉道出："谁说女人漂亮就不爱看书，知识让我更自信"，浑身上下透露出一种知性和谐的美。在她们眼中，除了爱情、婚姻、家庭以外，还有事业和自我实现等很多其他的人生愿景，现在的钻石广告是女人自我欣赏版本，女人不光要被爱，更强调自尊、自立、自主和自爱，颠覆了"女子无才便是德"的传统观念。

观念的改变影响着消费心理的变化。现代社会，女人更加独立自主，她们对于传统爱情婚姻的看法也有较大的改变。据统计，全国5%的城市女性拥有至少一件以上的钻饰，上海女性的钻饰拥有率最高(15%)。女性钻饰购买者中，20世纪70年代后出生的消费群非常醒目。她们抗拒传统，穿戴时尚，喜欢特立独行引人注目，女权主义色彩十分明显。新一代钻石女人不再一生只等一钻(婚姻钻戒)，她们会为了升职、毕业、恋爱、生子等各种理由买钻饰，或者纯粹就为了紧跟潮流，免得被时尚所抛弃。

从戴比尔斯最近的一系列热卖钻石吊坠系列中，我们可以看到它对于这种购买诱因多样化的女性消费观念的迎合。其自由系列——"框架再牢，怎锁得住渴望自由的光芒"，表达出每个女人都渴望能到聚光灯下，闪耀自己最灿烂的光芒的心思；诱惑系列——"魔棒不定摇摆，似动荡不羁的女人心"，配合以钻石在上，铂金装饰在下，并且闪亮的钻石可在柔滑的铂金链条上自由滑动的设计，暗示每一次摆动都是女人风情的魅力闪现；寂寞系列——"寂寞难耐的心，在曲折中获得趣味"，则大胆打破规则，将钻石夹于45°弯转变形的矩形细方铂金框中，表现蠢动的心已寂寞难耐，需要甩开矜持的隐秘，主动去追求爱情。

这些都一改以往广告中纯情稳重的传播诉求，而直指都市女性寂寞孤独而又自由奔放的内心，激起她们心中最原始的冲动——对美的追求和渴望对男人的征服。与之配合的这一系列的电视广告设计也显得生动有趣，在一则广告中，一位时髦漂亮的女郎走在大街上，一时兴起看到路边的橱窗以为是镜子，于是对着橱窗反复欣赏着自己脖颈上的闪闪动人的吊坠，女郎自我陶醉的暧昧神情使得女郎显然不知道自己正被人观看，仍然顾影自怜，而男士的目光仍然如痴如醉，后来，他女友气愤地离他而去，而男士似乎既想拔脚去追，可又舍不得挪开眼光，进退两难，显得非常尴尬……，广告语"都是钻石惹的祸"则显得非常诙谐。从这些广告中，我们看到女性不光表现得光彩照人，她们的内心也变得足够坚强起来，男性欣赏她们，但是她们更懂得自我欣赏。在广告背后，女性虽然仍是作为被看的对象，但是她们已经不因是否被看而左右心境，她们更加自立、自信，对男性毫不在乎，男性为之倾倒、为之吃尽苦头，都不关她的事，因为她就是具有这样的魅力，但她却是毫不知情的、无意中展露的，并不是为了诱惑或讨好男性，女人成为自己的欣赏者和拥护者，渴望成为世界的中心。在另一则广告中，女主角身穿皮草准备出门赴宴，正当她在镜子前左顾右盼检视衣装时，总觉得自己身上少了点什么，突然间她灵光一闪，拿起一把利剪剪掉胸前的衣服，把璀璨耀人的美钻展露出来，这时她的脸上才绽放出如钻石般煽动人心的笑容。广告本身虽然含有深深的自恋情绪，但却是对两性文化的一次重新解读。戴比尔斯钻戒广告设计者紧跟时代的变化，研究两性文化的变迁，不光能牵动受众的目光，而且能引导顾客的消费行为，达到扩大钻石销售的目的。

5.2　从传播学角度分析中国首饰市场

戴比尔斯在世界钻石市场的成功，可以说是一个近乎达到垄断的完美范例。它一方面总能刺激市场对钻石的需求，另一方面则减少钻石供给，即使在 1955 年通用公司(GE)研究实验室宣布发明了人造钻石后，戴比尔斯公司仍能成功维持钻石的高价完美形象。事实上，戴比尔斯公司每年花在广告上的费用多达 1.6 亿美元，不断传递着 Diamonds are forever 的信息，持续钻石浪漫的传奇。这家在 1888 年创立的南非公司，用了一个世纪的时间说服美国人接受欧洲用钻戒当作婚戒的传统。20 世纪 50 年代，同样的奇迹又在日本上演，戴比尔斯成功地将西方婚戒的文化，传递到日本乃至整个亚洲，日本此后也成为世界上第二大钻石消费市场。

市场的扩大和潜在消费者观念的变化，反过来促成了钻石广告的转变。从钻石广告的这些变化中，我们可以看到整个中国钻饰市场的显著变化。钻石不再只是作为爱情的见证或晚宴里炫耀的物件出现，其设计也开始追求差异化的个人风格。如今，钻石平民化、年轻化、时尚化的步伐越来越快。近 5 年，我国包括钻饰在内的珠宝销售，已经成为全球销售增长最为迅速的市场之一。有调查显示，中国在不久的将来会成为继美国和日本之后，第三大世界钻石消费市场。广告中的场景传播不再执著于梦幻意境的构造，而是趋向于日常场合的转变，图书馆、咖啡店、朋友聚会甚至是大街上。女性形象也从恋爱或婚姻中的幸福女性转变为各行各业形形色色的女性形象，她们无一例外地反映了白领女性的群体特征：经济上自立，消费上自理，心理上自强，带有强烈的时代色彩。

在向消费者传达"钻石的情感意义"的同时，配合国家珠宝玉石质量监督检验中心 1997 年 5 月 1 日颁布的国家钻石分级标准，戴比尔斯还进行了有效的珠宝营销工作。一方面在行业内开展行业培训，在中国主要城市对珠宝商进行钻石基本知识和销售技巧的培训，提升了钻石从业人员的专业素质；另一方面，通过店内 4C 资料的发放和公众媒体的文章，向消费者介绍钻石的基本知识及钻石首饰购买技巧等，改变了钻石是遥不可及的舶来品的观念。这样，钻石不再是简单的珠宝首饰，而是可以传情达意的爱的礼物。国家标准的建立确立了钻石的可信度，令消费者对钻石及钻石业有了充分的信心。所有这一切都树立了钻石独一无二的形象，为钻石业的进一步发展打下了坚实的基础。

广告可以很漂亮、花哨甚至耀眼，但是如果它传播出的信息不能被广大受众所接受，不能促进购买行为，那它就算不上是好的广告。戴比尔斯公司的广告就成功地改造了钻石消费市场，推开了首饰广告市场的大门。著名时装设计师香奈儿大力提倡将名贵的天然珠宝首饰和仿真首饰巧妙地与时装搭配起来，创造了一股由简约风到生活化的时尚趋势，影响到世界上不少著名的珠宝品牌。另外，珠宝首饰投资保值的功能已逐渐淡化，装饰美化成为主要目的。流行首饰、时装首饰不但款式多，更新换代快，而且设计独特，在张扬个性、凸显自我的全球风潮的影响下，具有无限的发展潜力。而随着人们消费水平的提高，对于钻石的消费将不再被称为奢侈，一生拥有几颗钻饰也是可能的。这样的广告，扩大了市场，吸引了消费者。

戴比尔斯于 20 世纪 90 年代中期开始在中国进行大规模的市场

推广。在这一阶段，戴比尔斯的市场营销策略是代表整个钻石行业进行整体市场营销，目的是树立钻石的形象，提高消费者对钻石的整体需求。以结婚钻戒广告为切入点，先后在中央电视台和一些重要的省、市电视台播放结婚钻戒广告，并在行业杂志和大众杂志上刊登平面广告。结婚钻戒广告对整个钻石行业起到了很好的推广作用，成为钻石业的基础。因为中国人仍然把婚姻看作人生的一件大事，不惜重金购买钻戒。

5.3 用美丽的语言引诱顾客购买

戴比尔斯钻戒广告成功的根源之一，就是它抓住了现代生活中人们唯一难忘的浪漫。他们懂得什么让人心动，什么让人向往。有时候，时间是一个很诡异的东西，岁月可以让人改变，但却永远被人怀念。当回首过去，总会让人觉得温暖而甜蜜，这就是戴比尔斯钻戒广告一贯的表现技法，它让广告充满了时间的沉重感，让人觉得刺痛的美满，既满足了钻戒那种持久恒远的含义，又叫人回味悠长。

不可否认，这种以爱情和婚姻为诉求的钻戒广告如今已成为一个模式，年年上映的只是不同的版本而已，换了地点、换了人物、换了音乐、换了情节……，但却经久不衰。世界上最大的钻石运营机构戴比尔斯根据中国的国情大力推销结婚钻戒，其广告创作也多以美好的爱情婚姻为主题。"钻戒"是女生无可争议的永恒梦想：当你和你的爱人一起慢慢地变老，那枚钻戒依然像你们的爱情一样熠熠生辉，恒久恒新。所以，玛丽莲·梦露曾经代表女人宣称："手上的一吻多么令人陶醉，可是只有钻石才是姑娘心中的至爱……"。以爱情、婚姻为主题的钻石广告多酝酿着如梦如幻如痴的美好气氛，以产品象征爱情的美好和承诺、婚姻的永恒和美满，并用最美的概念符号来展现女性心中关于爱情婚姻的美好想象——两小无猜、情投意合、幸福美满、白头偕老……，并将这些符号组接成短小的故事，在特定的意境下拼接成一幅幅美好的画面，来满足或诱发女人的想象，并使新产品作为想象中起关键作用的定情信物或爱情见证而存在。

这是一则戴比尔斯的钻戒广告：两小无猜的男孩和女孩一起坐在一棵大树上，男孩用紫色的小雏菊编了一只草戒指套在女孩的手指上，女孩甜美的笑容也如花朵般绽开。岁月无声，转眼他们长大了，女孩披着纯洁的白纱，看着男孩在她的手上套上一枚闪亮的钻戒，这枚钻戒就是戴比尔斯钻戒。画面中洋溢着幸福，诺言和真爱，不可言表。没有华丽的词藻，但是如诗如画般的意境，已经足够让每个爱幻想的女性心动，情不自禁地希望拥有戴比尔斯钻戒。究其原因，无非是这样的广告传播符合绝大多数人的心理，尤其是女性的心理。因为戒指对于每个女人来说都有着特殊的意义，如果一个女人一生没有得到过一枚戒指，对她来说就是一种悲哀，一种失败，至少是一种终身的遗憾。一枚戒指代表一个承诺，所以，女人热爱戒指，更热爱钻戒广告中的那种美好意境，她们相信可以与自己爱的人幸福地厮守一辈子。作为一种象征，她们愿意选择钻石，因为它永恒、美丽和唯一，是坚贞的爱情的物质象征。

戴比尔斯在中国推广钻石结婚戒指的效果十分理想。调查显示，在上海有 1/3 的结婚戒指用钻石镶制，选购率比法、德等欧洲市场还要高。一项调查表明，目前在上海的新售婚戒中，有 33％是镶钻石的，而北京的选购率是 24％，广州则是 15％。全球最大的钻石矿业公司戴比尔斯公司表示，将继续在中国主力宣传钻石是婚戒的必然之选。戴比尔斯表示，在世纪之交，市场上有很多千禧年纪念产品，而该公司也在部分市场尝试推出自己品牌的千禧纪念钻石，借此测试市场对戴比尔斯品牌的反应。但由于中国的国情不同，文化有差异，他们的策略亦有区别。史哲明解释："在发达国家，很多消费者都有三四颗钻石，千禧年纪念自然是另一个购买钻石的机会，中国市场仍未成熟，消费者大都是因为人生大事，特别是结婚才购买钻戒，千禧年并不会刺激中国内地消费者购买钻石的欲望。"

戴比尔斯钻戒的广告语"钻石恒久远，一颗永流传"，要比它的钻石品牌著名得多。这句广告语，迎合了中国人对婚姻忠贞的心理状态，并且促成了中国人购买结婚钻戒的消费习惯，打造了庞大的钻石消费市场。电视广告为了吸引结婚者选购，他们在内地宣传时，更加强调钻石象征爱情久远的意义，希望准备结婚的男女选购。尤其是他们在内地多个城市播放的新电视广告片，特别针对中国市场需要，起用当地演员把明确的信息简要地表达出来。从这一点来说，戴比尔斯钻戒广告的力量是巨大的，影响也是十分悠久的。

参考文献

[1] 陈培爱. 广告原理与方法[M]. 厦门：厦门大学出版社，1990.
[2] 丁俊杰. 现代广告通论[M]. 北京：中国物价出版社，1997.
[3] 莫文力. 钻石　钻石[J]. 中国科技财富，2004(09)：34-38.
[4] 宋丽. 戴比尔斯钻戒广告策略分析[J]. 艺术生活，2003(04)：51-58.
[5] 吴伟忠. 收藏投资话钻石[J]. 金融经济，2005(01)：68-71.
[6] 林雅. 钻饰恒久远　一颗永流传——钻石知识面面观[J]. 中国经济信息，1995(10)：23-28.
[7] 嗜物. 钻石——男士无须掩饰的光芒[J]. 商务周刊，2001(z1)：24-28.
[8] 王曙. 钻石(上)：钻石的4C标准[J]. 中国黄金经济，1995(02)：65-69.
[9] 吴为. 购买钻石要谨慎[J]. 金融经济，2003(04)：76-79.
[10] 张金海. 广告学概论[M]. 北京：中央广播电视大学出版社，2001.

第6章 用艺术传播学分析贝纳通服装广告

2000年9月15日，奥运圣火在悉尼点燃。盛大的入场仪式中，意大利800名队员都身穿他们国家的品牌贝纳通服装步入会场，将这个品牌再次带入世人眼中。在贝纳通近18年的广告运动中，成了全球范围内争议最多的品牌，并形成了一种贝纳通现象。它通过折射全球范围内的社会现实形成重大话题，以此来表达自己与众不同的广告策略和品牌理念。

贝纳通(Benetton)是发源于意大利的服装品牌，20世纪60年代，贝纳通诞生于北意的一个家庭作坊式的公司，妹妹负责纺织，哥哥们负责推销。大约10年后，贝纳通由4间零售店发展为系列国际特许经营连锁店，并以统一的贝纳通标志为基础开展整合营销。到了20世纪80年代，以为股东们创造红利为标准，贝纳通名列全欧洲第二。有人认为贝纳通名声大振，广受注目是因为它的宣传海报在多个国家被禁止张贴，从而引起大众关注。不管是否如此，贝纳通的确已建立起迎合青少年口味的一种消费文化，并拥有了一群忠诚的顾客。到20世纪90年代，贝纳通在全球80多个国家拥有6000多间零售店。

一般较正统的广告都具有清楚而一致的诉求，整个广告活动保持其一致性。只有在各种不同的媒体上不断重复相同的信息，才能累积消费者的注意力及记忆度。自1985年开始，贝纳通都是展现两种不同概念的文案，一个讲的是服饰本身的特质及和谐感，另一个诉求的却是社会问题的冲突性。在具有争议性的文案得到广泛的注意之后，贝纳通并没有忘掉流行服饰追求花样翻新的职责，因此日常的广告并没有停止。

6.1 贝纳通服饰与广告的来历

当一个广告创意超越了产品本身，成为宣传品牌的某种精神或思想的主张时，创意设计的美感和文案本身已经显得无足轻重了。在贝纳通张狂创意的包装下面掩藏了很多玄机，很多人怀疑和批评它在利用一些敏感的社会和宗教问题沽名钓誉。但帮助贝纳通成功的前创意总监托斯卡尼却说："贝纳通与其他人不同之处，只不过是在广告中展现出我们所认知的人类现实的一面。"

同其他品牌服饰一样，贝纳通也有自己不一般的发展历史。1945年，贝纳通服饰创始人露西阿诺·贝纳通(Luciano Benetton)失去了父亲。1963年，他和他的家人开了一家属于自己的服装商店。1965年，他与弟弟妹妹一起组建了贝纳通公司，他为公司创新地设计了一个独立的代理销售网络，那就是沿用至今的特许经营、专卖店经营的销售方式。1968年，贝纳通服饰在意大利一个小镇开业。次年，贝纳通开始进军巴黎市场，在巴黎这样一个服饰高地，贝纳通开设了第一个高级时装店。最重要的是，贝纳通在传统零售店铺的经营策略上做了改变，舍弃售货员盘旋于消费者周围的传统销售方法，给消费者创造了一个任意触摸、随意试穿的开放空间，解除了消费者的心理压力，结果，销售额大增，在服装行业树立了样板，成为其他品牌仿效的对象。

最早的贝纳通服装主要是针对年轻人及儿童。几年后，各个年龄层次的消费者都接受了它。贝纳通的服装多为天然纤维如羊绒、羊毛、安哥拉毛面料。为了迎合地方口味及流行趋势，贝纳通套衫有小批量用染色纱线制成。贝纳通的设计师们最常去的是秘鲁，这个南美国家提供了他们无穷的灵感。它的设计随意，剪裁易于穿着，把来自于怀旧情绪的灵感应用于现时的服装，如 20 世纪 50 年代以高技术合成纤维织物制成的滑雪服，20 世纪 60 年代鲱鱼骨套装、迷你裙，20 世纪 70 年代把珠子与皮革串合在一起的迪斯科装等。另有部分系列如北欧风格主题的童装，包括牛仔服的蓝色家庭系列。

高技术的生产工艺、创造性的设计及优异的市场营销使贝纳通公司成为世界上发展最快的服装生产厂家之一。公司于 1965 年成立，1978 年开设欧洲国家专卖店，1979 年进入美国市场，1985 年进入东欧市场。目前在全世界 100 多个国家有 4000 多家商店。贝纳通的全球策略就是使贝纳通名字像麦当劳和可口可乐一样，驰誉世界。在中国，贝纳通可算是年轻人中名声最大的意大利品牌之一，在很多大商场及专卖店有售。1994 年，贝纳通在意大利成衣销售中排名第一。

贝纳通公司创业时期，聪明的露西阿诺·贝纳通于 1980 年决定起用当时正踌躇满志的摄影师托斯卡尼，放手让他做整个贝纳通的广告设计。这一决策使贝纳通产品伴随着它的广告，迅速发展壮大，闻名于世。作为贝纳通广告的灵魂人物，托斯卡尼创造了那些备受争议的公益广告，同样，也正是贝纳通使原本默默无闻的他成为当今最聪明也最受争议的视觉传播工作者，喜欢他的人尊称他一声大师，批评他的人直呼他为“视觉恐怖分子”。托斯卡尼以反对工业化文明的斗士形象塑造了贝纳通广告，他的出发点在于对当代广告的批判与反思，他认为西方企业广告行为完全是一种犯罪行为，并给社会造成了许多伤害，特别是对年轻人，他还一针见血地说：“过去的广告只是想要出售幸福，但这反而使得人们变得贪婪。”托斯卡尼因此将“发生在广告之外的”事情拉进了广告，颠覆了广告回避现实、回避现在只与未来发生关系的习惯老套，废除死刑、环境污染、种族歧视、宗教间的和平共处等都被收纳其中，而其所表现出的激进态度也常常激怒各种不同的社会力量，从而遭遇被拒绝刊出的命运。由于托斯卡尼的广告，贝纳通名气大增，而其服装销量也大增。具有讽刺意味的是，托斯卡尼认为出售幸福会使人贪婪，但出售苦难并不能让人变得俭朴。

6.2 从艺术传播学角度分析贝纳通系列广告

所有服饰业广告诉求的重点几乎都一致，只是角度不同而已。而贝纳通可说是服饰业广告的一朵奇葩。1982 年，托斯卡尼这位原本默默无闻的摄影师加入贝纳通，1985 年贝纳通的广告有了很大的改变，展开一系列以“贝纳通色彩联合王国”为主题的广告活动。广告活动的设计重点在于突出“色彩运用多彩多姿”这个概念，托斯卡尼让很多不同国籍、不同肤色的青年男女及儿童，穿着类似于各国传统服装，但实际是贝纳通出品的服装。广告画面每次总会出现两个不同国家的人物，并且一定会有该国的国旗。在冷战时代，这个在画面上营造种族和谐的广告得到了广泛的赞美，被称作和平的象征。

贝纳通系列广告关注的恰好不是个体的物质消费，而是将更多的目光关注到了社会现实当中。广告在诱导人们追求个体物质消费时，如果忽视社会群体的存在，忽视社会群体的消费观念和消费能力，将会引发物质消费的失度和偏差，从而影响个体与社会的和谐。它不会影响到个人消费，而是给社会一个较为理性且正确的认识，并引导个人消费者要时常去关注我们周围的话题。“事情越是真实，人们越少看见它。”贝纳通的广告让人出乎意料地触及了事情的真相，探索生活的本质。这些事情在其他的媒介上也能获得体现，但它们却常常不会受到关注。贝纳通的广告超越了个人的痛苦，表现了人们对各种社会冲突现象的思考。这些对于人类共同面对的生存状态的反思，在引发人们关注这些共同话题时，也表现出了贝纳通强烈的社会责任感，张扬了一个企业作为社区公民的使命感。

贝纳通公司的作品是多年以来在传媒和社会上最具震撼力和感染力的广告图片，这些作品反映了种族、社会融合、战争、艾滋病和环保方面的矛盾和现实，而且多是采用不同民族背景的模特，以最真实和原始的面貌面对观众，曾经在不同国家获得巨大的反响，也同时在不同国家获得奖项。贝纳通公司的广告已经超越了商业范围并成为 一种广告艺术文化，广告图片内的拍摄对象不是穿着品牌服装的模特，而是实在的人物和景象，没有丝毫修饰及造作，都以写实为主题。

贝纳通在广告中极力地塑造从直观上去激发受众的心理认同和共鸣。广告也是一门艺术，一门商业艺术，它的艺术价值是依附于它的经济价值而存在的，其艺术性表现在它既承载其诉求意愿，又以其直观的美的形式激发受众的心理认同与共鸣。在它的广告理念中，广告不再是产品的橱窗去简单地展现品牌，也不再是极力地渗透"购买"潜台词的营销工具，更不再是广告人常用来营造脱离现实的理想状态的"造梦"机器，而是一种"现实的表述"，是一种"真实的呈现"。它表述的是真实的故事、真实的人物和真实的世界，这种表达"现实"的过程，浸透了其对世界的冷静思考。贝纳通广告运动表现着品牌独立的广告理念，它是消费者认同品牌的一个基本点。于是广告成为了贝纳通的思维方式——一种关注于现实社会的思考方式，这种思考方式也成为贝纳通忠实消费者的本质特征，它在一定程度上表达的是人类的观念，与广大受众达成了共鸣。

战争、环境、能源和人道主义问题也是贝纳通公益广告运动的主题之一。贝纳通索性抛弃了在摄影棚中的摆拍完成广告制作的传统，干脆从摄影记者、图片社那里独家买断有关战争、灾难和环境方面的照片。将严肃的人文报道摄影用于时装品牌的广告里，在时尚界恐怕是绝无仅有的事，而且有一定的商业风险。在这些充满悲剧情怀、让人不忍目睹的照片中，有的是表现动物面临的资源短缺、环境污染的困境，有的是描写人类在战争中死亡，有的则反映了在灾难、疾病下的人们的痛苦和绝望。

法国社会学家波德里亚说:“广告必须改变其为经济约束方式的形象,并维持其作为游戏、庆祝、漫画式教诲、无私社会服务的虚构形象,由此自然而然地演绎出来。”他仿佛告诉我们,广告并不完全为了促销,更重要的还是要恢复人与人之间的和谐、合作和沟通,从而创造出一个理想的自由、平等和博爱的世界。《心脏》平面广告只是贝纳通众多有影响力广告当中的一员,如果我们仔细留心贝纳通所有的广告,便会发现贝纳通许多广告设计以及创意都是相当具有挑战性的,它挑战的不仅仅是观赏者的眼睛,同时也在挑战观赏者的心理承受力。贝纳通广告的成功之处就在于它不单把人物的外在美看作广告里最重要的因素,而是注重人类品质上对内在美的关注,上升到理性层次。种族平等问题看似一个人的种族问题,它却涉及了人类对于有色人种一直以来存在的偏见,随着社会的发展与进步,越来越多的人已经逐渐意识到有色人种也是人类家园的一员,我们得尊重他们。但是,社会上还是有很多人对有色人种存在着强大的偏见。西方人认为自己(白色人种)是最高等的;黄色人种排名第二;黑色人种垫底,只适合做奴隶。贝纳通一系列的广告不仅在种族平等上有很大的影响力,与其相提并论的同时还有艾滋病主题、战争与和平主题、环保主题等。这些广告都直面全球讨论最热烈、受关注度最高的主题。贝纳通广告通过这样一个主题的描述来让所有看过它广告的人都会不约而同地谈论起这些话题,同时也能谈论到贝纳通服饰,从而达到营销的目的。这虽然是在讨论中无意得到的,但是对于人们在讨论过程中对贝纳通服饰的印象加深,起到一个积极的作用,对运作品牌无疑是十分有利的。

贝纳通公司最负盛名的要数它的前创意总监托斯卡尼为其打造的以“贝纳通色彩联合王国(United Colors of Benetton)”为主题的系列广告作品。托斯卡尼一改以往使用性感超模或者青春动感时尚前卫的年轻人做模特的服装广告传统,而将视线拉向社会现实,其内容涉及种族、战争、艾滋病、环保等各方面的矛盾和现实。与其说是一种革新,不如说是一种为追求标新立异而哗众取宠的表现,使受众在广告泛滥的时代里，有眼前一亮的感觉。

毫无疑问，贝纳通的这一系列广告引起了消费者以及新闻媒体的很大关注，甚至广泛抨击。这些社会的敏感话题，本身具有很强的吸引力，是人们讨论的热点。加之现在跟它们扯上关系的是貌似与其毫无相关以及共同性的服装品牌！例如接吻的牧师和修女（下图），利用牧师和修女的"越轨"行为诉求贝纳通离经叛道的品牌个性，这深深的触犯了宗教禁忌和信仰，让西方人难以接受。这一广告在意大利遭到禁止，新闻媒体做了大量的报道批评，但却无意之中为贝纳通做了免费宣传，提高了产品在公众中的曝光率，增加了它的知名度，使其名声大振，销量大增。

再如下页图中的 Food for life，这确实很有震撼力，很能吸引消费者的眼球，但是如果让你看到这张图片，你会相信这是一家服装公司的广告吗？这很让人怀疑是新闻纪实图片吧？广告是要告诉受众产品或者服务的某种信息，可是这样的广告一眼看过去，还以为贝纳通是公益集团，似乎联想不到它是服饰公司。

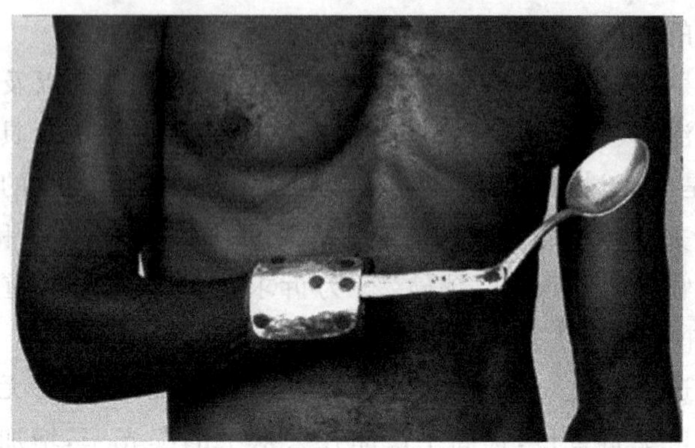

贝纳通使用的广告每千人成本 CPM 虽然高，但媒体购买偏重金额较低的杂志媒体，同时由于稿子都被禁刊，反而由新闻媒体免费报道，怪不得托斯卡尼可以得意地说“我们一年的广告支出，菲亚特汽车一天就用掉了”。虽然贝纳通成功地以争议性广告博得世人高度关注，并创下不错的销售业绩，但这种广告方法是否无往不胜呢，仍值得我们认真地加以思索。

6.3 从广告学方面分析贝纳通“心脏”

从服装生意走进社会不同阶层探索社会问题，以广告影像让世界每一角落都能分享不同的社会信息。贝纳通广告语言：接吻的牧师和修女、在死牢里的囚犯、脐带还没剪断的新生婴儿、被手铐合铐在一起的黑人与白人、濒死的被亲属拥抱的艾滋病患者、战争中阵亡士兵沾血的迷彩军裤与白色圆领衫、浑身沾满石油欲飞不能的海鸟……。这些画面出现在纪实报道中并不让人惊讶，然而这一切却与一个品牌相关，这就显得新奇。

我们这里指的都是商业广告，它是一种有偿的、经由大众传播媒介传播的、目的在于劝服的商业行动。而贝纳通广告就是这样一个将社会现实、人类思考以及商品购买集为一体的广告厂商，它在广告中强调了社会道德与人类心理本质的看法。这样的广告对于社会的和谐平稳起到了至关重要的作用。它是商品经济的产物，它通过媒体进行传播，以满足广告产品的定位、消费需求等一系列要求。

1. 从色彩视觉传达方面进行分析

色彩的情感是由于色彩的象征性引发人的联想而产生的。色彩是沟通消费者心灵的情感语言，而且是一种表达力很强的语言，在平面广告设计中如果能巧妙地运用色彩感情规律，充分发挥色彩的作用，就可以唤起人们的积极情感，引起人们的兴趣，加深人们的记忆，影响人们的购买决策和购买行为。因此，在平面广告设计中，必须重视色彩的象征意义，使色彩能够表现出符合商品本身的性质和特点。首先，色彩具有象征性。如红色象征着热烈与活泼、浪漫与火热，白色象征纯洁与高尚，橙色象征着活力与温暖，黄色象征着光明与希望，紫色象征着高贵与财富，黑色象征严肃、庄重、恐怖与悲哀。其次，色彩具有联想性。不同的颜色会引起不同的心理联想，而伴随着联想又会产生一连串的新观念。如黄色使人联想到富贵和权力，红色使人联想到鲜血、生命、太阳和火焰，橙色使人联想到阳光和诱惑，绿色使人联想到青春和生命，蓝色使人联想到太空和海洋，白色使人联想到纯洁和明亮，黑色使人联想到庄严和黑暗。不同的色彩具有不同的象征意义，不同的情感诉求。

广告商品的背景色与图形色的差距越大，即色彩明度对比和色相对比越强烈，对受众形成的视觉冲击力越大，就越能引起消费者的注意。色彩是诉诸消费者感官的视觉语言，人们对外界刺激的接收83%是依赖于视觉媒介的作用，在平面广告的视觉传达的因素中，色彩是触发眼球运动最快的因素之一。在“心脏”中，鲜红的颜色代表的是地球上的生命，而衬托在心脏上的3个英文单词，以其黑色调再次衬托在鲜红心脏反射灯光处，3个单词字体、字号、颜色一模一样，都在向观赏者传达这样一个信息，无论你的肤色怎样，你的心和其他人种的心都是一样的。在这里，色彩的象征意义就是平等，就是人道主义。

贝纳通广告在时出惊人之举的同时，还保留了一套讲求服饰本身特质及和谐感的广告，从而保证了该品牌在受众心目中的延续性。而它那些语不惊人死不休的争议广告虽然屡屡遭禁，却凭借新闻性和话题性而大量见诸于各类媒体的新闻版面，宣传力度丝毫没有受到影响，相反，贝纳通公司反而因为广告遭禁而节省了一大笔广告支出。

色彩可以增加广告传递的信息量，依靠色彩的感知能使人们加深对某一事物的认识程度。《心脏》就是以其鲜明的亮红色和纯洁的白色让人们在看到第一眼时就记住了，因为它不复杂，颜色搭配极为大方。在现代广告设计中，充分合理的运用色彩，不仅具有美学价值，更重要的是增加了观众的视觉维度，提高了传递广告的信息量。

在平面广告设计中，色彩是广告视觉化表现的重要因素之一。人们尽管生活在色彩的环境中，有着和色彩相关联的情感活动，但广告色彩由于受广告主题、商品特色、创意策略、消费对象等的制约，其表现出的特点是不同的。广告色彩的合理搭配，能突出广告的美感特征，能引导人们从美学意义上去了解和鉴赏广告，在精神上去认识和享受广告，使人们在了解广告的过程中得到美的享受。这就要求设计者在广告设计时要根据市场的要求和设计者本人的色彩艺术感受，对色彩进行选择和变化，使色彩更为简洁、单纯、有序、有条理，从而更富有想象力和艺术表现力。在《心脏》广告中，美通过强烈的色彩差异更多地表现在人们的内心世界，人们通过鲜红的心脏以及对广告文案的阅读，感受到的不仅仅是贝纳通服饰经营和营销统一的理念,更让人震撼的便是人们在某种角度上得承认现在种族问题的持续存在,号召人们要平等地对待每一个人,原因只有一个,无论什么样的人种,他们的心都是一样的。色彩能够提高广告设计的审美性,美的东西已成为人们精神上不可缺少的享受,完美境界是人类永无止境的追求目标,停滞便意味着死亡。

一些企业为使自己的形象明确专一,往往会选择某种色彩作为代表自身的形象色。色彩能够体现企业形象色彩的识别性和象征性,这点已受到广告设计师与企业的认同和重视。在广告中,反复强调专用色,使之在消费者的心目中留下深刻的印象,形成广告统一的专用色系统。在贝纳通的众多广告当中,都是以白底为衬托,有色物体在其前面形成了鲜明对比,还有所有的广告文案中都有白字绿底的"贝纳通色彩联合王国(United Colors of Benetton)"。这让贝纳通广告真正的主色调成为了两种颜色,即白色和绿色。运用标准色进行的全方位广告画面设计,能给公众造成一致、统一的企业或产品感受,对企业识别的强化具有显著的作用,对品牌的建构也是功不可没。

2. 从广告创意来分析贝纳通广告

广告创意是一个企业为实现企业营销战略目标服务,以广告战略目标为导向,寻求最适合于广告信息的策略,最能有效传达并表现独特诉求的独特广告语言、独特广告表现手法以及独特媒体传播方式的创意思维活动过程。《心脏》正是一个符合了贝纳通广告总监观点的代表作之一,它通过全球关注的种族平等问题,展示三颗裸露的真实心脏,给了观赏者在视觉以及思维思考方面的空间,增添了想象的因素。这样的广告行动,不仅可以让消费者在外表方面承认贝纳通服饰的时尚与美观,同时也可以让消费者看到贝纳通服饰这个企业对社会的关心。这在很大程度上提升了贝纳通服饰品牌的地位。他们的广告就在于敢突破传统广告直白地对产品以及企业标志等进行宣传,他们注重广告的寓意,使受众一见到这幅画,马上就能联想到这是贝纳通服饰的广告,它不仅在对产品的宣传方面起到了重要的作用,同时也给消费者一个暗示,贝纳通服饰关注的不仅仅是服装的质量,更加关注社会问题,以此向消费者展示贝纳通服饰是一个具有文化素养,并随时关注社会,具有责任心的服饰企业。

托斯卡尼认为:贝纳通并没有要求我去卖东西,我的本事也不在卖东西。我的工作是传播。我一直相信,看一些能刺激人思考的东西也挺好的。我想呈现出我们周围一些真实、大家都有份的事物。从最先的贝纳通服饰广告来看,贝纳通广告的设计者尝试着让身穿彩色贝纳通时装的年轻人,在一起嬉戏玩耍,以服装的颜色和人的肤色来表现种族平等、和睦相处的愿望。但是,贝纳通在通过一次深刻意义的广告运动以后,它以前的表现策略由此发生了转变。《心脏》广告是一个以种族现实为主题的系列广告之一。其广告巧妙地设计了3个不同种族人的血淋淋的心脏并排在一起,以白色背景为主,突出不同种族人的心脏在本质上是一样的,强烈呼吁不同种族的人相互容忍、宽容和尊重。图中3个一样的心脏,如果没有标出肤色的差异,我们根本无法将它们区别开来。人类其实只是在皮肤上有外在的差异,内在的相同是人类共同的本质。

3. 从图形视觉传达方面进行分析

传播信息是广告最基本的功能,表现在对商品的性能、规格、质量、品牌文化特点、倡导的理念及时尚方面,使广告信息通过平面广告准确传递给消费者和受众。平面广告的欣赏需要人类敏锐的洞察力,这样能使受众自然地把广告中的主体与生活中发生的事情密切地联系起来,这种奇妙的联结来自于平面广告对人的相似性联想的启发。相似性联想是人的思维基于平面广告给人丰富的想象空间,它也是帮助记忆的有效手段。比如星座图的产生,是人们把繁乱的星空想象为动物,这样就能记忆天空中每一颗星星的位置,画出令人信服的星座图。从以上的描述可以得知,激发相似性联想在表现上需要借助一些心理定向的暗示才能激活完成,使联想的形象以最快的方式被人们感知,并保留在受众的脑海之中。在平面广告中,图形语言与标题是平面广告缺一不可的重要元素,组合在一起的标题与图形应该要能够使消费者看出或者理解到你所要卖的产品是什么,是食品还是生活用品,这是最低限度的要求。而最高的要求则是通过平面广告对某产品与本企业的文化进行良好的结合,这样产生的宣传效果会比直接表达广告产品本身具有更深刻的意义。

《心脏》就是只由一幅图组成,3 个心脏占据了整个广告画面的一半以上,颜色鲜明亮丽,图形相当突出,能吸引观赏者去注意这幅广告图放置 3 个血淋淋的心脏实物在图片中,到底要说明什么,到底要向消费者传达怎样的信息。通常一张篇幅大而醒目的图形,比起一堆零星散布的小图形,能吸引更多的读者,因为读者的视线只能聚焦在某一点,不能散发开去。但是图形除了大以外,最重要的还必须要引人入胜,吸引读者的目光是平面广告成功的标志之一,否则一幅放大的、平平无奇的图形只会变成一个令人生厌的东西,比能精确表达意思的小图形更糟糕。

在平面广告中使用富有故事性的照片,读者一看到这样图形时便会想"这是怎么回事?"然后他就会继续欣赏下去。鲁·哈瑞将这种神奇的因素称为故事性诉求。好的广告透露出来的故事一定是能让欣赏者产生心理共鸣的,这样才会让受众去关注广告所要表达的意思。《心脏》一图只有 3 个鲜红的心脏在图的最中央,图中所要传达的故事都需要观赏者去进行揣摩,图里要传达一个什么样的广告信息,为什么要用那么赤裸裸的图片,而且每个心脏上各标明有"白、黑、黄"字样,这些广告要素能让观赏者有足够的心思去猜测广告所要表达的故事主题是什么。一个观赏者在照片上注入愈多的故事性诉求,就会愈多地注意广告企业或商品,扩大了产品的销路。

贝纳通的这一广告"创意高于一切"的理念,打乱了传统广告的作品模式,但在很多人看来,这不过是一种哗众取宠、制造噱头的表现。当然,引起争议的目的就是为了增加品牌的宣传度和知名度,进而获得经济利益。《心脏》平面广告图没有把贝纳通服饰的相关产品放在广告中,贝纳通本就属于高级服装类的产品,但是一般的广告诉求都不能满足它相对于其他服饰的不同之处,广告总监等人就创意出了以心脏这个极具视觉挑战的物品来代替服饰，让一个被社会广泛争论的热点话题为自己的服饰代言，当众多消费者谈论这些话题时，都有可能不约而同地提到贝纳通，购买这个品牌的服饰产品。

展示产品的有力方法，就是让读者看着摆在眼前的广告，当场有亲自动手示范产品的想法。视觉化冲击也是示范产品利益点最有力的方法之一。《心脏》平面广告图中没有出现贝纳通服饰的任何标志，包括服装、企业标志等，而是通过对心脏的描写来使观赏者有足够的兴趣要去尝试一下贝纳通服饰的神奇，通过心脏所传达的企业文化，让消费者感受到自己身着的是一个有着很好企业文化的高级服饰产品，让消费者在穿着中不自觉地为产品加上心灵道德的砝码，增加服饰产品的社会内涵。采用非常有视觉冲击力的照片可显示出广告所要表达的主题，或者是与产品无关的视觉信息，这些信息都能调动起观赏者对广告的兴趣，从而对展示产品也产生连带的关注。

贝纳通以非洲的创业精神作为其 2008 年环球广告系列的主题。这次的广告系列主要推广名为 Birima 的小额贷款计划，这个计划由著名塞内加尔歌手尤苏恩多尔(Youssou N'Dour)成立的互助贷款机构负责执行，贝纳通公司则会为此计划提供经济支持。仔细评估可以发现，贝纳通比较具有争议性的系列广告，其实刊登的次数都很少，且经常被禁止，消费者看到的贝纳通广告经常是在新闻版面上。如果从整合传播的角度来看，贝纳通虽然一直喊冤，觉得受到误解，但无疑地，贝纳通的广告得到最多的报道，其效果就如同其他品牌办了一场大型促销活动一样，社会效益和经济效益都十分明显。

参考文献

[1] 曾耀农.现代传播美学[M].北京：清华大学出版社，2008.

[2] 薛蕾.贝纳通 广告“鬼才”[J].广告大观(综合版)，1996(04)：81-85.

[3] 小么.贝纳通：色彩斑斓 40 年[J]. Women of China(中文海外版)，2007(01)：65-69.

[4] 徐卫华,胡晓芸."语"不惊人死不休——贝纳通(上)[J].广告大观(综合版),2001(08):23-27.

[5] 王建平.走红世界的"贝纳通"毛衣[J].决策与信息,1998(02):43-48.

[6] 书致.以新制胜的"贝纳通"[J].中国经贸,1997(05):68-72.

[7] 李叶飞.一个既惹人争议又获奖无数的故事——惊世骇俗贝纳通[J].广告大观(综合版),2004(02):54-59.

[8] 司徒虹.CIS与品牌个性[J].江苏纺织,1997(08):81-85.

[9] 肖琳.ZARA:究竟"快"在了哪里[J].中国纺织,2008(11):45-48.

[10] 梁敏俐.优秀广告的创意设计技巧[J].株洲工学院学报,2000(05):32-37.

第7章 水井坊酒业广告策略分析

水井坊，一个多年来被众多白酒企业爱恨交加的品牌，为世人演绎出中国高尚元素。这一切都源自于水井坊在品牌塑造中的不断创新，源自于水井坊在高度同质化的白酒行业中差异化的广告宣传和品牌塑造与传播，源自于其广告策略的高超。

水井坊是中国白酒第一坊，不仅是中国现存的最古老酿酒作坊，而且是中国浓香型白酒酿造工艺的源头，集中体现了川酒醇香隽永的特色，也代表了中国白酒酿造的最高水平，其品牌有很高的地位。水井坊菌群则是水井坊酒所独有，其技术含量极高，保证了水井坊酒的良好品质。同时，由于采用明清时老窖发酵，所以产量有限，加上独特的包装，令水井坊酒能以高价位进入市场。

水井坊集烧酒之凛冽，蕴陈香之幽雅，开烧坊本源，为白酒滥觞。我们知道，每一项重大发明往往只是惊鸿一瞥，但意义深远。古蜀先民不经意的创造竟成就了中国第五大发明，历史和现实都在诉说古蜀人的丰功伟绩，也向世人展示了蜀地自古就是名酒之乡，佳酿迭出。四川有着得天独厚的气候优势，非常适合酿酒微生物的繁育，对白酒的生产发展十分有利。因此，俗语说“川酒云烟甲天下”。中国白酒、苏格兰威士忌、法国白兰地、俄罗斯伏特加并列为世界四大蒸馏酒，但中国白酒的历史最为久远，也更注重传统工艺的积淀，尤其是浓香型白酒，其工艺和窖池尤为讲究。据专家考证，水井坊从元代相传至今。在水井坊窖泥中，科研人员分离出水井坊独有的特殊菌群，正是这些特有菌群，赋予了水井坊酒的极品香型。

7.1 水井坊及其品牌营销

四川全兴酒业集团公司为了把水井坊这个品牌进行推广，通过市场调查及对水井坊的历史文化进行分析，他们提出了全方位营销的方式。在文化方面，全兴酒业集团公司为配合水井坊的考古背景，其标志采用了现代方法来表现中国传统文化，外形为六角井台形，远看像一个荡漾在水面上的篆书“水”字，近看像两片银杏叶组成的正六边形，玻璃瓶底的形状与标志相呼应。水井坊标志设计源自考古发现中的井台造型，图案内涵丰富、阴阳对比、动静相生、变化无穷，酷似戏剧脸谱，寓含“水井坊”来自佳酿之乡的天府之国。

“品全兴，万事兴”这句广告语很多年前便已深入人心，却少有人能将它与“中国高尚生活元素”的水井坊联系起来，但短短十余年间，全兴旗下的水井坊就从一个新品牌发展到彻底站稳国内高档白酒市场，令人惊讶。从序曲到华章再掀中国高尚生活精彩篇章，从摩洛哥国际顶级私人物品展，到 21 世纪奢华品牌榜，从“水井坊·典藏”的横空出世，到荣膺“中国创造”奖，2005 年，水井坊成功提出“中国高尚生活元素”的传播主题，并以创造性的品牌营销推广，揭开了中国高尚生活的序幕。2006 年，水井坊更在“中国高尚生活元素”的传播主题下，以卓有成效的创建性品牌营销推广，展开了“中国高尚生活元素”的多维传播。例如，2006 年在全国范围内开展“温一壶月光下酒”中秋礼颂和“敬你一壶酒”新春礼尚等倡导传统节日的高尚文化品牌塑造宣传活动，取得了很大的成效。

水井坊缔造了广告的差异化，创造了高档白酒神话。这是差异化品牌营销的成功，也是产品定位的成功。水井坊石破天惊般提出"中国白酒第一坊"的品牌定位和近500多元的超高档单品售价，打破了由"茅五剑"建立起的传统高档白酒格局，牢牢占据中国最贵的白酒的高端地位；一直奉行创新思想，以差异化的行销方式经营着品牌；高举文物、文化、文明的大旗，用透过美酒看世界的方式，以渊源、历史为先导打造出中国白酒行业中最具吸引力的品牌文化，堪称文化酒中的文化酒……。至此，水井坊以独特的文化行销，无可争议地代言了当代名士生活，在磅礴的中华历史文化的基础上，成为新的中国高尚生活元素，并且以此影响世界，力争成为世界品牌。

电视广告中主要以故宫门前的石狮、银行门前的石狮及卢沟桥上的石狮为象征物，分别代表文化、成功和历史，而这一切的源泉都在于中华民族数千年的历史文化积淀，水井坊前的石狮则是这一源泉的象征。在电视广告镜头的推移方面也依次把中国各地的石狮影像展现出来：在充满阳刚之气的浑厚背影音乐中，故宫门前、银行门前和卢沟桥前的狮子依次出现，浮现"文化"、"成功"、"历史"等相应的字幕。然后镜头切换到水井坊考古现场，遗址在略黄的光线下显得庄严肃穆，井口正上方出现字幕"源泉"，暗示水井坊浓缩了数千年炎黄文化，显得历史悠久。当水井坊酒瓶在各种石狮像前移动时，所有的石狮都像被赋予生命一般或怒吼、或腾跃、或凝视，卢沟桥前的狮子更幻化为一群英气勃发向前奔腾的狮子大军，具有英雄气概，此时，红色背景上出现水井坊酒的包装形象，凸现的专用标志"中国白酒第一坊——水井坊"格外醒目，浑厚有力的男声读出旁白："水井坊，真正的酒！"这一广告以现代形式表达传统内涵，形式独特高雅，刚劲有力，令人过目难忘，不仅为水井坊酒注入了独一无二的内涵，还塑造出了水井坊酒高档第一的形象。

7.2 水井坊差异化广告创意

"比优秀更优秀一点"是水井坊的企业理念，也是对水井坊广告创意和表现的要求。水井坊，深厚的文化底蕴与现代艺术表现相融合，承载六百年中华传统文化的精髓，彰显现代艺术美的典范，无论外在和内涵，每一点滴、每一细节皆散发出浓郁的中国文化韵味，呈现高贵典雅的气质。在世界艺术家们的眼中，每一瓶水井坊都是一件融合人类智慧与文明的文化艺术精品，极具收藏价值。因而，他们赋予这瓶酒在艺术界所能享受的至高荣誉——"莫比乌斯"金杯奖。600年日月造化一瓶美酒，本就是天地最经典的设计，而水井坊再获国际广告设计最高奖项，更堪称"世界第一设计"。

正是在追求精益求精的信念之下，水井坊创造出一件件令消费者为之心动的广告作品。《醒狮篇》是水井坊的第一条广告片，它以石狮象征中国悠久的历史文化。当水井坊酒从石狮前掠过时，被唤醒的石狮变成威猛的雄狮迎面奔腾而来。画面既诠释了水井坊的重焕新颜，也传递了成功人士心中的豪情，制作得气势非凡。水井坊《风云篇》是水井坊的第二条广告片，它通过表现当外界风起云涌之时，水井坊瓶内依然波澜不惊的场面。进而传达水井坊和其消费者"历经风云，本色如一"的可贵品格，具有人格化特征。既成功地塑造了高档的产品形象，也营造了高贵的消费者形象，说明无论是水井坊的创造者还是消费者，都是品位高尚的。另外还有平面广告系列：《风雅颂篇》、《元明清篇》。《风雅颂篇》以文人墨客赋诗、对酒当歌的古画体现出水井坊深厚的文化积淀。《元明清篇》采用了元、明、清三个年代的古画，三图中的意境一脉相承，流入水井坊酒瓶中，显示水井坊酒由元至今品质如一，具有丰厚的历史内涵。此外，还有平面广告系列：《金字塔篇》、《雕刻家篇》，水井坊的消费者大都是各行业的精英代表，此系列采取消费者代言策略，通过消费者的思想感悟来传达水井坊的品牌精神，劝说功能取得了满意的效果。

在形象广告之外，还配合社会事件推出公关广告，令水井坊的形象更为深入民心。奥运会期间，推出题为"为奥运干杯，为中国喝彩，为冠军庆功"的公关广告，时代感极强。画面的主体是巨大的奥运五环图案，但第五环则被水井坊的圆形标识所代替。广告中充满感情地写道："当全世界的目光都聚焦在奥运场上，全世界的热情都投入到这场体育盛会时，让我们举起酒杯，为光荣与梦想，为豪情与意志，为民族精神与奥运精神，为五星红旗冉冉升起，为中华健儿取得的历史性突破，干杯！”这辑广告在中国队连连报捷、民族热情高涨的奥运会期间，营造了水井坊酒饱含民族自豪感的爱国主义形象，为其争取到了广泛的社会认同，获得各方好评。

在紧接着的春节期间，水井坊酒刊登出洋溢喜气的杂志贺年广告和贺年片，名为《鸿运临门，吐故纳新》。其造型为中国传统的大门，在吉庆的红色大门上，传统的金属兽头门环格外醒目。读者若仔细观察，会发现只有其中一个兽头的口中含着门环，另一个兽头口中的门环则早就掉了下来，套在下方的水井坊酒之上，暗示水井坊酒的魅力之大，具有无穷的吸引力。

总体来说，水井坊系列广告作品，既体现出其差异化广告风格的延续，也实现了其品牌的提升。另外水井坊酒还采用活动形式，进行立体的广告宣传。例如，2006 年中秋，水井坊在全国开展“温一壶月光下酒”中秋公关活动，以中国式原创生活美学和高尚生活态度，再现中国式典型生活意境。倡导派对赏月、旅游赏月等传统节日新过法，演绎出充满中国味道的高尚生活元素。水井坊的这些活动成功地吸引了消费者的目光，使受众沉浸在中国文化的染缸里，难以自拔。同时，水井坊广告也通过事件营销的方法向世人传达，成功地塑造了水井坊“中国第一坊”形象，标榜了中国高尚的生活元素，这可谓是广告行销的成功典范，亦是中国广告界的活教材。例如，2003 年伊拉克战争爆发，水井坊在全国十多家主流媒体上推出“呼吁和平，让文明永续”的公益广告，发出“在伊拉克，每寸土地下都可能是文明的珍宝”的呼吁，其独特的创意成功增加了品牌的美誉度，给受众留下深刻的记忆。之后，水井坊再接再厉，适时策划了针对 SARS 等社会事件的公益广告，同样获得可观的回报。广告达到了很好的宣传效果，经济效益和社会效益都十分明显。

水井坊作为中国酒文化塑造最出色的品牌之一，无论是其古朴典雅的外包装、浑然天成的圆润酒瓶、醇厚淡雅的芳香酒品，还是源自“风、雅、颂”系列的品牌形象，水井坊从产品本身到平面广告的内容、风格都无不散发着儒雅的气质和特性。于是，水井坊的儒雅文化和中秋的高雅自然而然地结合在了一起，在水井坊的中秋广告运动中展现出一个不一样的中秋。水井坊的高雅中秋营销是这样的：带着淡淡的暗青色的皎月，现于两座重彩的山峦之间，那种仿佛在眼前又像在天边的感觉油然而生；不同于水井坊以往暗红色基调的青色山峦和山峦间淡白的流云，让人感到那说不出的风雅、高洁，心中的美妙思绪喷涌而出。而"月上风雅"的主题呈于画中，以一字"上"将中秋的月与水井坊的"雅"巧妙地结合在一起，中秋之雅了然于题，极富想象力。此中风韵与思绪已不能用只言片语来形容，真的是只可意会而不可言传，体现出古代诗词的高雅情怀。

7.3 水井坊广告的品牌定位

在1999年挖掘水井坊酒窖的当年，被评为"1999年全国十大考古新发现"，"水井坊"被列入全国重点文物保护单位。国家权威部门给它的评定是：迄今为止全国以至世界发现的最古老、最全面、保存最完整、极具民族独创性的古代酿酒作坊，被我国考古界、史学界、白酒界专家誉为白酒行业的活文物、中国白酒第一坊。而这一切的缘由，据说只是在公元14世纪，由一个姓王的小客商从水井街建造一个小酒坊开始的，当时的生意状况是否兴隆已无从考究，但是丝毫不会影响700年后，大家把它评为全国重点文物保护单位。水井坊，作为中国白酒第一坊，历史上最古老的白酒作坊，其史学价值堪与秦始皇兵马俑相媲美。现代科技表明，窖池是有生命力的，在它的窖泥中生活着数以亿计的微生物，窖池越老，酿酒微生物家族也就越庞大，所酿之酒也就越香。水井坊窖池历元明清三代，经无数酿酒师精心培育，代代相传，前后延续使用600余年，聚日月之精华，纳天地之灵气，由此孕育出独有的生物菌群，赋予水井坊独一无二的极品香型。水井坊丰富的文化内涵，完整的堆积层面，完备的酿酒工艺设施，以及酒窖中古老神秘的生物群，使水井坊显得弥足珍贵，点点滴滴皆为天地灵气与人类智慧的结晶，散发出香醇的酒香。今天的艺术家从水井坊包含的深厚的中国传统文化及其流露出来的东方神韵中得到灵感，为水井坊设计出具有现代艺术品位、高贵典雅的包装。包装中的瓶形设计简洁，承载传统文化意蕴。内凸的六面表现古井台，好水酿好酒，这即是佳酿的标志，井台上六幅历史文化景点图则再现酒坊历史渊源。纸盒设计简洁明快，用纸颜色古朴典雅，给人以悠远回味的视觉享受。精致的木台基座是从古代帝王登基台上得到的启发，展现出中国白酒品牌的高贵与威严。

从水井坊系列广告中不难看出，品牌定位，第一是价格的定位。水井坊要做中国最高档的白酒，其价格要高于剑南春、五粮液和茅台等传统的高档白酒品牌。水井坊正是要用高价格去体现其卓越的品质，彰显消费者高贵的身份。第二是客户的定位。水井坊的消费者定位为商界、政界、军界、文艺界的杰出代表，他们是时代精英与成功人士。第三是形象的定位。取雄狮形象来代表成功、豪情与王者风范，取石狮形象代表历史、传统与尊贵，表达水井坊“承接历史与现代，沟通传统与时尚”的品牌内涵。第四是文化的定位。中国文化博大精深，根据水井坊的产品个性果断的将其定位为中国的主流文化，也就是雅文化。水井坊集传统精髓与时尚精华于一体，演绎中国精英文化；第五是地位的定位。“中国白酒第一坊”的地位定位，让水井坊当之无愧地坐上中国高档白酒的头把交椅，并且将挑战者甩在脑后。

水井坊酒的文化魅力足以让人“人未饮酒心已醉”。水井坊作为中国酒文化的继承者与发扬者，率先从博大精深的传统文化中提炼出酒道，在高档酒楼等场合请品酒专家演绎示范，并史无前例地设计出一套古色古香的水井坊专用酒具，将品酒升华为一门艺术、一种文化。事件传播取得了良好的效果，难怪众多社会名流在饮过水井坊酒之后感慨：“品水井坊，是眼福，是口福，更是心福。”2001 年，水井坊凭借其深厚的文化底蕴以及对中国酒文化的贡献，被中国食品工业协会评为“中国历史文化名酒”。其实，这些也只是水井坊百年酒文化工程的一小部分。优秀的产品和品牌是能够满足人们不断增长的物质和文化需求的，水井坊的文化魅力将随着时间而与日俱增，并扩展到世界每一个角落。

当然，水井坊的广告也有隐忧。水井坊将产品定位为“高价格—制造典故—白酒中的奢侈产品”，从广告创意到产品卖场甚至于活动推广，自始至终都在奉行高价、高品位，在企业积极的市场推广下，加上白酒市场高端奢侈品供不应求，水井坊的销售额直线攀升，水井坊确确实实火了一把，成为白酒市场的又一成功典范。然而，水井坊也经不起市场的诱惑，开始从高档场所向中档场所转移，品牌定位也从奢侈产品向高价产品转变，这就使水井坊产品从“硬件”上很难真正满足所谓的“奢侈”群体的消费需求，再加上五粮液、茅台、国窖等高端知名强势品牌的挤压，很多初始尝试的消费者发生了动摇，失去了对产品的忠诚，使水井坊陷入了尴尬境地。要想重现辉煌，水井坊广告必须采取新的更有效的措施与策略。

参考文献

[1] 丁邦清. 水井坊品牌整合传播之道[J]. 中国广告，2003(07)：81-86.

[2] 李彬. “水井坊酒”获国际身份[J]. 酿酒，2002(01)：12-13.

[3] 王丽丽. 中国元素在白酒品牌塑造中的运用[J]. 新闻世界，2009(07)：32-36.

[4] 夏白杰. 杨肇基离任水井坊(喜)[J]. 理财杂志，2008(06)：23-24.

[5] 赖登燡，范鏖. 水井坊酒的研发——传统工艺的继承与创新[J]. 酿酒，2005(03)：21-24.

[6] “21世纪奢华品牌榜”揭晓 水井坊荣获“中国顶级品牌”奖[J]. 百姓，2006(01):32-35.

[7] 经典永藏——新品“水井坊·典藏”隆重上市[J]. 温州瞭望，2005(10)：21-24.

[8] 何华，于立夫. 登陆中国酒文化桥头堡的水井坊[J]. 经济世界，2002(04)：43-47.

[9] 竟然. 水井坊 庆功酒的巅峰桂冠[J]. 中国品牌，2008(z2)：24-28.

[10] 张小平，庄飞. 绝缘“伪文化营销”[J]. 英才，2003(03)：43-47.

第8章 可口可乐广告营销策略

在商品品牌竞争的时代，谁能率先树立良好的品牌形象，谁就能在市场竞争中取得优势。广告能提高品牌的知名度和认识度，提高品牌的忠诚度，激发品牌联想。然而一个品牌的创建，不仅要靠一流的产品质量，而且还要靠广告对产品的宣传、塑造。我们通过对可口可乐广告运作的分析，阐述成功的广告营销策略对品牌形象树立所产生的巨大影响。

可口可乐是现代广告创造的一个奇迹，可口可乐广告成为征服世界的运动。Coca-Cola 这一符号构成了人们的共同经验和共同语言。它向世界证明，可口可乐创造了一个现代神话，一个作为产业文化的象征，一个世界顶尖的品牌形象。可口可乐对我们日常生活的影响绝不是三言两语可以道尽的。全世界每秒钟约有 10450 人正在享用可口可乐公司所出品的饮料。广告，无疑是使一个产品成功并扩大市场占有率的法宝，一个 99.61%都是碳酸、糖浆和水的产品，居然能远销全世界，靠的就是大规模广告宣传和事件营销。2001 年《商业周刊》公布的全球 100 个最具价值品牌名单中，可口可乐以高达 725 亿美元高居榜首。20世纪调查显示，全球最流行的3个词分别是上帝(God),她(her)和可口可乐(Coca-Cola)。1886年可口可乐营业额仅为50美元,广告费却为46美元;1901年营业额12万美元,广告费为10万美元;如今可口可乐每年的广告费竟超过6亿美元。如果算一笔账,1886年可口可乐投入的广告费为92%,1901年为83.3%,可正是这个92%和83.3%的惊人之举使可口可乐卖了个世界第一。

8.1 可口可乐进行品牌推广的策略

作为饮料行业最有价值的品牌,可口可乐长期以来通过运用广告的视觉定位建立起了系统、一致、有效、个性鲜明的品牌推广攻势。可口可乐的品牌形象是于1887年1月1日正式公布推出的。可口可乐的标志设计纯属偶然,可口可乐的发明人潘伯顿(Pemberton)博士偶然从会计的桌子上发现了Coca-Cola这一新颖、流畅的字体,这与博士本人处心积虑、苦思冥想的形象正好不谋而合。潘伯顿发现这一视觉符号与产品有本质上的关联,与可口可乐发明者提供给消费者独特、纯真口味的产品品质与形象诉求有着内在的联系。其可谓"得来全不费工夫"。

经典可口可乐广告的视觉形象将包装的视觉要素与广告策略进行了有机的结合,使得可口可乐保有持久的朝气。2000年可口可乐推出了全球新包装和全新的宣传主题"可口如一"和"每刻尽可乐"。在可口可乐全新的包装上,我们可以看到一只瓶盖被打开,冰凉的可乐喷薄而出,透出阵阵凉爽;而那句"永远的可口可乐"也被替换成了"可口如一"。显然可口可乐想通过更换包装使消费者实现物质和精神的愉悦,所以是物质和精神的"可口如一"。在可口可乐公司的诸多品牌之中,经典可口可乐是公司的最早产品,其包装的视觉要素主要包括斯宾塞字体设计、独特的曲线瓶形、动力波、标准色彩组合等几个方面。它保持着可口可乐的最初口味,是可口可乐的支柱品牌。

可口可乐广告的视觉定位对于整合品牌资源的作用主要体现在

以下几个方面。

1. 经典的瓶形设计

1886 年可口可乐诞生的时候，其瓶子的形状采用了通用于药剂包装的直桶形瓶子，这对可口可乐的销售造成很大的不便，甚至使消费者误认为是药剂。因为，当时多数零售商家都是将瓶装的饮料放入装有冰水的大桶里进行销售。口干舌燥的顾客在购买时得撩起袖子，在深暗的冰水中摸索，而且往往不知道抓住的是不是自己需要的品牌。即使把瓶子拿出来，也依然麻烦不断，因为瓶子上的标签已经脱落，沉入桶底了。所以如果把可口可乐置于一种形状特别的瓶子中，那就会促进销售。1915 年夏末，印第安纳州一名叫亚历克斯·塞缪尔的可口可乐瓶装商，响应总公司设计新瓶子的号召，派出一名叫克莱德·爱德华兹的审计师去市图书馆查询有关古柯叶和可乐果的资料，然后他们设计出了具有垂直条纹、中间突出的曲线形瓶子。这种曲线瓶给人以甜美、柔和、流畅、爽快的视觉和触觉感受。工业设计师雷蒙德·洛伊对可口可乐窄裙瓶的评价融入了更多的感情色彩，他称这种造型完美的瓶子“女人味十足”，赢得男女消费者的青睐。

2. 体现品牌的时代特征

Coca-Cola 这个名字以及斯宾塞字体设计在 19 世纪末的美国上流社会非常流行，字体的选择为可口可乐营造了一种高档次饮品的形象。一个企业从注册到发展壮大，其产品从无到有并不断更新变化，在统一品牌的视觉形象上也不断出现新的课题，即如何贯彻 VI 概念的连续性，既保持品牌的原有形象，又彰显其新的商品的特质。

在这方面，可口可乐公司依然为我们提供了一个典型的案例。2003 年 2 月 18 日，可口可乐（中国）饮料公司对外宣布：正式更换包装，起用新标识。由香港著名设计师陈幼坚设计的全新流线型中文字体，取代了可口可乐从 1979 年以来在中国市场上一直使用的字体。在新标识中，作为可口可乐视觉标识中最具代表性的元素，波浪型飘带图案传达了无尽的可能性，动感、活力，代表一种全新的生活态度。通过不同的质感和图像处理，波浪型飘带图案可以适用于范围更广的消费者，更持久地维持消费者的情感诉求，使其成为新包装和品牌宣传中重要的基本要素。

面对发展迅速的社会，日新月异的生活意识形态和不断变化的市场竞争，这一变革体现了公司以主动求变赢得发展的态度。此次改变是可口可乐公司 CI 系统在中国市场至今使用的中文字体，也是可口可乐公司在原有的 CI 体系中进行 VI 视觉识别改变的一种大胆尝试，被称为可口可乐的变脸。但是，可口可乐公司 VI 形象的改变并非是对原有产品识别系统的完全颠覆，而是为了使原有形象跟上时代步伐，保持品牌活力而作出的渐进式的调整。

3. 强化品牌的感性特征

经典可口可乐的红色是红色系中偏冷的色彩，在兴奋活力之中有着高雅与庄严的心理感受。红色不仅能吸引人的视线，同时还有着刺激食欲的特性，激发消费者对营养的需求和强身健体的渴望。独一无二的经典可口可乐的红色使消费者可以一眼就将它找到。这样的单纯红色形成一种集中的视觉力量，尤其满足了中国人的欣赏习惯，让消费者过目难忘，增强了对品牌的记忆力。

4. 统一品牌的视觉风格

可口可乐宣传画面中不同比例的安排已构成独特、个性化的形象。主色调为红色，商标一般出现在画面的左上角，标题出现在上方，主画面在中心位置，接下来是文案。符合人们从上到下的阅读习惯。英文标题采用小写字体，这样可以提高人们的阅读率，正文文字一般很少，字体多采用无饰线字体与商标字体形成区别。主画面多为运动、欢快的人物形象；动力波的比例安排与常规的构图形成对比，这样就避免了画面过于单调，多重色彩的变换也调节了画面气氛。韩国女星全智贤拍的这组平面广告就很好地体现了这一效果。

可口可乐如今已经成为美国文化的符号。1931 年森德布洛克设计的健康快乐的圣诞老人，一扫过去那种忧愁干枯的老人形象，成为全世界经典的圣诞节视觉符号，传播到全球各个角落。

5. 诠释品牌的基本特征

可口可乐的图像样式主要表现为一种柔和顺滑、适宜入口的曲线。这种曲线形没有尖锐的棱角，传达了一种和谐、柔美和女性化的视觉感受。可口可乐商标中的动力波令 Coca-Cola 这一长串字母有机地组织起来，根据韦太默的运动幻觉理论（在人脑皮层中，局部刺激点与局部刺激点之间的相互作用是一种力的相互作用），我们可以看到这种规律性的波动，预示了可口可乐动力波的无限运动。这条看起来不断流动的线条不仅准确地诠释了可口可乐的产品特点，更使得可口可乐重新焕发了动感与活力。随着时代的发展，可口可乐又对动力波进行了适当的调整，在标志的红色背景中加入了暗红色的弧线，红、黄、银多层次的波动图形，动力波周围的跃动的气泡更凸显了活力与时代感，更受青年消费者的喜爱。

8.2 可口可乐在中国市场的营销策略

1. 可口可乐本土化策略

起初，可口可乐是以国际化形象出现在中国消费者面前的，凭最典型化的美国风格和美国个性来打动消费者，所用广告也是美国亚特兰大版本。临近 20 世纪末的时候，可口可乐公司高管意识到，要当中国饮料市场的领导者，品牌融合中国文化才是长久之路。于是在 1997 年，可口可乐的广告营销策略发生了显著的变化，其在中国推出的电视广告，第一次选择在中国大陆拍摄，第一次请中国广告公司设计，第一次邀请中国演员拍广告，其中，可口可乐积极选择华人新生代偶像做形象代言人，这是非常适合的，明星们健康、积极、充满活力的形象充分诠释了“永远的可口可乐”的品牌精神。可见，可口可乐广告策略把受众集中到年轻人身上，广告画面以活力充沛的健康青年形象为主体。在中国，1999年，可口可乐先是起用张惠妹，这个女歌手泼辣、野性、“妹”力四射，赢得了一大批青少年的喜爱，然后由新生代偶像谢霆锋出任可口可乐数码精英总动员。2001年又推出当红偶像张柏芝，作为可口可乐夏季市场推广活动的形象代言人，紧接着就是跳水明星、三届奥运冠军得主、中国跳水皇后伏明霞与可口可乐签约，成为新世纪“雪碧”品牌在中国的第一位广告代言人。电视广告中伏明霞从千米高空的飞机上腾空跃起，落在晶莹剔透的冰雪中，暗示了雪碧的清新凉爽。据称，起用华人新生代偶像做宣传之后，可口可乐在中国的销售增长了24%。近年来，可口可乐以平世界纪录佳绩勇夺110米栏奥运金牌的跨栏王刘翔、超人气天王潘玮柏、香港新人王余文乐和台湾组合天后SHE组成的中国版新“老友记”青春偶像阵容，为可口可乐拍摄新一辑炫个性广告，凸显品牌倡导的“要爽由自己”的张扬个性和精彩人生。

可口可乐广告本土化策略，体现在其广告与中国文化的结合。中国人喜欢热闹，尤其是春节这个合家团聚的日子，而可口可乐广告引人注目的大手笔就是1997—2002年一系列的春节贺岁片了。可口可乐贺岁片选择了典型的中国情境拍摄，运用对联、木偶、剪纸等中国传统艺术，通过贴春联、放烟花等民俗活动，来表现中国浓厚的乡土味。例如，可口可乐在北京发行了以中国传统生肖为主题的可乐罐，12生肖各为一罐，卡通形象结合了迪斯尼的造型特点，风格十分连贯。而后，公司又推出深受中国人民喜爱的象征吉祥喜庆与勤劳勇敢的熊猫和孙悟空的卡通形象，吸引少年儿童。可口可乐还就北京申奥成功、中国入世大打广告宣传，现在它又大力赞助中国足球队，声称喝可口可乐，“分享世界杯精彩”。可口可乐俨然成了中国本地产品，而这些乡土形象，确实达到了与中国消费者沟通的效果。

2. 可口可乐的创意营销策略

可口可乐公司与联想集团携手，首次推出联想天逸 F20 可口可乐全球限量珍藏版笔记本电脑。这是两家公司继 2008 年 4 月份正式结成市场战略合作伙伴关系后，再次强强联合并成功展开的一系列市场营销活动。这款新型电脑是由可口可乐公司授权联想公司设计、生产和销售。它不仅融合了联想笔记本的设计风格，而且体现了可口可乐的个性元素。可口可乐和联想都是奥运全球合作伙伴，这款笔记本又是联想的联合品牌笔记本中第一款使用奥运五环标志的，具有很高的收藏价值。可口可乐与网络游戏携手，可口可乐公司先后与《魔兽世界》、《街头篮球》、《跑跑卡丁车》合作。如今它与第四家中国游戏公司联手营销，并将请超级女生周笔畅代言，提高了产品在年轻人中的影响力。

3. 可口可乐的体育营销策略

可口可乐与 F1 赛事，继 2004 年可口可乐“极速冰爽嘉年华”、2005 年“可口可乐 Formula 1 酷爽地带”之后，连续第三年作为该赛事唯一指定软饮料赞助商，可口可乐今年在上海推出了全新“可口可乐，酷爽加油站”主题展位，第三度用红色冲击波为现场观众开启速度与激情的绝佳体验。2001 年 1 月 22 日，中国足协和可口可乐(中国)饮料有限公司在北京联合宣布，在 2002 年、2003 年两年中，可口可乐全面赞助中国所有级别的国家足球队，包括各年龄段的国少队、国奥队、男女国家队等。“可口可乐”和中国足协的这次合作，标志着在中国足球的历史上，第一次由一家全球性企业全面支持各级国家队的建设，使各级国家队有了统一的形象标识，而可口可乐此举使自己的 LOGO 一次次出现在球迷眼中，更为自身赢得亲和力和影响力。可口可乐的代言人往往选择年轻人所狂热崇拜的娱乐界和体育界明星。他们形象气质好，充满了积极的、快乐的、阳光的、热情的、时尚的甚至是传奇的色彩。非常迎合现代广大青年人的心理，取得了相当不错的销售效果。

4. 可口可乐的公益营销策略

可口可乐还抢先利用商业街空闲的广场和休息区，设置印有Coca-Cola大红色字体的遮阳篷、遮阳伞、简式桌椅供消费者购物时小憩。同时可口可乐还在分销点向顾客分发赠品，直接让消费者为之心动，诱导潜在消费者及时改变消费行为。可口可乐在激烈的市场竞争中，利用形式多样的促销活动刺激消费者。可口可乐的促销形式多种多样，广告和包装以不同的样式和统一的红色标志诉诸消费者的视觉，在视觉上激励消费者的情绪，推销一种"挡不住的感觉"，用色彩吸引受众的眼球。

可口可乐通过创造一个和谐、美好世界的公益形象，深入消费者的印象，从而达到销售的目的。比如1989年可口可乐向台湾消费大众的广告语是"让我们一起创造更好的世界，共享和平、欢乐、洁净的家园"，迎合了受众的心理，扩大了在台湾地区的销量。

8.3 可口可乐在竞争中求发展

从百事可乐的广告攻势看，它一直保持着咄咄逼人的进攻优势。同时这一攻势集中而明确，都围绕着"新的一代"而展开，从而使广告的进攻具备极大杀伤力。目前市场上可以与可口可乐相媲美的品牌，大家一定会想到百事可乐。百事可乐作为世界饮料业两大巨头之一，100多年来与可口可乐上演了一场蔚为壮观的"两乐"之战。"两乐"之战的前期，百事可乐一直惨淡经营，由于其竞争手法不够高明，尤其是广告的竞争不得力，所以被可口可乐远远甩在后头。然而经历了与可口可乐无数交锋之后，百事可乐明确了自己的定位，以"新生代的可乐"形象对可口可乐实施了侧翼攻击，从年轻人身上赢得了广大的市场。这一度让可口可乐面临严峻挑战。“二战”结束时，可口可乐与百事可乐市场销售额之比是3.4∶1，到了1985年，这一比例已变为1.15∶1。1994年，百事可乐投入500万美元聘请了流行乐坛巨星迈克尔·杰克逊拍摄广告片。此举被誉为有史以来最大手笔的广告运动。调查表明，这也是有史以来最成功的广告片，这部广告片开播不到30天，百事可乐的销售量就开始直线上升，撼动着可口可乐的霸主地位。

在百事可乐巨额的广告进攻与营销攻势下，可口可乐并没有慌了手脚，它以独特秘密配方吸引着一大群消费者，适量加大广告投放，以低调的方式向世人证明可口可乐依然年轻，依然充满着生机与活力。可口可乐作为一个已经成功经营100多年的品牌，现在依然年轻充满活力，就是因为可口可乐适用了每一个时代的发展，才与时俱进。充分了解目标消费群体的思想观念，知道他们的主张和价值观点，然后适当地调整产品，迎合主流市场，才能保证品牌的长盛不衰，永远充满活力。可口可乐是年轻人的品牌，而每一代年轻人的观点和思维都是不一样的，可口可乐就是根据每一代年轻人的不同观点，尽可能地将产品设计成为当代年轻人所喜欢的产品。

可口可乐的百年历史成功地体现出现代营销推广策略，是打造品牌形象的典范。它推崇品牌经营与品牌传播策略，始终挖掘自身品牌文化价值，在世界各地培养和拥有了大量忠实的消费者。2008年四川汶川大地震，薛枭被困在废墟中，当解放军把他救出来后，他说的第一句话就是“叔叔，我要喝可乐，要冰冻的。”这个男孩用乐观逗乐了悲伤中的国人，同时也为可口可乐免费做了最感人、最有影响力的广告。在2008年全球品牌价值排行榜中，可口可乐以拥有全球48%的极高市场占有率排在第四位；在2009年全球品牌价值排行榜中，可口可乐排在第三位，这充分说明了可口可乐的巨大价值与成功。

可口可乐把“美国之梦”装在了瓶子里，是活力、激情、创造、享受等美国精神的象征。我们通过运用广告学的相关原理对可口可乐的品牌、推销传播方式的介绍，以及对可口可乐所面临的挑战的分析，向大家展示可口可乐这百年老品牌的巨大成功。可口可乐利用一切有利于向消费者展示广告信息的传媒优势，对媒体组合作全方位的考虑，全面展开广告攻势。从Coca-Cola手绘标志的遮阳篷伞到户外T型广告牌，从电视广告的情节诉求到自动售货机的标志形象，从赞助体育活动到赠品促销活动，可口可乐利用综合媒介进行推广，整合市场营销与广告宣传的关系，使之在市场上占有绝对的优势。

参考文献

[1] 薛玉建.百年商战——"百事可乐"与"可口可乐"之争[J].经营管理者，1999(09)：32-36.

[2] 徐艳.怎样塑造品牌的专家形象[J].企业研究，2005(03)：13-16.

[3] 晓生.一山难容二虎——可口可乐与百事可乐之战[J].企业销售，1994(05)：66-69.

[4] 胡荻.Coca-Cola伸向中国的每一个角落[J].中国对外贸易，2003(04)：34-38.

[5] 薛玉建."百事可乐"斗法"可口可乐"[J].财会月刊，2000(01)：88-91.

[6] 尧旭华.Coke Forever——永远的可口可乐[J].公关世界，2002(05)：23-27.

[7] 郑玲，曾慧.百事可乐与可口可乐在中国渠道策略的比较研究[J].法商论丛，2008(01)：21-26.

[8] 任喆.可口可乐的百年密码[J].经营者，2006(12)：33-38.

[9] 林友琴.品牌成功的勇气之路[J].广告大观(综合版)，2009(02)：67-69.

[10] 吴映国.品牌建设的6个关键[J].上海交通大学学报，2007(01)：34-38.

第9章 清扬洗发水广告策略分析

在中国市场，宝洁公司的飘柔多年来一直笑傲去屑洗发水市场，稳坐洗发水大品牌的头把交椅。但是，近年来，越来越多的洗发水品牌开始了一场无硝烟的激烈战争，它们通过多种手段，如广告、价格和营销等方式来提升自身的竞争力，其中的一些方法可谓经典。我们以清扬洗发水广告为例，首先对它的典型广告进行比较全面细致的分析，包括了它的成功之处以及弊端。然后再讨论它的植入式广告手段，并对其进行分析。清扬运用广告手法为它打开了一个有利的局面，它已经成为广告成功案例中的一个典型。

联合利华旗下第三大洗发品牌——清扬，继力士、夏士莲之后，于 2007 年上市。联合利华大中华区总裁薄睿凯直言："清扬的上市，将彻底颠覆国内去屑产品市场，打破 20 年来中国人头屑持续泛滥的现状，而清扬的目标，将是通过三年的时间，在总量达百亿的去屑洗发水市场中占据领袖地位！"其野心可见一斑。

9.1 清扬产品及广告

清扬洗发水由联合利华集团生产。联合利华集团是由荷兰 Margrine Unie 人造奶油公司和英国

Lever Brothers 香皂公司于 1929 年合并而成。总部设于荷兰鹿特丹和英国伦敦，分别负责食品及洗剂用品事业的经营。在全球 75 个国家设有庞大的事业网络，拥有 500 家子公司，员工总数近 30 万人，是全球第二大消费用品制造商，年营业额超过 400 亿美元，是全世界获利最佳的公司之一。

现阶段，国内洗发水市场的销售总额已近 200 亿元，其中，去屑产品的所占比例已经超过了一半，庞大的市场需求和业务规模令联合利华公司沉醉，联合利华公司更高调形容清扬的未来目标——“十年磨一剑，旨在折桂冠”。2007 年 2 月，被外界誉为联合利华 10 年来首款去屑洗发水清扬品牌在全国正式上市，揭开了这场广告大战的序幕，打响了第一枪。

清扬洗发水广告就将年轻人谁也不服的个性特点体现出来。广告思路以“说到做到”为卖点，直指“海飞丝”，并且请来了韩国当红明星 Rain 出演。一身黑衣戴着墨镜的 Rain 显得格外的酷，Rain 坐在一辆帅气的跑车当中，展示着他作为偶像独有的个人魅力，“我信赖清扬，说到做到。”虽然使用了配音，但还是让人感到一种强烈的霸气与个性在里面，引导青年消费者去购买。

9.2 清扬电视广告分析

1. 小 S 广告的成功

清扬洗发水的电视广告选用了台湾艺人——小 S 徐熙娣，广告的背景以及人物的着装以黑色为主，彰显了一种大气和尊贵，画面也十分生动。从 2005 年 3 月 25 日开始，清扬在大陆电视中全面投放广告。清水出芙蓉、个性似飞扬的清扬开始走进了人们的视野，步入了人们的生活。小 S 一出场便媚态十足，表情傲慢、冷酷，行动利索迅速，给人一种不容置疑的感觉。广告语更是出口不凡：“如果有人一次又一次对你撒谎，你要做的就是立刻甩了他……”。这则广告可以说给清扬带来了巨大的煽动性,是一个不错的开局。

(1) 代言人的选择。小S个性张扬,一身黑衣惊艳万分,青春靓丽,很符合清扬高调、傲慢的形象。不少消费者表示,就是喜欢影视明星小S,一定会去买清扬。由此可见她的号召力。

(2) 清扬广告的画面给人感觉就是唯美,而且很有张力。广告制作十分精致和华美。对广告来说,内容第一,形式第二。内容诉求到位了,就看表现形式了。有很多消费者对广告表现赞不绝口,由此产生了对产品的联想。能够让消费者联想到产品,并且让其产生购买冲动的美才是真的美,才具有悠久的记忆力。

(3) 据2007年中国保健协会发布的《中国居民头皮健康状况调查报告》中的数据显示,自1988年国内首次出现去屑产品以来,中国民众的头屑问题不但并未减少,反而持续恶化,头屑人群从原有的70%上升到了83%。这直接导致了消费者对洗发水产品的不满,也为新产品的上市提供了商业空间。清扬广告采取了打击对手和抬高自己的手法——"如果它一次次对你撒谎,你绝对会甩了它,对吗?"这明显是对其他去屑洗发水品牌的不客气的挑战。事实上,大多数洗发水在去头屑上并不能真正让消费者满意。清扬的广告正是瞅准了这个机会,出了狠招,以争夺其他品牌的消费者。既然消费者对去屑洗发品牌不满意,那就劝消费者"甩了它"。这让人自然联想到海飞丝。多年来,海飞丝的去屑诉求广告已经深入人心。但是使用过的消费者中,有很多顾客对海飞丝的去屑效果是不满意的,对其他去屑类洗发水更是如此。清扬告诉消费者的是"海飞丝"们在一次次骗你们,要做个像小S一样有个性的人,像甩了喜欢撒谎的男朋友似的,果断甩了它,使用她所推荐的品牌。

(4) "我需要真正持久去屑的洗发露"这句话起到了制造悬念的作用,让人们充满好奇,同时起到了暗示尚未登场的清扬的独特功效——真正持久去屑!

(5) 再高端优秀的产品光靠说说还不行,还要有让人信服的证据。于是接下来,清扬就为什么能持久去屑而进行阐述。首先是科技证明——法国科技中心的研究,然后是清扬的独特成分——"含有维他矿物群，能有效去除头屑，头屑再没有回来”。这些大大增强了产品的可信度，这在科技含量较高的产品中尤其重要，因为受众对科学家都比较崇拜。

(6) 高调、傲慢。广告语目标明确，大有唯我独尊的味道。一句话将其他去屑洗发产品的去屑效果不理想现象一网打尽，迎合了消费者的认知和态度。对此很多消费者的反应是“终于被理解了，用了那么多去屑产品效果真的不好，不知道清扬的去屑效果怎么样，试试看”。于是，购买产生了，产品畅销了。

(7) 利益承诺——头屑不再来！消费者要的就是一个实在，一份效果，一句可靠的承诺。利益承诺可以进一步加强人们的信赖感，使顾客下决心掏钱买货。

(8) 号召——就要清扬一辈子！广告号召力十分鲜明，有力度，不迟疑，不做作，显示出一种霸气。

清扬针对的是一线高端市场，不仅价格高于其他去屑洗发水，在产品种类上也更为齐全，特别是针对男士的专门护理产品，突出其头皮护理专业品牌的理念，也彰显出其成为行业领导品牌的决心。小S作为目前当红的个性女星，一向以自我、清新、高傲的形象深入人心，与清扬广告力求表达的唯我独尊的气势恰好吻合。清扬去屑洗发水广告运用一系列打击对手、独特功效、科技证明、利益承诺并集聚号召的方式，充满理性说服的手段，能够使有头屑烦恼的人产生购买欲望，从而达到扩大营销的目的。

2. 广告中的缺陷

我们不得不承认，清扬的创意和策略非常到位，相信作为项目负责的广告公司着实风光了一把。但在高调上市的同时，却也容易引起更多的质疑，被人抓住“小辫子”，并引来媒体的负面报道。

(1) 产品的包装设计与广告风格不符

清扬的广告所表达出来的是一种大气与高贵，但是就其产品外观来说，却与广告是不搭调的，虽然产品包装也是以黑色为主，却少了一种品位。此外,也与消费者的想象大相径庭,有不少消费者都反映,清扬的包装倒显出几分土气。和广告中的品牌形象定位确实有些差距,让人误以为是不知名的杂牌,从而忽略了这个品牌。

(2) 清扬法国中心受质疑

很多人质疑,清扬到底有没有这个法国研究中心。中国的法律也没有赋予消费者这个权力,要求企业把研究报告公布。目前,还没有闹到民怨沸腾的地步,但如果再出现个清扬××案,某消费者把清扬告上法庭,要求赔偿云云,后面的路就不好走了,甚至有可能带来巨大的名誉损失。事实上,这是很有可能发生的事情,应该引起联合利华公司高管的重视。

(3) 男女分开用是否合理

清扬去屑洗发水广告首次提出男女分用的理念。在清扬开创男士洗发水的先例时,却也有人质疑这一区分是否有必要,是否科学合理,如果这一说法被人们接受,并广泛开创了市场,取得了成功,固然可喜,不过里头存在的风险也是很大的,因为有人认为缺乏科学根据,认为男女头发并无根本区别。

9.3 植入式广告的典范

植入式广告又称植入式营销,是指将产品或品牌及其代表性的视觉符号甚至服务内容策略性融入电影、电视剧或电视节目内容中,通过场景的再现,让观众留下对产品及品牌印象,继而达到营销的目的。植入式广告俨然是时下的热门词汇,从《非诚勿扰》到春晚小品《不差钱》,如今《丑女无敌》第二季中清扬“黑色情人节”植入式营销也正在如火如荼地展开。通过巧妙地植入,并配合天衣无缝的线下运作,清扬在去年冬季掀起了一阵“黑色旋风”。植入式广告与传媒载体相互融合,共同建构受众现实生活或理想情境的一部分,将商品或服务信息以非广告的表现方法,在受众无意识的情态下,悄无声息地灌输给受众。因其隐秘的特点,植入式广告还被称为嵌入式广告或软性广告,求得与传统广告不同的运营效果。

可以说,联合利华对《丑女无敌》的植入式营销投资是迄今为止中国电视剧中最大的植入式营销手笔。剧中,清扬的植入方式多姿多彩,剧中的概念广告公司所召开的广告发布会竟然是清扬洗发水,职工发的奖品也是清扬,背景摆设的产品更是清扬。而在此次《丑女无敌》的植入广告中,不仅大范围、高频率的进行植入广告的静态展示,而且在一些恰当的时候,会采用一些配音、演员动作进行动态的植入广告展示,比如在洗头的时候,演员就会拿出一瓶清扬洗发水说"我要用这个",以加强消费者对清扬洗发水的注意,还有就是在进行客户讨论的时候,也时不时体现客户的品牌名称,来与静态的广告画面进行遥相呼应,以提高植入广告的价值和关注效应。清扬植入式广告的策略,对清扬的品牌影响力的扩大颇有成效,我们对此进行如下分析:

(1) 植入式广告不仅拥有可观的收视优势,更是一种超值的标版广告。《丑女无敌》中,清扬品牌的不断出现,并不比单纯的广告来得少。从某种程度上说,植入广告的应用,获取了更多的广告次数,是一种超值的标版广告,联合利华公司高管也乐于接受。发现在整个电视剧当中,联合利华旗下三大品牌的LOGO、产品、包装,几乎是每隔几分钟就拥有一次完美、显著的呈现,坦白讲,这种高频率植入广告的曝光是在以往任何电视剧中都不可能出现的。同时这种高频率的出现还具有另一个显著特征,就是固定场景的重复出现,大大增强了消费者的视觉记忆,从而唤起心理的记忆兴趣,促使信息逐步沉淀,从而使产品形象进入受众头脑。

(2) 艾宾豪斯的记忆曲线表明,某项事物的出现频率越高,记忆的理解效果就越好,遗忘的也越慢。也就是说,高频次的集中曝光,记忆度更高。植入式广告一般都有排他性,且高频次出现,观众在节目中看到的某类产品都是来自某一个固定品牌,并且在镜头反复出现的强化作用下,观众对这一品牌的记忆就更清晰和牢固。在高频次、全方位的立体攻势之下,品牌及产品被观众记住的可能性更大,进而影响他们的消费行为。清扬植入式广告有效扩充了有限的广告曝光空间，并反复展示在受众眼前，取得良好的传播效果。比如《丑女无敌》中文员给客户倒茶，职员基本上是拿着立顿黄色的茶杯，去冲立顿奶茶，还有一个记忆比较深刻的是每次去理发店洗头或者是整理头发的时候，当要开始洗头的时候，演员就是拿出一瓶清扬洗发水，并配音说“我要用这个，受不了洗发店劣质的洗发水”来加强视觉和听觉记忆。而这些镜头基本上是在每集中都会多次出现，以冲击观众的视觉和听觉，提升产品记忆程度，显著提高客户植入广告的价值。

(3) 植入式广告在唤起注意或提醒的同时，并强化品牌联想、塑造品牌偏好和独特的品牌心理，争取到消费者的认同与好感，能有效消除消费者离心倾向和逆反心理。清扬植入式广告利用影片或明星的效应，将品牌置身于时尚元素当中，吸引人们的眼球。而且从广告媒介策略的角度衡量，植入式广告一般是跟娱乐大片联姻，所以广告的实际到达率比较高，千人成本低，也符合广告投放的媒介策略，符合联合利华高管的要求。清扬植入营销主要采取故事线的整合的形式，从剧情出发进行品牌、产品的植入操作。一方面借助剧情利用剧中“概念广告公司”的背景，使产品的品牌个性得到更好的展现；另一方面，可以有效避免以往植入式营销的语言生涩、破坏剧情的诟病。

9.4 清扬广告面临的挑战

以往大多数企业在电视剧或者电影中植入广告，都是抱着试试看的态度进行合作，很少会采用多品牌包围式的广告植入。出现这种现象主要由多方面原因造成，首先是客户对植入广告中的电视剧的收视率、质量等的信心不足；其次是植入广告的曝光率不足，导致客户并不愿意进行多品牌在同一电视剧中集中性的广告植入；最后是电视剧的出品方，在选材、编剧时对植入广告的考虑不足，基本上是在所有艺术作品成型之后，能找到客户就找，而没有为客户的植入广告进行量身定做,所做的植入广告比较牵强附会。

清扬广告的广告策略、方式、技法也堪称经典,让人拍案叫绝,值得借鉴与汲取的地方不少。清扬虽然来势凶猛,咄咄逼人,一开始的狠招与犀利的挑衅的话语,获得了人们的关注,接下来的植入式策略,更是赚足了眼球,赚满了钱袋。清扬的一炮而红可以成为其他众多新上市产品的典范,成为广告学者研究的对象。不过,要想真正在短时间内占领中国去屑洗发水市场的领导地位,还是有很长的路要走的。虽然这场广告战打了一个漂亮的开局,但是现在的市场反应并不能代表以后的发展。而宝洁也不会眼看着海飞丝被清扬打压而熟视无睹,势必会逐步采取迎战策略。事实也说明了这一点,就在清扬来势汹汹的广告攻势上市不久,宝洁首先甩出了"低价"的杀手锏。从 2007 年 3 月开始,宝洁陆续对海飞丝进行促销降价,先是将其 400mL 洗发水价格从原来的 34.90 元调整为 30.50 元,比清扬 400mL 洗发水低了近 8 元,随后又在此基础上增加了买 400mL 赠送 200mL 洗发水的促销手段。再到后来,宝洁甚至将海飞丝促销扩展为全系列洗发水产品促销,在一定程度上抢回了不少对价格敏感的家庭消费者,让清扬体会到经济上的压力。

本来海飞丝更多用的就是梁朝伟代言,市场的调查也一直是飘柔女用、海飞丝男用的默认标准,即使没人说出来,但消费者购买时,一般都是基本遵循这个标准的。而联合利华此次在各种公关活动中,小 S 的频繁出现,力士的出马助阵,让清扬却好似阿斗一样,怎么也超不过海飞丝。更让人可叹的是,促销活动一停止,清扬基本没了销量,让联合利华高管莫名其妙。因为其代言人的失败,导致整个公关活动也跟着失败,而且其原始的公关活动,也让人感叹,没有和他品牌定位紧密挂钩,只有文字述说,让人怎么去感觉男士专用?无论是曾经熟悉联合利华的消费者还是不熟悉联合利华的消费者,如果看到三个品牌是同一企业所生产,一定会产生实力强大、产品丰富、思维活跃等一些积极的品牌联想,从而产生相互促销的效果。

参考文献

[1] 宋春宁.清扬VS海飞丝，一场洗发水广告战[OL]. http://www.chinaadren.com/html/file/2007-5-14/qingyangVShaifeisiyichangxifashuiguanggaozhan.html.

[2] 李静，郭瑞芳.从关联理论看广告的吸引策略[J].现代商业，2009(02)：21-25.

[3] 韦柳妹，陈艳.浅议电视广告营销的新模式：植入式广告[J].广西大学学报（哲学社会科学版），2008(2)：54-58.

[4] 张俊.清扬：甩掉"撒谎"的对手[J].市场调查，2007(12)：6-9.

[5] 李日伟.电视媒体广告营销策略研究[D].大连：大连理工大学，2006.

[6] 双赢的结局：清扬海飞丝争锋记[OL]. http://www.c2cc.cn/news/Manager/2007/12/19/39572.htm.

第10章 百事可乐广告的符号学意义

百事可乐在其自身形象定位中大打“年轻人”牌，树立了“新生代的选择”这一概念，并请来大批受年轻人追捧的明星为其产品进行代言，其强大的广告效应使得百事逐渐在全球市场中创造了一方广阔的天地。我们就从符号学的三个角度对其广告策略进行分析。这三个角度分别是：广告——商品符号化的工具、百事可乐广告中能指/所指的构成关系、百事可乐广告中所包含的隐喻/转喻关系。

符号伴随着人类的各种活动，人类社会和人类文化就是借助于符号才能得以形成的。在各种符号系统中，语言是最重要的，也是最复杂的符号系统。在法语中，有两个术语 sémiologie 和 sémiotique 与汉语中的“符号学”一词对应。这两个术语的使用在 20 世纪 70 年代之前没有根本性区别，而且 sémiologie 早于 sémiotique。从 20 世纪 70 年代开始，由于使用 sémiotique 一词的研究者的研究工作出现了重大突破，随后，这两个术语所涵盖的研究内容便出现了较大的区别。我们在分析百事可乐广告时，便引用了符号学的有关原理。

10.1 百事可乐广告的演进

广告是一种社会文化行为，广告的叙事策略是通过人为的却又常常是隐蔽的方式把一种超越的意义、价值或精神内涵与特定的物质商品进行“嫁接”，从而赋予该商品以一种附加的意义，借助这种叙事策略，广告传达的就不仅仅是一种商品信息，而且也是一种意义模式，一种世界观与意识形态。百事可乐作为世界饮料业两大巨头之一，一百多年来与可口可乐上演了一场蔚为壮观的“两乐”之战。“两乐”之战的前期，也即20世纪80年代之前，百事可乐一直惨淡经营，由于其竞争手法不够高明，尤其是广告的竞争不得力，所以被可口可乐远远甩在后头，只能望其项背。然而经历了与可口可乐无数次交锋之后，百事可乐终于明确了自己的定位，以“新生代的可乐”形象对可口可乐实施了侧翼攻击，从年轻人身上赢得了广大的市场。如今，饮料市场份额的战略格局正在静静地发生变化。这正是百事公司运用其正确的广告大战赢回的战利品，其广告运动过程可圈可点。

“新生代的选择”这面旗帜是其取得胜利的最大噱头。在传播“新生代选择”这一概念时，百事可乐使了两记“杀手锏”。其一，以充满火药味的比较广告，紧紧咬住对手不放。比较的主题，一言以蔽之，无非是可口可乐是“老迈、落伍、过时”，而百事可乐则是“年轻、活泼、时代的象征”。其二，抓住新生代崇拜偶像的心理特征，以巨资聘请流行音乐巨星和体育巨星做广告代言人，赢得青年消费者的青睐。

下面是BBDO广告公司围绕着“百事可乐，新一代的选择”广告主题，所创作的几则极富想象力的电视广告。

《广告车》：一个有创业精神的孩子坐在一辆面包车里，播放着百事可乐在瓶子里发出的“嘶嘶”作响的声音广播，车外面围着成千上万热汗淋淋的海滩游客。

《反射》：伴随着低声吟唱，一辆摩托车的油箱闪闪发光，接着是后视镜，后视镜里现出一罐百事可乐，驾车的竟然是百事可乐，显示它的强大能量,真是不可思议。

《鲨鱼》:一支鱼鳍划过挤满遮阳伞的海滩,并伴以电影“大白鲨”的音乐,只有在结尾处人们才看到,百事可乐的顾客不是一条鲨鱼,而是一个抱着冲浪板的弄潮儿。

《地下室来客》:人们看到一位母亲正在叱责她的女儿,因为她喝了那么多百事可乐。镜头一换,女儿来到自己的衣橱边上,告诉躲在里面的外星人朋友,别喝得太多。

《考古》:时间是未来,一群青年人,人手一瓶百事可乐,簇拥着一位考古学家来到一个错层的牧场。考古学家在泥土中找出一只棒球和一把电吉他,一一予以辨认。此后一位学生又发现一样满是灰尘的东西,考古教授把它放入一台机器中,洗去其几个世纪留下的尘土——一只绿色的可口可乐瓶子,这是20世纪的文物。“这是什么,教授?”学生边喝着百事可乐边问,教授再次陷入沉思,“我想不出来,”他回答,感到十分困惑。

百事可乐以这些极富想象的广告,针对战后高峰期出生的美国青年要以独树一帜的消费方式,使用独特的消费品鲜明地和老一代划清界限的叛逆心理,提出“新一代”的消费品位及生活方式。独特的广告创意使百事可乐的销量扶摇直上,成为可口可乐强劲的竞争对手。

10.2 百事可乐广告中的构成技巧

索绪尔一方面奉任意性为第一原则,另一方面,又以为它并不真正存在,只是一个想象而已,因为语言永远是一种既存、已在的状态,我们面对或身处的是社会事实。因此,符号对其所表示的概念而言,是任意的;对使用符号的语言社会而言,却是强制的。两者都是由集体决定的,这充分说明语言符号的本质是社会性。根据索绪尔的观点,符号由能指和所指构成。能指是我们通过自己的感官所把握的符号的物质形式——如一个词的发音或一张相片的外观。所指是符号使用者对于符号指事迹对象所形成的心理概念。作为意象的符号系统,广告的基本能指要素是语言文字和图像。而广告正是这种依赖视觉和听觉来表达的符号系统。视觉如海报、路牌、报纸广告等,听觉如广播广告,而电视广告则是视、听觉的结合。

以迈克尔·杰克逊早期为百事可乐拍摄的一则广告为例,该符号系统既包括了图像:"百事可乐"舞动的小孩、街道、汽车、迈克尔·杰克逊以及他的舞团等,还包括声音:风靡一时的背景流行音乐,以及文字:Pepsi,the choice of a new generation(百事,新生代的选择)。所有这些作为能够被识别的物理形式构成了该广告片的能指系统,同时也分别指向了特定的所指。"百事可乐"的所指是百事集团;舞动的小孩、迈克尔·杰克逊以及他的舞团、流行音乐所指的是百事可乐所大力倡导的年轻与时尚的风潮。而迈克尔·杰克逊正是在当时能够将这几点完整融合于一身的英雄式人物,是广大年轻一代疯狂崇拜和模仿的偶像,为百事可乐的执行奠定了基础,为扩大营销准备了充分的条件。

而在百事广告的渲染下,购买它就是年轻人时尚和酷的象征。就这样,原本属于广告公司创意、厂商制造的私人语言,在广告的传播中成为了一种受众都可以接受的,而且以特定方式接受的公众语言。广告对事物的描述不是一般的平铺直叙,它表达的内容不仅在于对象的功能,还在于对象非物质的、联想的、情感的等因素的塑造。广告的丰富性、多样性、颠覆性就在于此。在百事可乐的广告中,本来能指是"可乐"这个词或者由词引申的图像,而其所指,则是一种令人心情愉悦的碳酸饮料。但是广告主所要表达的却是专属于自己的"可乐"品牌。在 2000 年这一年间,便有拉丁王子瑞奇·马丁,小甜甜布兰妮和乐队 Weezer 先后出现在百事可乐的广告中。从 NBA 到棒球,从奥斯卡到古墓丽影游戏和电影,百事可乐的网络广告总能捕捉到青少年的爱好点和关注点。2001 年中国申奥成功,百事可乐的网络广告独具匠心、气势非凡的画面采用了有动感的水珠,传达出了百事可乐品牌的充沛活力。醒目的文字表达出百事可乐对北京申奥的支持。广告方案利用"渴望无限"和"终于解渴了"的双关语,将中国人对奥运的企盼巧妙地与百事可乐产品联系在一起，达到了事件营销的目的。

10.3 百事可乐广告是商品符号化的工具

广告符号学是一门体现人文精神的社会科学，它努力以社会科学的精确分析深入到过去只有美学才涉足的艺术的灵感领域。同时，广告符号学又是一门充满了现实关怀和实践理性态度的科学，它高度重视传播效果的分析和测量，强调为提高传播效益服务，通过对广告传播规律的揭示，实现传播过程中的趋利避害，用最少的钱达到最好的经济目标。人们之所以消费某种产品或者服务，不仅仅是因为它具有的某种物质功能，能满足自己的某种生理需要，而是因为它符合“我”的身份、地位、角色认同和“我”对自己的看法、定位和评价。通过消费确定和表现“我”是哪一类人而不是其他类人，确定“我”是这样而非那样的人。这时，消费者更注重的是商品所具有的符号价值而不是物质价值，强调的是身份认同。

百事选择的挑战方式是在消费者定位上实施差异化。它摒弃了不分男女老少“全面覆盖”的策略，而从年轻人入手，对可口可乐实施了侧翼攻击。并且通过广告力图树立其“年轻、活泼、时尚”的形象，而暗示可口可乐的“老迈、落伍、过时”。正如丹尼尔·贝尔所言：广告就是在我们的文明的门面上打上烙印，它是商品的标记以及社会新价值观的预告；由于影响并刺激了需求，消费经济借助于表面事物而得以存在；大众媒介的内容因它而呈现特定的结构；它似乎是建构性别以及身份认同的重要因素；在社会问题如环境问题方面，广告俨然变成了强有力的代言人……。的确如此，在物质充裕的现代社会，对大多数人而言，生理需要的满足已经不成问题。而百事可乐正是抓住了消费者这一标榜自己身份地位特征的心理，将其产品定位为“新生代的选择”。这样的定位是极具战略眼光的。因为百事可乐在配方、色泽、味道方面都与可口可乐相似，绝大多数消费者根本喝不出两者的区别，所以百事在质量上根本无法胜出，只能在文化心理上寻求突破，满足消费者的认同心理。

广告的目的就是使消费品变成代表某种文化含义的符号，通过广告语、画面，广告使不相干的文化意义与商品连接起来。而百事公司正是通过其成功的广告策略完成了“喝百事可乐等于时尚、新潮”的概念替换，使得大批年轻消费群体在追求时尚的潮流下成为百事可乐的忠诚顾客，甚至成为百事可乐的义务宣传员。

10.4 百事可乐广告中所包含的隐喻/转喻关系

美国符号学者皮尔士认为，符号是由起代表作用的“代表者”和它所代表的“对象”及其引出的意义组成的三位一体的统一体。他还根据符号的不同功能将符号分为三类：类象符号、标志符号和象征符号，它们体现了能指和所指与符号意义间不同的关系。百事可乐抓住了年轻人喜欢酷的心理特征，开始推出了一系列以年轻人认为最酷明星为形象代言人的广告，并着手在全球年轻一代群体中进行全方位的广告轰炸。雅各布森认为，隐喻和转喻是两种传播意义的基本模式。隐喻按照联想关系运作——即它们把未知的东西嵌入一种新的联想关系，未知的东西由此获得部分新的意义。隐喻要求一种积极的、富于想象的解码行为：读者不得不去发现哪个特征才能进行有意义的置换。而用明星做广告便是以消费者所熟悉的符号或者说在消费者心中已经有特定意义的符号来隐喻消费者所不熟悉的产品。一般来说，明星本身已经是有着特定意义的符号，用明星的优势在于可以在一瞬间激活过去储存在消费者脑中的记忆因素，从而将意义转移至产品，这里的意义不光是知名度，更有内涵意义。

百事可乐正是通过研究年轻人的特点，经过精心的调查发现：年轻人最流行的东西是酷，而酷所表达出来，就是独特的、新潮的、有内涵的、有风格创意的意思。在美国本土，1994 年百事可乐公司用 500 万美元聘请了流行乐坛巨星迈克尔·杰克逊做广告。此举被誉为有史以来最大手笔的广告运动。杰克逊果然不辱使命。当他踏着如梦似狂的舞步，唱着百事可乐广告主题曲出现在屏幕上时，年轻消费者的心无不为之震撼。在中国内地，继邀请张国荣和刘德华做其代言人之后，百事可乐又力邀郭富城、王菲等歌星做它的形象代言人。两位香港歌星果然不同凡响，郭富城的劲歌劲舞，王菲的冷酷气质，迷倒了全国无数年轻消费者。在全国各地百事销售点上，我们无法逃避的就是郭富城那执著、坚定、热情的渴望眼神。正是如此的视听轰炸，使得百事可乐那年轻、活力的形象深入人心，掀起了消费狂潮。

百事可乐还善打足球牌，它还利用大部分青少年喜欢足球的特点，特意推出了百事可乐足球明星特辑。百事可乐广告策略可圈可点，达到了惊人的效果。百事可乐广告语也是颇具特色的。它以“新一代的选择”、“渴望无限”做自己的广告语。百事可乐认为，年轻人对所有事物都有所追求，比如音乐、运动，于是百事可乐提出了“渴望无限”的广告语。百事提倡年轻人做出“新一代的选择”，那就是喝百事可乐。百事这两句富有活力的广告语很快赢得了年轻人的认可，进而引发了对产品的认可。配合百事可乐的广告语，百事可乐广告内容一般是音乐、运动，比如上述的迈克尔·杰克逊、郭富城都是劲歌劲舞。通过这样精心的排兵布阵，百事可乐成功地通过广告宣传实现了其价值的转移——从现实或意义的某一层面移至另一层面，形成了一种伪逻辑。而隐喻在这个时候又把这种替换处理得非常巧妙，使人们常常不会注意到这是隐喻，不会意识到要将它们解码。广告符号的编码和解码自然形成。因此，它们所形成的意义就很容易成为社会常识的一部分。也就是说，它成为了社会中不被质疑的、普遍存在的被视为想当然的假设。

在哲学方面，符号学从现象学研究理论中吸收了其有关意指作用(signification)的概念的大部分内容。符号学概念中的“意义显现”表达方式，就源自现象学的启发。这种表达方式，在感觉的范围之内于感觉主体与被感觉对象之间互为基础的关系之中，把意指形式的地位确定为可感觉的与可理解的、幻觉与分享的信仰之间的一种关系空间。综上所述，在两大饮料公司的激烈竞争中，百事可乐作为挑战者，没有模仿可口可乐的广告策略，而是勇于创新，通过广告树立了一个后来居上的形象，并把品牌蕴含的那种积极向上、时尚进取、机智幽默和不懈追求美好生活的新一代精神发扬到百事可乐所在的每一个角落。我们主要运用符号学方法，以百事可乐广告作为案例，对其进行详细的解读与考察，探讨广告文本中所折射出的深层次的文化价值观念。根据广告对于目标受众的主要诉求点进行分析，考察它们所体现出的主要文化元素，进行符号学分析。对于案例广告文字部分，主要运用语篇分析方法进行分析，包括信息结构分析法及文本内容分析；对于非文字部分，主要用非语言符号理论认真探讨，主要包括对画面符号功能及画面与文字关系等的分析。

参考文献

[1] 伯尔兹·蔡希杰.符号学的五种含义[J].国外社会科学文摘，1990(12)：32-36.

[2] 佩尔茨 J，朱志方.论“符号学”概念[J].湖北大学学报(哲学社会科学版)，1993(06)：54-58.

[3] 黄得莲.广告语言与品牌文化[J].青海民族学院学报(社会科学版)，1998(03)：21-26.

[4] 曹进，杨保林.广告与消费文化的符号学解析[J].兰州交通大学学报，2007(02)：63-66.

[5] 陆京生.试论电视广告的视听结构[J].电视研究，2000(04)：44-48.

[6] 任一鸣.电视广告符号与人类文化[J].社会科学，1990(11)：32-38.

[7] 王连森.基于符号学的“整体品牌”概念[J].北京工商大学学报(社会科学版)，2004(05)：71-75.

[8] 一凡.符号学与人文科学的结合——记“符号学与人文科学”国际研讨会[J].国外社会科学，2004(04)：81-85.

第11章 恒源祥恶俗广告的反思与对策

2008年春节期间，恒源祥推出了一则历数12生肖的贺岁形象广告，引起观众的极大反感，而恒源祥公司却“宁愿被骂，也不能被遗忘”，坚持恶俗路线。我们就此广告分析恶俗广告盛行的原因、危害及相应的解决措施等，来阐明尽管恶俗广告能带来短期的惊人效果，引起受众关注，但对品牌本身还是存在很大的伤害，企业应该尊重消费者，采取恰当的广告策略，在满足他们的物质需求时不要忘记了还有更高层面的精神需求，做到这几点才是真正成功的广告，才能塑造良好的企业形象，形成品牌效应，从而赢得市场。

在这则广告中，由北京2008奥运会会徽和恒源祥商标组成的画面一直静止不动，广告语则由“恒源祥，羊羊羊”变成了“恒源祥，北京奥运会赞助商，鼠鼠鼠”，逐个生肖下去，一路到“猪猪猪”。广告播出后，引起观众和网民的很大反响。绝大部分人认为这样的机械重复毫无创意，挑战了观众的忍耐极限，甚至有观众以为是电视机出了故障，还有观众怀疑自己的耳朵出了毛病；但也有人评论该广告吸引了众人眼球，震动了观众的耳膜，达到了引人注目的效果。不管第一反应如何，广大观众和网友对这则广告，乃至因广告而对恒源祥的评价都是一致反对。互联网上各大论坛出现了对该广告的一致声讨，有网友称其为史上最恶俗的商业广告，由此也引发了关于恶俗广告的热议。

单调创意和高密度播出，挑战着观众的忍耐极限，恒源祥广告一播出就恶评如潮，而且迅速形成一个话题，并通过网络等方式迅速传播。多家网站上均有对此广告争论的大量帖子，不少网友指其为“史上最变态广告”，称“恒源祥广告实在是太恶俗了，它不仅挑战的是观众的忍耐力，更是在挑战观众的智商，让人觉得崩溃，让电视台感到掉价”。认为这个广告是中国传媒史上的失败典范。

但在恒源祥 12 生肖广告在网络上骂声鹊起之后，恒源祥公司表面上打着这则广告原本的意思是给观众贺岁，是让观众在春节期间“开心一笑”的幌子，而实际上则抱着“宁愿被骂，也不能被遗忘”的态度来推行这则广告，并没有撤销的意思。而事实上他们也“成功”了，恒源祥 12 生肖广告是继陈冠希和阿娇的道歉视频之后点击率最高的视频片段，多个视频网站连续多日放在首页推荐，免费为恒源祥公司做了广告，取得了可观的销售效果。

11.1 恶俗广告盛行的原因

《中华人民共和国广告法》第七条中虽然早有明文规定：“广告内容应当有利于人民的身心健康，促进商品和服务质量的提高，保护消费者的合法权益，遵守社会公德和职业道德，维护国家的尊严和利益”，但是对于类似于恒源祥 12 生肖、脑白金送礼这类恶俗广告，目前的法律法规还缺乏明确的定义，因此无法从法律的角度对当前的恶俗商业广告进行禁止或限制。

此次恒源祥在原有广告创意上的简单改动，效应却有天壤之别，由经典变为恶俗。而所谓恶俗广告指在所传播的信息中含有庸俗、粗俗的内容或表现方式、传播方式，这些都有违社会普遍的道德观念，让受众产生强烈反感。“恒源祥，羊羊羊”，伴随着可爱的童音，多年来恒源祥的这一广告语已经深入人心。并且由于是毛纺产品，采用简洁的"羊羊羊"不仅简单易记，还附带着某种喜庆气息，还挺招人喜欢。虽然10多年来一成不变，也并没有引起广泛反感，更谈不上恶俗到引起公愤。真所谓真理向前一步往往就是谬论。它以轰炸式的单调传播来对观众的视听施暴，来折磨观众的感官，正如报道中一个观众对恒源祥卡带式生肖广告的反应——"当听到第6遍的时候，我已经浑身乏力，四肢发凉，瘫倒在沙发上了"。可见其对广大受众产生的不良效果。

1. 广告人投机迎合企业

中国市场还处于初期的发展阶段，市场存在很多空白点和不规范之处，这就造成机会主义在中国企业界和广告界的盛行。企业不是专心练内功全面提升竞争力，图谋良性而长期的发展，而是没有长远的战略规划，单纯寄希望于一个产品、一个广告，能迅速在市场走红，追求短期效应。而大部分广告策划人很适时地迎合了此类企业家的心态，打出"以销售为导向"的广告创意思路。不管广告创意如何，只要能引起轰动，不管是不是"恶俗"，能提高销售量就是"好广告"，恒源祥12生肖广告也就应运而生了。于是，他们不为广告做深入的消费者调查，不再追求广告长久的效果，而是构想奇特的思路，请大牌代言人，然后用夸张的、吸引眼球的情节来打造一个奢华的广告，并且在优势媒体砸巨资以高频次的姿态播放该广告，企图达到惊人的销售效果。

2. 没有形成良好的广告氛围

批评广告的人群大都受过较高等级的教育，不会购买那些产品。但中国还有9亿农民，他们文化低，收入低，但却能接受这种简单直白的广告，同时也是该产品的目标消费群。因而，我们不难看出恶俗广告对广告人、广告主可能是有效的广告手段，因为恶俗广告传达了广告信息，增强了企业与产品的暴光率，哪怕形象生硬了一些，好歹混个脸熟。恒源祥 12 生肖广告正是抱着这种心理，即使众人对它恶评如潮，仍在坚持恶俗路线。另外，广告监管机构也没有尽到自己的职责，对恶俗广告实施有效监控，甚至清除出媒体。

3. 品牌就是消费者的记忆

一部分恶俗广告之所以能够卖货，其原因是抓住了消费者心理，充分运用了心理暗示的巨大魔力，在你即将消费的时候，那些恶俗广告会最先进入你的潜意识中，在其指导下完成你从购买动机到购买行动的所有过程。在广告策划界，流行着这样一句话："得奖的广告好看却不卖货，恶俗的广告恶心却偏偏卖货！"为什么会出现这种情况呢？而部分得奖广告不卖货的原因则在于没有从消费者心理出发，只是广告人一味卖弄聪明，玩弄艺术，当然无法撬开消费者的钱包。所以说广告卖不卖货关键不是在于广告的恶俗程度，而是在于其是否能够洞悉消费者的潜在需求，抓住消费者的心理，牵引消费者的目光。

传播学界有个著名的理论叫议题设置理论，意思是只要媒体将某一话题作为重点反复传播，这一话题就有可能成为人们难以忘记的对象。无疑，这一次恒源祥的 12 生肖广告是让看广告和不看广告的人们都记住了。因为现在恒源祥的广告已经成为社会议论的一个热点，所有媒体资源全部被调动起来了，网民的注意力也被吸引过去了，大家不管是反对，还是凑热闹骂两句，对恒源祥的印象出奇的深刻，永远忘不了，恒源祥因此也成功获得了自己品牌的社会知名度，似乎达到了自己的传播目的。

国外消费行为学家 Anthory R. Pratkanis 的研究表明，过多地重复广告信息虽然引起受众的反感，但却不影响受众对信息的记忆以及日后的商品购买行为，这些令人愉快或不愉快的一面将随时间的推移而不复存在，只有广告信息本身牢牢地保持在消费者记忆深处，这就是睡眠者效应。对于恒源祥投放生肖广告是营销奇谋还是自毁长城,观众与专家都众说纷纭,观点不一。究竟谁对谁错,还有待市场的检验。然而,同样被广大网友誉为十大恶俗广告之一的脑白金广告,却在观众的一片骂声中创造了年销售额12亿的市场奇迹。根据心理学中的无意记忆的原理,人们不会主动有意识地去识记从电视上看到的广告,然而当人们需要购买某件商品时却能回想起电视中对这一商品的广告。这就是恶俗广告被专家批评,却为不少商家选择,得以投放并最终获得很好的市场效应的原因。

11.2 恶俗广告的危害

恒源祥的广告,受众以前是很有印象的,特别是最后的童音"羊羊羊",很有特点,听了就让人想起来是"纯羊毛"产品。记得牛年的时候,"恒源祥"弄了个"牛牛牛",没有成功,今年干脆12生肖一起出来了,不知道"恒源祥"的目的是不是想告诉我们:他们的产品不仅有羊毛的,还有鼠毛的、牛毛的、虎毛的……,是不是还有龙毛的、蛇毛的?恒源祥是做羊毛衫的吧,实在没弄懂他们这样花钱做广告,要告诉我们什么。

广告作为商业社会的产物,其作用如今已经远远超出了纯粹的商品推销,它更是时尚和流行的象征,对于公众的生活有着潜移默化的影响,对百姓的消费方式甚至生活方式,都有着一定的导向和暗示作用。广告是一种宣传方式,它通过一定的媒介,把有关商品、服务的知识或信息有计划地传递给人们,其目的在于扩大销售、影响舆论和引导受众,责任十分重大。而恶俗的广告的暗示意义在一定的程度上构成了对于公序良俗的危害。从恒源祥12生肖广告,我们不难看出,恶俗广告都具有几个重要的特征:画面粗糙、废话特多、同样的广告重复3次或者以上。画面粗糙引起观众视觉的反感,废话多将让观众心烦意乱,重复多次导致的结果更糟糕,会使受众心理崩溃。

其次,从恒源祥12生肖广告的单调创意,不难发现其无处不模仿脑白金等恶俗广告的风气，而它的盛行，也将导致广告从业人员的集体“弱智”和创造力的缺乏，同时也会造成不良的社会影响，特别是对未成年人，媒体传播的信息告诉他们：原来世界是这样的啊！毕竟未成年人身心都处在快速成长阶段，是非观、价值观尚在培育中，但是模仿能力又特别强。在接触电视等大众等传媒的过程中，他们很容易接受和模仿广告传播的观念和行为，经常接触恶俗广告对未成年人的影响是十分有害的。且这种伤害通常也是持久的、深层的，是难以泯灭的。

再次，如果广告是通过渲染让消费者痛恨或者讨厌等负面的情感因素来让其记住的，这等同于是对企业信誉的提前“透支”，是一种短期效应。恶俗广告直接影响企业的形象和信誉，不利于企业的长期发展，不利于品牌的建构。虽然对注意力经济价值的强调是很有必要的，但如果忽视了对吸引注意力的道德评价和精神意义，就会导致对注意力缺乏应有的人文关怀和起码的尊重，以至于通过不良的信息去污染和践踏他人的注意力了。从恒源祥这则广告来说，其本意无非是想让消费者记住这个品牌，但作为具有很好商业信誉的老字号，通过对消费者负面情绪刺激方式来达到目的，这是一个不聪明的举动。在新浪网所作的相关调查中，就有87.65％的被调查者对恒源祥广告内容表示了反感，并有77.21％的被调查者认为这种广告损害了企业的品牌形象。广告的创意、播出以及由此引发的巨大争议，乃至骂声，都说明该广告的社会效果是负面的。这样的做法无疑是对受众的一种精神伤害，怪不得有观众提出恒源祥应对观众实行经济补偿。

美国及一些西方发达国家，为了严格管理广告，确保其不会对社会公序良俗产生负面影响，一般都建有公共实验室，它们会对涉嫌有不良影响的广告进行样本测试，以实验数据作为评判广告是否适宜播出的依据。用公共需要看守住广告文化的优良品质，看守住广告的社会和公共效应。中国也应该学习西方国家的公共实验室制度，用公共文化良性秩序规范恶俗广告的肆无忌惮，将民意需要转化为公共文化需要，将文化呼声转化为公共环境的健康需要，用专业和权威数据为广告文化套上紧箍咒，进而成为制订广告法规的依据。换言之，恶俗广告只要出笼了，就要受到“人人喊打”的公共制度的制约和叫停，无法得到发展和传播机会，甚至承受身败名裂的代价。

11.3 对恶俗广告的反思

媒体为了利益而多拉广告，这个可以理解，但不能不分青红皂白，来者不拒。虽然这些恶俗广告可使电视台在短期内获得一定的收益，但从长期来看，对电视台的发展也是相当不利的。试想，如果我们的媒体广告中到处都是恶俗广告、欺诈性广告，会对我们的社会发展带来多大的负面影响呢？广告失去了信任，播出等于负面，那么，谁还来你这里做广告呢？公众还会相信你的广告么？媒体的公信力何在？

广告策划人应该重新审视自己，提高职业道德。首先需要为消费者负责，不能违背自己的良知胡乱“策划”，糊弄消费者；其次提高专业素质，为企业负责，避免空洞的概念策划，杜绝文字游戏般的创意，认真提炼挖掘品牌的核心价值，为服务的企业负责；最后，要对社会负责，不为达到哗众取宠的效果，而伤风败俗，制作出有损社会风气的广告，也影响了自己的名声。

因而，面对上述危害性影响，作为企业家要转变观念，不该夸大广告作用，而应摆正品牌的心态。首先，“事”、“市”、“势”都应该做足。做好企业产品品质这个“事”，了解消费者，找准品牌定位和市场定位这个“市”，进行广告、促销、赞助、危机公关的“势”；其次，要合理地进行品牌投入，根据企业的资金情况合理地进行品牌建设；再次，要明白品牌的塑造是一项长期工程，要做好长期投资的准备，不应急于求成，否则只能自掘坟墓，加速品牌的消亡。

出现恶俗广告时，消费者可以联合抵制，不买商品，不看电视，但这种行动要经过一定的策划，有正规的部署，批评时讲究修辞，要有理性，这样才是有效的。如果仅仅是谩骂，往往成为广告影响力的帮凶，反而传播了恶俗广告。调查显示，七成公众将用弃买行动抵制恶俗广告。这才是让这类广告得到遏止乃至销声匿迹的治本之途，这无关法律是否完善、无关道德是否强化，而是公众的正当权利，是公信力的体现。抵制这类广告，还可以净化社会视听环境，促使我国的企业更加尊重公民权利和公共权益，增强社会责任心。应该对这种抵制行为给予高度评价，这既维护了自我权益，又体现了社会责任心，将使那些试图以恶俗广告来"臭名远扬"的企业吃到苦头，吸取教训。

企业高管应该看到，尽管恶俗广告能带来短期的惊人销量，但对品牌本身还是存在很大的伤害。虽然在目前中国的消费者中，低收入、低教育水平的还是主体，但随着经济的发展，接受高等教育的人群正在迅速扩大，消费者的素质正在不断提升，其审美与价值判断也在发生着改变。到那时，再想重塑企业的良好品牌形象以博得消费者的喜爱，几乎是不可能的了。品牌只有和消费者建立起牢固的情感联系，才能长盛不衰。在广告传达这个层面上，恒源祥似乎成功了。但是广告不仅仅具有经济功能，它应该具有文化功能和审美功能，它是门艺术，是门具有市场价值的实用艺术。

互联网上，众多网友对这则广告表达了不满——简直就是在挑战观众的忍耐极限。有媒体调查显示，35.5％的人表示不喜欢广告就不会购买产品，37.8％的人明确表示不仅自己不买，还会劝身边人也别买。恒源祥的广告，虽然没有违规，甚至以另一种方式达到了提高知名度的目的，但却没有带来品牌的美誉度和忠诚度，还要面临"七成公众将用弃买行动抵制"的局面。真正的品牌都是在几十年甚至几百年的文化积累上建立起来的，而不是靠恶俗广告打造的。自我丑化的宣传一开始就把企业本身放在与消费者对立的位置上，它蔑视消费者的意志和智商，鄙视消费者的能动性，乐于折磨消费者的视听以瓦解其意志。以这样的理念去经营企业、经营品牌，因其反人道的立场肯定是无法长久的，因此从长远的角度看，这样的广告宣传无异于饮鸩止渴，最终害了自己，也害了传播媒体。

参考文献

[1] 崔银河.广告学概论[M].北京：中国传媒大学出版社,2007.

[2] 肖芃.媒介素养导论[M].上海：中国经济出版社,2006.

[3] 向妍.对广告经营的几点思考——从恒源祥广告说起[D].成都：四川大学,2008.

[4] 徐海云.恒源祥贺岁广告颠覆了什么[J].中国纺织,2008(03)：65-68.

[5] 张默闻.恒源祥新广告八宗罪[J].市场观察,2008(05)：95-98.

[6] 肖兵艳.恶俗广告浅议[J].湖南社会科学,2007(06)：13-18.

[7] 恒源祥[OL].http://baike.baidu.com/view/743658.htm8.

[8] 王一川.大众文化导论[M].北京：高等教育出版社,2008.

第12章 麦当劳广告嬗变效果分析

麦当劳和肯德基作为洋快餐的两大巨头，在20世纪80年代末到90年代初相继进入中国，前后仅相差3年时间。在提供相似的产品和服务的过程中，进入21世纪以来，都共同面对着品牌老化的问题，为了保证和增加品牌资产的价值同时也为了保证和提高市场占有率，麦当劳在2003年开展了全球"我就喜欢"运动，延续了其一贯的全球化策略。

麦当劳是大型的连锁快餐集团，在世界上大约拥有3万间分店，主要售卖汉堡包、薯条、炸鸡、汽水、冰品、沙拉、水果。麦当劳餐厅遍布在全世界6大洲百余个国家。在很多国家麦当劳代表着一种美国式的生活方式。在中国大陆地区的早期的译名是麦克唐纳快餐。

12.1 麦当劳品牌定位演变

作为麦当劳广告策略的一部分，它的电视广告也同样精彩。在国内，麦当劳电视广告并不多，但每篇都堪称经典之作。曾荣膺1996年法国戛纳国际广告电视金狮奖的麦当劳"婴儿篇"广告即不同凡响。这则电视广告中，一个躺在摇篮里的婴儿，一会儿哭，一会儿笑。当摇篮悠起来靠近窗口时，这位婴儿就高兴地露出笑脸；而当摇篮悠下来时，就哇哇地哭。这一简单的过程反复持续了多次。怎么回事？当广告的最后，把镜头从婴儿的角度对准窗外时，一切恍然大悟：原来婴儿是因为看到窗外黄色的麦当劳双拱门而笑，因为看不到它而哭。这个广告极为单纯，也极为夸张，情节却充满了与生俱来的戏剧性。麦当劳其他电视广告也是同样单纯和夸张，面对麦当劳美味的诱惑，广告中的淑女可以丢掉风度，年轻人可以一头撞到玻璃上，而婴儿变得更有灵性，更为聪明。麦当劳电视广告难以逐一而论，消费者只要到麦当劳快餐店，就可以分享这些广告带给人的快乐，体会到美国式文化的韵味。

1. 生活节奏加快的食品

司机驾车行驶在路上是主要的生活状态，他们需要快速食品填饱肚子。麦当劳最早把目标消费者集中在司机和上班族身上，其创建初期就是为了满足司机和从郊区到城市上班族的需求，因此也被称为汽车食品，其包装就很好地印证了这一点。美国不少人都居住在郊区，工作地点却在城市，他们在上班或下班的路上也希望能迅速获得一份物美价廉的食品。正是把握住了目标消费者的需求，麦当劳把自己准确定位于服务快速、干净整齐上，以醒目的标示博得了匆匆行车在路上的人群的青睐，销售量迅速增长。

2. 广告具有亲和力

从产品时代到用户时代，广告也必须跟上时代潮流，适应用户的心理特点。麦当劳的创始人曾经说过，麦当劳不是餐饮业而是娱乐业，提倡快乐用餐的理念。随着市场的发展，产品竞争日趋激烈，同质化越来越强。麦当劳原有的定位已经不能够把自己和其他快餐企业区分开来，麦当劳于是改变了原有定位，不是卖汉堡而是销售快乐，因此快乐、微笑、温馨成了麦当劳品牌的内涵，极具地域和时代特征。这一阶段，麦当劳以家庭，特别是家庭中的妈妈和儿童为主要诉求对象，强调"更多选择，更多欢笑，尽在麦当劳"，可爱的宝宝成为广告中最动人的形象，至今仍然被奉为广告史上的经典之作，被许多高校作为广告案例在课堂上讲解。

后来，麦当劳的广告语演变成"常常欢笑，尝尝麦当劳"，希望能够吸引更多的年轻人，特别突出了自由自在的欢乐。广告主题仍然是微笑、快乐，对儿童、青少年、父母都充满亲和力，但对年轻人这一主力消费群体的感召力仍然不够，缺乏青春气息。

3. 适应社会的发展

针对 25～35 岁的年轻人的特点和爱好，麦当劳在全球发动了一场"我就喜欢"的品牌化战役，所有的宣传推广都围绕着"酷"、"自己做主"、"我行我素"等年轻人最推崇的理念上。麦当劳把自己定位于家庭消费，但儿童本身并不具备真正的消费能力，同时垃圾食品的名声也使得家长在选择这类食品时非常谨慎。年轻人不仅具备自主消费能力也具备旺盛的消费需求，麦当劳把自己的目标消费群定位在 25～35 岁的年轻人身上，但想要博取他们的认可，麦当劳必须要改变自己的品牌内涵，为品牌注入更多年轻、时尚的元素。于是，"张扬自我"成为麦当劳新的品牌定位，"永远年轻"成为了品牌的承诺。特别是"我就喜欢"中的"就"字，不仅让麦当劳公司大为赞赏，更赢得目标消费者的一致认可，酷、叛逆、张扬个性在这短短的 4 个字中表露无遗。麦当劳广告语的推敲，赢得了青年消费者的喜爱。

12.2 针对青年消费者的广告战略

2002 年的麦当劳可谓麻烦不断，10 月，麦当劳股价跌至 7 年以来的最低点，比 1998 年缩水了 70%，2002 年第四季度公司第一次出现了亏损。2002 年 11 月 8 日，麦当劳总部宣布，公司将从 3 个国家完全撤出并关闭其他 10 个国家 175 家连锁店。在中国大陆，麦当劳各个方面的表现一直比老乡肯德基逊色不少。近两年，麦当劳在本土被汉堡王等快餐店抢去了不少市场份额，在亚洲、中东等地销售额下降明显。经过调查发现，麦当劳面临的最大困扰就是品牌老化的问题。根据麦当劳做过的一次顾客调查，很多年轻消费者认为麦当劳大叔的形象非常老土、可笑，缺乏青春气息，似乎是工业社会的产物。年轻的嘻哈一族觉得麦当劳是小孩子去的地方，他们喜欢的是酷、刺激和冒险的举动。麦当劳如果不进行品牌更新，是无法更好地生存下去的。麦当劳"摇篮宝宝篇"广告曾经风靡全球，50 年不变的笑容可掬的麦当劳大叔是其最好的形象代言人，对于儿童、青少年、父母细分市场都非常具有亲和力。但随着时间的推移和市场的变化，麦当劳的定位以及品牌的概念逐渐不适应时代，麦当劳大叔更显落伍和过时。另外，麦当劳为人称道的 QSCV 原则一直是麦当劳成功的重要法宝，如今却成为不少大型快餐企业共同的特征。Q 代表质量(quality)，麦当劳执行严格的品质管理，成套的设备保证食品制作的系统化和标准化，汉堡出炉后不得超过 10 分钟，炸薯条不得超过 7 分钟。S 代表服务(service)，包括店铺的舒适、营业时间和服务态度。C 代表清洁(cleanliness)，这一直被作为员工的行为规范，保证用餐环境的卫生。V 代表价值(value)，传达了麦当劳"提供物超所值的高品质物品献给顾客"的理念。这一理念支持了麦当劳最初的成功，但随着竞争环境的变化，这一理念早就失去了独特优势，甚至显得落伍和老套，失去了很大的市场份额。

12.3 麦当劳广告推演计划

经过长期的市场调查，麦当劳根据市场和消费者情况，决定改变品牌形象，抓住更多的年轻人，为此展开了主题为 I am love it(我就喜欢)的全球营销活动。这是麦当劳第一次在同一时间、以同样的广告、用同一诉求在全球120个国家进行品牌推广活动。策略一经推出，引起了轩然大波，甚至引起一些老顾客的反对。麦当劳此次策略改变无异于一次品牌大换血，坚守了50年的家庭定位转向了以35岁以下的年轻人为重心，相应地，麦当劳以年轻时尚的现代价值观重新阐释了麦当劳的企业理念，但也承担着失败的巨大风险。

2002年初，拉里·莱特担任麦当劳全球营销官，他策划了麦当劳第一次品牌更新计划，取代了以前以“微笑”为主题的营销活动。经过一年多的策划，2003年9月2日，麦当劳公司在德国慕尼黑宣布正式启动“我就喜欢”品牌更新计划。麦当劳全球广告的总代理德国慕尼黑的海熙广告代理公司召集了世界主要的广告公司开展了一场名为“永远年轻”的广告峰会，通过创意竞赛产生了麦当劳新的全球营销主题。20多天以后，“我就喜欢”活动在中国正式启动，上海李奥·贝纳夺得了在中国大陆的广告设计权，加入中国文化元素，旨在赢得中国青年的追捧。

此次品牌化战略主要做法包括寻找品牌切入点，确立品牌推广目标，改变品牌识别和品牌形象；执行了广告、公关、市场推广、餐厅展示全方位立体传播策略，并分阶段逐渐推进。商场如战场，麦当劳广告战略就像德国军事家制定的战争策划书，严谨周密，步步推进，气势宏大。

1. 确立品牌推广目标

2009年年末，麦当劳(中国)有限公司副总裁兼北区总经理缪钦表示，2010年正值麦当劳进入中国第20年，此次麦当劳在全国范围内推出的全新品牌理念包括“三新”：即未来3年内全国近90%的麦当劳餐厅全部改头换面，采用全新设计外观和室内装修，其中包括麦当劳员工全部换装；元旦前，麦当劳北京、上海、广州、深圳4个城市的50家餐厅将率先推出免费WiFi服务。到2010年4月底，上述4地90%的麦当劳餐厅将全部覆盖前半小时免费无线上网服务。届时北京将有100多家麦当劳门店可以提供此服务，在所有餐厅推出McCafe免费续杯以及周末儿童免费迷你圆筒冰淇淋服务。

2. 寻找品牌切入点：永远年轻

麦当劳原来定位于家庭，家庭文化的温馨和谐与年轻文化的时尚个性是有着潜在冲突的，前者重静后者偏动。麦当劳深知品牌切入点的转换与原有品牌文化特征是不能矛盾的，因此，麦当劳必须要在家庭和年轻人中寻找一个平衡，而这个平衡点就是"永远年轻"，家庭消费群体和年轻消费群体一样可以奉行，扩大了消费市场。

体育是青年的展示空间，麦当劳自然不会放弃这个领域，并在其中显示自己的广告才华。DDB 中国凭借"麦当劳为中国奥运健儿加油"斩获 EFFIE 服务类金奖。此外，DDB 国安以 Kappa & Pepsi《"in"变篇》广告拿下 EFFIE 日用品类银奖。DDB 中国仅仅递交了 3 个案例，却有两项中标。第 3 个参赛案例——麦当劳电子优惠券也入选参赛名单。DDB 上海办公室的总经理，同时也是这次"麦当劳为中国奥运健儿加油"广告的负责人 Jesse Lin 说到："非常荣幸能够站在这里捧起艾菲金奖。这座金奖说明了创意和不同凡响并非互不相容，证明了我们的想法变成了有效的、具有创造性的广告。创意是每个广告的核心，但是广告的有效性和成效也绝不能被忽视"。

3. 改变品牌标识和企业形象

1） 品牌识别

品牌推广主题确定为"我就喜欢"，这是年轻人的个性宣言，代表了他们的价值观念和消费时尚，符合他们的处世哲学。品牌口号由"我就喜欢"取代了"常常欢笑，尝尝麦当劳"，显得简洁干脆，朗朗上口。品牌 LOGO 由原来的红色背景变成了黑色背景，因为黑色代表酷，是更时尚的颜色。同时显得神秘，切合青年人的追求目标。

2） 企业形象

以"我就喜欢"为主题的广告整体风格是感动加时尚的，网罗了包括音乐、体育、时尚和娱乐等诸多最吸引年轻人的元素。选择“超级男孩”贾斯汀担任麦当劳全球电视广告的代言人，不仅亮相在广告中，还演唱广告主题歌 *I'm loving it*，而在华人地区则选择王力宏担任代言人并演唱主题曲，这两大代言人同属人气偶像。

针对中国市场，麦当劳仔细研究中国当代青年的心理嬗变的特点，渗入更多中国文化成分。在第十一届中国广告节上获得企业形象类金奖的一系列以“我就喜欢”为主题的平面广告中，麦当劳广告用形形色色的人阐释了各自的人生观，每个人都有自己的“我就喜欢”，容易引起更多消费者的共鸣。择录其中几条：

“我就喜欢”母女篇：我就喜欢不把父母当父母。当朋友喽！我们血型一样，性格也很像，高矮胖瘦也是一个模子，从我满地乱爬的时候，她就能猜到我心里的主意了。这样的知己，到哪里去找。

“我就喜欢”中医篇：我就喜欢看人脸色。一个人身体的虚实，都明明白白写在脸上，我花了大半辈子，一直在读每个人脸上的文章，读懂了，也就找到了答案，找到了治疗的方法。

“我就喜欢”调酒师篇：我就喜欢混。谁说杜松子酒不能混橙汁？谁说 vspo 不能混绿茶？我相信在味觉的世界里，一切都有可能。每当一种新的口味，伴随一层新的色彩升起在杯中的时候，我就觉得自己混出了名堂。

“我就喜欢”理发师篇：我就喜欢动刀子。修发修了 40 几年，从来都是一把老刀，一块热毛巾，和一堆说不完的故事，虽说这几年生意越来越冷清，但老朋友从来都准时上门，我当然不会歇手，不会失业。

“我就喜欢”跆拳道篇：我就喜欢和老师动手。从我学跆拳道的第一天起，老师就叫我认清了唯一的敌人：我自己，于是我就毫不留情地出手，打败了一个个乖乖女。

……

在这一系列广告中出现的人物形象并不局限于 25～35 的年轻人，麦当劳要改变的是在所有人心目中的形象，而非仅仅是目标消费者。各种类型的人物在广告中讲述着自己的故事。也讲述着每个人

"我就喜欢"的理念。这一系列广告是麦当劳"我就喜欢"主题的精品。

3）多方合作

2003年11月24日，麦当劳还与中国移动通信集团旗下"动感地带"宣布竭诚合作，成为营销联盟，由动感地带客户投票自主选择的当季度"动感套餐"也同时揭晓，并在全国麦当劳店内同步推出，产生轰动效应。

另外，麦当劳连锁店的广告海报和员工服装由原来的红色为主变成了时尚前卫的黑色，黑色也是标新立异的叛逆青少年比较崇尚的色彩。麦当劳还招募一群年轻男女穿着印有"我就喜欢"字样的衣服，头戴棒球帽，在特定时段、沿预设路线骑自行车穿行于街道，引起路人的关注。

麦当劳全新的"沙拉"广告，请来罗志祥和杨丞琳拍摄。但由于台湾影星杨丞琳对抗日战争的不当言论，引起国人的愤怒，尽管她已道歉，还是引发网友在某论坛发帖抵制，一位网名为SHUZHIXIAN的网友甚至称："为了响应大家，我今天去麦当劳百盛店闹过了，看到那些没民族意识的人在里面排着长队，不知羞耻地吃着的时候，我心都寒了，怎么会有这种人，……，麦当劳不把杨做的广告给撤了，我就抵制到底。"不久，在电视台播放的麦当劳"沙拉"广告中，杨丞琳的部分已被撤下，显示了麦当劳公司的明智。

在推广中，麦当劳还注意了节奏的掌握，"我就喜欢"定为两年计的推广计划，第一阶段广告于2003年9月底亮相，这一阶段仍保留了针对妈妈和宝宝的广告，另外三个阶段集中在2003年年底到2004年年初，希望借助急风暴雨似的广告冲击，先抓住消费者的眼球，再占领消费者的心智。在2009年年底，麦当劳(中国)有限公司在北京王府井步行街启动巨幅立体地画"叩开快乐之门"全国巡展的首站活动，以极具震撼力的方式正式发布全新品牌理念——为快乐腾一点空间。麦当劳(中国)有限公司副总裁兼首席市场推广官张家茵女士和副总裁兼北区总经理缪钦先生到场主持发布会，当红影星霍思燕前来捧场，与现场观众一起分享她的“快乐心得”，亲身诠释快乐的含义，推广麦当劳，宣传新产品。

12.4 麦当劳广告嬗变效果

根据麦当劳公司公布的数据，2003 年 11 月份销售收入增长了 14.9%，亚太地区的销售收入增长了 16.2%。公司的股价逆势上涨，创下了 16 个月以来的新高，麦当劳的股票评级从“一般市场表现”调升至“超出市场表现”。麦当劳全方位的传播和营销使得“我就喜欢”的品牌内涵迅速深入人心，建立了年轻、时尚的新形象，也为优秀广告增添了新的案例。

2009 年麦当劳在上海已经开始了“餐厅形象升级”的尝试。南京东路 588 号焕然一新的麦当劳餐厅就是其中一间：升级的形象整体设计风格采用了更多天然原料，运用了柔和灯光、丰富质感的墙面效果和多变的空间区隔，力求让顾客拥有温馨、时尚、舒适而又宾至如归的就餐环境。测试中的麦咖啡区域则运用更多优雅的咖啡馆氛围，更多舒适座椅的选择为忙碌的都市人提供一处休憩港湾。2010 年，麦当劳将加快“餐厅形象升级”的速度，目标是于 2010 年年底全国超过一半的餐厅、3 年内超过 80%的餐厅完成升级。

新近的一些研究考察了国外广告及麦当劳在中国的运作情况。殷佳卉运用定量方法论证了外国企业在中国采取标准化与本土化相结合的策略。王建安研究了中国境内的外国广告代理机构的发展情况和策略，以及中国消费者对外国广告的看法。罗亚东论述了麦当劳如何通过寻求当地特许经营商保持低廉成本、选择最佳店址、建立合资企业，以及通过自身文化和价值体系成功地进入中国市场。阎运祥从消费者方面调查了麦当劳是如何在北京市场取得成功的；他尤其关注中国人如何消费和认识麦当劳，以及消费者行为和理念如何影响麦当劳在中国的本土化策略。James L. Watson 研究了麦当劳在香港市场的运作情况，而且特别关注麦当劳的在广告策略中，如何把儿童转化为企业有利可图的消费者。这些研究成果对于我们分析麦当劳广告都是具有启发意义的。

参考文献

[1] 樊志育.广告学原理[M].上海：上海人民出版社,1998.

[2] 舒咏平.广告传播学[M].武汉：武汉大学出版社,2006.

[3] 陈培爱.世界广告案例精选[M].厦门：厦门大学出版社,2006.

[4] 张树庭,郑苏晖.有效的广告创意——从个案解剖到行业解析[M].北京：中国传媒大学出版社,2008.

[5] 许喜林,吴文国.品牌之道[M].北京：北京交通大学出版社,2007.

[6] 陈培爱.广告策划艺术[M].北京：中国财政经济出版社,2004.

第13章 动感地带广告案例分析

动感地带如今能够成为妇孺皆知、享有不错口碑的移动通信品牌，其广告可以说功不可没。周杰伦、潘玮柏、SHE等时尚明星的代言，节奏感强、创意十足的广告风格，使得动感地带广告很轻易地给广大消费者留下了深刻的印象，也使其“时尚、好玩、探索”的品牌特性日渐深入人心。动感地带作为针对年轻人的品牌，也创造了一种个性化娱乐的生活方式。动感地带是与全球通、神州行并列的中国移动三大业务品牌之一，它在短时间迅速走向成功与其全方位的、独特的广告宣传形式是分不开的，动感地带无论在品牌定位还是目标受众定位上，都是极其准确的，并且通过广告诉求和广告表现，将两者完美地结合在一起，给动感地带注入了无限的活力。

动感地带是中国移动通信为年轻时尚人群量身定制的移动通信客户品牌，在2003年3月正式推出。随着时代的进步，人们的消费观念也在悄然变化，消费者应该得到服务、体验、享受三位一体的物超所值的消费体验。人们开始期望在获得广告信息的同时得到更多的娱乐享受，这一趋势是“80后”的强烈呼唤。动感地带抓住了这一趋势，通过影像广告、平面广告、演唱会等多种形式增强其目标消费群体在消费和接受广告信息时的娱乐享受，从而赢得受众的共鸣和青睐。

13.1 动感地带广告扫描

动感地带（M-ZONE）定位在新奇，“时尚、好玩、探索”是其主要的品牌属性。动感地带不仅资费灵活，同时还提供多种创新性的个性化服务，给用户带来前所未有的移动通信生活。作为中国最大的移动通信运营商，中国移动通信在不断升级系统、提供更多更好服务的同时，也注重针对不同用户群进行市场细分，针对不同目标对象推出不同的品牌。为年轻人量身定制的动感地带就是其中之一，动感地带针对年轻客户群的移动通信需求，整合品牌形象、价格、渠道、营销和服务，建立年轻客户群对动感地带品牌的归属感，树立创新进取的公司形象。该品牌在广州率先推出后，精彩的数据业务（如图片铃声下载、移动 QQ 聊天和无线游戏等）以及灵活的短信套餐吸引了很多年轻用户加入其中，乐不思蜀。

动感地带这一全新的客户品牌采用新颖的短信包月形式，同时还提供多种时尚、好玩的定制服务。它以 STK 卡为载体，可以容纳更多的时尚娱乐功能。动感地带专为年轻一族创造一种时尚与快乐的生活方式，提倡娱乐文化。

动感地带为年轻人营造了一个个性化、充满创新和趣味性的家园。动感地带的星座运势、娱乐新闻将目标直指时尚前卫的少男少女们，随时将偶像的最新动态、演艺界的头条新闻发送到他们的手机上。动感地带可以把下载服务加入到手机卡中，让你随意寻觅喜欢的待机图片和铃声。动感地带将强大的聊天工具也完美地移植到手机中，少男少女们走在路上也能 Q！ 它代表一种新的流行文化，用不断更新变化的信息服务和更加灵活多变的沟通方式来演绎移动通信领域的“新文化运动”。动感地带用创新的手段拓展了通信业务的外沿，将无线通信和时尚生活融为一体，倾心引领令人耳目一新的消费潮流。年轻充满激情,碰撞迸出火花,动感地带给你提供了一个展现自我的舞台,不怕好动,就怕你不动。它具有时尚要素,像 Hip-Pop、街舞一样符合年轻人的口味。

动感地带最大卖点在于短信套餐,分别为每月支付 20 元可发 300 条短信或者每月支付 30 元可发 500 条短信。同时为配合这项业务的推广,中国移动特地在动感地带中采用了 STK 卡,使其拥有更大的存储空间。除了短信包月的优惠以外,还在此基础上提供了“动感乐园”、“动感消息”、“动感密语”、“动感休闲”等相关增值服务,迎合青年消费者的需求。

13.2 动感地带目标受众分析

动感地带是中国移动 2003 年面向年轻人推出的移动通信品牌,也是我国通信业首个电信业务品牌。动感地带力求达到的目标,是给一个特定群体提供特定的移动通信服务,在年轻人这个群体中建立专属的地盘。动感地带广告的成功,主要在于它定位准确,目标明确。动感地带广告定位在 15～25 岁的年轻人(主要是大学高年级或刚毕业的学生,其次是中等学历和较早进入社会的年轻人及家庭条件好的中学生)。他们崇拜明星,追求时尚,对新鲜事物感兴趣。他们出生于 20 世纪 80 年代,之所以能被动感地带定位为主要用户,主要有以下原因。

1. 符合动感地带品牌特征

“80 后”的年轻一代,热衷于追求明星,富于幻想,蔑视传统,叛逆、放纵、自我、时尚是“80 后”的标签,这些特征恰恰符合动感地带“我的地盘听我的”的内在价值取向,成为其个性的最佳外化表现,也成为产品的卖点。

2. 消费潜力不容忽视

随着经济的发展和生活条件的改善，年轻人的消费已经丝毫不逊于成年人。虽然学生群体还没有经济收入，但是在父母和其亲人的宠爱下，他们大多拥有可观的资金，这对他们以后的消费习惯的形成也会起到决定性的作用。这一群体在消费方面是非常活跃的，是商家和市场特别青睐的族群，自然也成为动感地带广告关注的目标受众。

13.3 动感地带广告形式

周杰伦是影视歌三栖明星，深受青年受众的欢迎。动感地带选择他作形象代言人，利用他在目标消费群体中的影响力和其本身充满青春活力的形象来诠释品牌内涵，进一步扩大品牌影响力，巩固忠诚度，真正实现“我的地盘听我的”，符合青年的个性特点。

1. 影像广告

影像广告主要包括传统广告中的电视广告、网络广告等部分。影像广告收视率高，视听结合，声像具备，传播范围广，诉求力强，给受众印象深刻，更有利于感性诉求的表达，传播速度迅速，不受时空限制。

2. 活动促销

自 2003 年动感地带品牌建立之初，就以嘻哈街舞文化为品牌符号和文化载体，通过举办街舞大赛，在短短几年间累积下可观的品牌文化资产。动感地带经常冠名和年轻人有关的一些活动，比如大学校园开展的各种活动。活动强调参与、互动，注重品牌的体验。动感地带经常开展活动促销，包括优惠活动、赞助活动和策划活动，尤以赞助活动、策划活动更为活跃。比如“以舞会友——动感地带2007全国街舞电视挑战赛”，希望依靠街舞在年轻人中巨大的号召力，让“我的地盘”中人走得更近，让时尚全面渗透进品牌，活动和品牌形成了良好的互动。品牌借助时尚体育运动开展品牌文化营销的案例不少，如安踏与休斯敦火箭队的合作、中国移动与国家篮球队的合作等。动感地带，作为国内深得年轻人喜欢品牌的佼佼者，利用街舞开展体育文化营销令人关注，也带来可观的经济效益。

这些都是动感地带常用的广告宣传方式，目前除了延续原有策略外，更加突出娱乐和体验，通过品牌专卖店、新业务、品牌活动，带给消费者全面的品牌体验，让动感地带这个产品深入人心。

3. 平面广告

平面广告是传统的广告形式，在影像时代仍然具有强大的生命力。动感地带依靠传统的杂志广告、报纸广告、户外广告等方式，扩大品牌的知名度和影响力，通过年轻时尚的代言人和个性、张扬的品牌广告语，针对动感地带品牌及所提供的各项服务展开宣传。

中国移动专门为动感地带出版了宣传刊物《动感地带》，该刊物面向时尚高消费的年轻用户。刊物切合他们倡导时尚、不断探索的生活观念，引领创新和动感十足的流行文化，打造增长见闻、享受彼此沟通的生活模式，符合青年受众的生理和心理特点。

4. 动感地带演唱会

音乐在年轻一代的生活中扮演着重要角色，甚至是很多人生活不可或缺的一部分，而且感受音乐的各种方式中又以演唱会最受推崇。动感地带通过演唱会拉近了代言明星和用户之间的距离，同时也拉近了品牌与用户之间的距离，为这个年轻、时尚的品牌注入了更多娱乐体验,让受众在娱乐的状态下轻易地被品牌俘虏,享受许多的特权,从而极大增强使用者的心理优势,达到互动营销的效果。

1) 门票获取形式

动感地带的演唱会门票不是采用对外销售形式,而是专门针对动感地带用户的。这种方式对于直接带动产品销售的作用并不大,主要目的在于增强用户的心理优势。这也是动感地带演唱会一贯延续的获取门票方式,每次演唱会略有不同,但都赋予用户专享的特权。具体分析,主要有以下几种:①门票奖励给动感地带的高端用户,即动感地带入网时间最长、价值最高和一段时期内数据业务使用量最高的客户;②预充值一定话费获取门票,而充值费会充到用户手机里;③通过发短信的方式参与抽奖活动。这些售票方式给消费者的感觉很实惠。如果是通过第一种方式给消费者的直观感受是能免费参与活动,而且还会有种"特殊身份"的荣耀感;第二种方式是使他们觉得既充了话费又能看演唱会,简直是一举两得;第三种是名额最少的,但却是参与人数最多的,许多人寄希望于通过短信这种最便宜的方式获得门票,从而实行"短信轰炸"策略,这种方式所带来的就是中国移动短信业务量的直线飙升。年轻人消费有一个明显的特点:不稳定、易变动,因此在消费过程中增强他们的优越感是十分重要的,这样的优越感年轻人尤其看重,能够直接培养忠诚的消费行为,使他们能较长期地锁定动感地带这一品牌。

2) 契合目标受众

动感地带把目标受众定位为15~25岁的年轻人,他们乐于接受和尝试新事物,容易相互影响。看演唱会是一种极其时尚的娱乐消费方式,年轻人喜欢群聚在一起为他们的偶像欢呼、呐喊,更喜欢享受热烈的现场气氛。动感地带请来周杰伦作为形象代言人,就是符合当代年轻人叛逆、另类追求时尚、新奇的需要,周杰伦个人的反叛、个性的精神已经渗透到了动感地带的品牌中,在消费者的潜在意识中更强化了他的理念。周杰伦在年轻人中的形象已经定型,见到他的影子就会不由得有种不甘平庸、追求个性化自我的感觉。可以说，周杰伦的形象就已经代表了动感地带的品牌形象。在动感地带的各类广告中，周杰伦的形象自始至终向人们宣扬着一种青春、动感、时尚的后现代主义文化。而“我的地盘，听我的！”这句动感地带的口号，更是迎合了年轻消费群体的自我、个性的心态，和当代年轻人的思想、追求非常的贴近。所以，动感地带的核心价值从消费者的精神上也体现了它的品牌内涵及属性，标志特色十分鲜明。

动感地带演唱会又主打代言人，几个代言人全部是人气偶像，明星对年轻人影响力最强，号召力也最强，使得演唱会极受热捧，现场气氛十分热烈。

3）增加娱乐元素

许多消费者都将动感地带演唱会视为中国移动回馈给他们的一份厚礼、一次娱乐活动，而很少会将其与广告联系起来，这就是它的成功之处。动感地带演唱会体现了娱乐元素与广告内容完美融合的广告新趋势，把品牌信息融入娱乐，让受众在被娱乐的状态中不知不觉地接受信息。传统的广告形式会让消费者产生抵触心理，会让他们产生厌烦，而动感地带演唱会这种隐性的广告宣传方式却赢得了消费者的好感。整个动感地带演唱会是一个无声无息的广告宣传活动，它不会用直白的言语让受众去移动公司消费，而是通过这个活动的影响力去引导消费，扩大市场份额。

4）设置互动环节

娱乐化是营销传播的一大趋势，借助各种娱乐形式，比如影视剧、MV等的宣传手法越来越多，较之传统灌输式广告更能引起消费者的注意和兴趣，但绝大多数广告还是缺乏与消费者的互动，消费者对产品、品牌的认知还是处于被动接受的状态。动感地带演唱会打破了明星在广告中唱“独角戏”这一传统形式，增强了与消费者的互动。互动性是动感地带演唱会这一娱乐化广告形式的鲜明特征和独特优势，让消费者参与进来，增强他们与明星的互动，一改往日灌输式广告形式给受众带来的约束。通过明星与消费者的亲密接触、完美互动，让消费者对品牌形象产生情感上的共鸣，从而使消费者积极、主动、正面地接受它，这就是动感地带演唱会宣传形式的独特魅力之所在，达到了良好的市场效果。

13.4 演唱会宣传效果分析

动感地带还将与形象代言人周杰伦之间的合作扩展到了更深的层次，移动在北京举行了名为"动感风暴"的周杰伦演唱会，将两者之间的联系结合得更为紧密。这次合作将更好地回应和传达动感地带的品牌内涵，更迅速地提升动感地带品牌知名度和美誉度，从而形成年轻人特有的品牌文化。周杰伦的形象与动感地带"时尚、好玩、探索"的品牌特性非常契合，在年轻一族中极具号召力和影响力，从而带动产品的畅销。

1. 加强识别感

动感地带演唱会这种宣传方式本身就是一种体验经济。它让消费者参与到活动中来，让其真切感受、体会动感地带个性时尚的品牌魅力。通过这次不一般的经历，从而使动感地带个性、时尚的品牌形象深刻地植入消费者心目中，形象地刻录在消费者的脑海里。动感地带演唱会增强了消费者对品牌的识别和记忆，有助于动感地带品牌形象的树立。体验经济是一种感性记忆，这种记忆是最不容易被遗忘的。动感地带演唱会强化了动感地带时尚、好玩的品牌特征，为品牌注入了新鲜活力，让其个性更加鲜明。演唱会具备极强的感染力和互动性，"体验"的深度与效果不言而喻，在娱乐的同时，也让现场受众深度领会到品牌的精髓，体验到企业的文化。

2. 增强亲和力

动感地带演唱会让周杰伦、潘玮柏、SHE这些遥不可及的大明星走到了普通消费群体的身边，同样也使动感地带的品牌形象走进了消费者的生活，走进了消费者的内心。尽管品牌张扬个性，但对于品牌的拥有者来说，品牌却要防止个性化的存在，不要远离消费者，而应该扮演消费者“伙伴”的角色。动感地带演唱会这种宣传形式使动感地带的品牌形象在消费者心目中更具亲和力，就像年轻人身边的伙伴一样，了解他们的需求，更能迎合他们的需求。观看演唱会是大多数年轻人向往的娱乐活动，同时被他们视为十分奢侈的娱乐消费活动，而动感地带演唱会走的是平民化路线，它的价格不会太高，并且还有许多票是通过赠送获得的，让许多年轻人实现了看演唱会的梦想，不知不觉地参与到消费者行列之中。

3. 主打时尚牌

你厌倦了工作生活的循规蹈矩吗？你觉得生活单调乏味吗？你是都市水泥森林里孤寂、抑郁人群中的一员吗？赶快拿起手机，加入到动感地带中来吧，这是真正专属于年轻人的时尚自治空间！中国移动动感地带广告作品及演唱会，以其稚嫩的“身躯”吸纳了当今最为时尚的各种元素，包括最时尚的人群、最时尚的文化活动和最时尚的社会特征。这个品牌出生至今已成功地迈过了其生命中的重要的4个阶段，显示出蓬勃生机，为时尚青年所津津乐道。

我们对中国移动动感地带广告运动的主要功效进行了阐述，结合调查资料，将消费者对动感地带各个功效的满意度及整体满意度的结果进行了详细分析，从而找出动感地带的主要功效与消费者整体满意度之间存在的相关影响，为企业利用广告塑造形象、扩大销路提供新的思路。

参考文献

[1] 刘潆檑. 动感地带,叫人怎么感动[J]. 声屏世界,2003(10):45-48.
[2] 杰文. 动感地带——酷玩族的期待[J]. 电子科技,2003(03):62-66.
[3] 动感地带:时尚空间任我行[J]. 电脑技术-Hello-IT,2003(05):17-18.
[4] 新卡新计划,动感地带迎接 2005[J]. 数码世界,2005(11):71-74.
[5] Solitary. 动感地带遭遇不动之惑[J]. 大众硬件,2004(01):61-65.
[6] 古松."动感地带"吸纳最时尚的元素[J]. 通信世界,2004(15):96-99.
[7] 钟超军. 15 个月"感动"2000 万人——动感地带整合营销传播全案分析[J]. 通信企业管理,2004(12):54-58.
[8] 动感地带——解析"我的地盘"的强势文化[J]. 数码世界,2005(11):76-78.
[9] 郑纪东. 动感地带:精确细分占领新一代[J]. 中国民营科技与经济,2004(04):71-75.
[10] 陈金国. 中移动狂想"动感地带"[J]. 互联网周刊,2003(09):12-14.

第14章 肯德基广告的运转策略

正因为有了广告，西方文化才得以快速传入中国。广告不仅贯穿于经济生活的方方面面，而且波及人类的经济社会、文化社会乃至政治社会。广告不仅在很大程度上支配着人们的消费观念、消费方式和消费文化，而且潜移默化地影响着人们的世界观、价值观、社会观和生活观，甚至艺术观。西方快餐店带来的不仅是简单的西方饮食，更是西方人勇于追求理想、自由、博爱的思想。广告的发展带来了中国传统文化和西方外来文化的大比拼，目前看来，中国传统文化备受威胁，而西方文化正在全方位地影响着中国青少年。

1930 年，肯德基的创始人哈兰·山德士在家乡美国肯塔基州开了一家餐厅。在此期间，山德士潜心研究炸鸡的新方法，终于成功地发明了由 11 种香料和特有烹调技术合成的秘方，其独特的口味深受顾客的欢迎，餐厅生意日趋兴隆，秘方沿袭至今。肯塔基州为了表彰他为家乡做出的贡献，授予他山德士上校的荣誉称号。山德士上校一身西装、满头白发及山羊胡子的形象，已成为肯德基国际品牌的最佳象征。

广告是我们当今时代的文化仪式，是人们每天都必须“参与”的“布道”。虽然广告的形式和制作随着人类社会的进步日益丰富和多样化了，但是广告从诞生之日起就产生了既定的使用功利价值，而且它的实用价值永远不会改变，自始至终决定着它的存在形式和表现形式。肯德基是世界最大的炸鸡快餐连锁企业，在世界各地拥有超过 11000 多家餐厅。这些餐厅遍及 80 多个国家，从中国的长城，直至巴黎繁华的闹市区、风景如画的索非亚市中心以及阳光明媚的波多黎各，甚至处于战乱之中的巴格达，都可见到以肯德基为标志的快餐厅。广告不仅在很大程度上支配着人们的消费观念、消费方式和消费文化，而且更潜移默化地影响着人们的社会意识形态。20 世纪中叶，西方国家先后进入后工业社会。电子媒体的出现，带来了广告制作和传播艺术的一系列革新，并赋予了广告新的内涵。之后，作为大众文化的一种主要代表的广告，在形式上日益丰富：旗帜幌子、店面招牌、橱窗布置、户外路牌、招贴宣传，以及散布在广播、电视、杂志和互联网上的各种各样的广告，占领了人们日常生活的空间。

14.1 肯德基广告技巧

广告同商品、大众传媒一起，共同形成了大众消费文化。广告以推销商品为动力，煽动人们的消费欲求，纠结成难以割舍的欲购情结。作为一种特殊的文化现象，广告不仅贯穿于经济生活的方方面面，而且波及人类的经济社会、文化社会乃至政治社会。为何西方快餐文化会席卷中国这一庞大的市场，为何会使下至幼龄儿童、上至花甲老人痴迷不已。而广告正是在这一过程中扮演了极具说服力的角色。它潜移默化地把人们带进了快餐文化中，让人们慢慢地接触它，最终接受它。“超级非凡、嫩滑多汁、板烧喷香、大块鸡腿、爽口生菜、密制酱料、芝麻面包、松软长型的特级板烧鸡腿堡”、“有了肯德基，生活好滋味！”“80 后”、“90 后”对这两句广告语应是耳濡目染了，肯德基、麦当劳、德克士应该说是一种西方“吃文化”在中国青年人心目中的典型代表。单从“吃文化”这方面来说，西方远不及中国，我国五千年历史，美食可谓是数不胜数，不单单是秀色可餐，而且是真正意义上的美味可口，最主要是营养价值极高，与西方的快餐相比，简直是小巫见大巫。西方人的生活节奏很快，快餐对他们来说方便、节省时间，所以大街小巷都是各色的快餐店，一餐一个面包、一杯饮料、一份水果也就够了。而中国人最讲究吃，中国的“吃文化”可谓源远流长，一直就有“民以食为天”的说法。好吃，好喝，好做事，是中国人的理想。

一切广告语的创造都是出于功利目的的，广告语言以它自身的规则、逻辑和技术，广泛地影响着当前文化的现实，改变了过去人们所熟悉和习以为常的规则。肯德基新标识保留了山德士上校招牌式的蝶形领结，但首次将他经典的白色双排扣西装换成了红色围裙。这红色围裙代表着肯德基品牌家乡风味的烹调传统，具有地方色彩。它告诉顾客，今天的肯德基依然像山德士上校 50 年前一样，在厨房里辛勤为顾客手工烹制新鲜、美味、高质量的食物。色彩明丽的广告标识，外加“有了肯德基，生活好滋味”诱人般的广告语，增强了消费者的消费欲望。广告语成为影响社会生活和人们意识形态的重要话语，在很大程度上改造了我们的语言习惯，甚至借助语言而进行的思维方式，进而改变人与物之间的关系。一方面，广告制定了新的语言规则，把那些与之对立的表达方式排斥在外；另一方面，它又通过对传统语言的肆意篡改和拼接，来改变表达方式的特定历史文化意义和特定语法关系。广告语言使得人们在接触它的同时，在被唤起对广告语注意的同时，对商品的占有欲迅速压倒其被广告语唤起的某种感受。广告总是通过各种方式突破现实层面，将隐藏于人类心灵深处的无意识欲望释放出来。广告本身具有意识形态属性，也许所有的广告都包含或者意味着某种意识形态。他们试图让观众做或者相信符合广告商利益的一些事情，不知不觉地被商家牵着鼻子走。观众与广告商默契的地方是关于优裕和美好的社会等笼统的观点或形象。如果广告所体现的生活态度和价值取向与目标消费者在意识形态上取得默契，品牌所涵盖的商品必然更乐于被目标消费者使用。

作为一种西方外来快餐文化,肯德基为了开辟中国这一庞大的市场,自然要使尽浑身解数来宣传自己,怎么宣传好,怎么宣传最有效,是他们的重中之重。为了更好地让中国人了解肯德基,以明星的知名度来宣传自然是必不可少的。现代广告的创作基本上是随着社会风尚的变化而随机应变,"追星"已成为社会普遍现象,比起普通代言人代言的产品而言,大多数消费者更加相信自己偶像所代言的产品。抓住消费者这一心理因素,企业则更多聘请明星代言,即现在的明星效应,明星对企业而言就是一个活招牌,所聘明星名气越大,企业的名气也是骤然飙升,带来的利润也是相当丰厚。消费者是"爱屋及乌",因为忠于那个明星,所以那个明星的一举一动对消费者来说就是榜样,中国人一向喜欢提倡向榜样学习。湖南卫视《天天向上》节目的主持人郑凯曾在一期节目当中为肯德基代言,有段时间肯德基的彩旗上都是些奥运体育明星,有网球明星李婷、孙甜甜,体操明星李小鹏,还有游泳明星郭晶晶。通过这样一种宣传手段,肯德基想不闻名中国也不行,KFC 走大众路线,融入社会融入中国百姓。消费者购买时所追求的不仅是量的满足、质的提高,而且是感性需求的满足,即"质的利益+心理利益",因此,广告应重视用品牌形象来满足消费者的心理需求。广告应将火力集中在一个狭小的目标上,在消费者的心智上下工夫,要创造出一个良好的心理位置。肯德基很好地利用了这一心理。"女孩身背卡通书包,正在等待即将到站的火车,音乐伴着火车的鸣笛声响起,另一女孩兴高采烈地朝这一女孩跑来,送给他一只卡通熊背包挂件,说是肯德基的赠礼。最后,两人同时说到:'吃肯德基,送卡通礼物'"看到这则广告,相信大多数人会禁不起"物"的诱惑而去光顾肯德基,有的可能不是为了鸡腿、汉堡、薯条,仅仅是为了礼物。这就是,边吃边拿,花钱吃了饭,而且收到免费礼物,何乐而不为。运用类似广告策略,肯德基销量大增。

现代公共关系已经成为企业营销活动的有利工具。通过公共关系活动,企业能够树立公众形象,赢得目标消费的认同以及大众和政府的理解与支持,从而为业务的展开和市场的开拓创造有利的外部条件。肯德基成功的另一原因则是构建良好的公共关系,与目标消费者和谐相处。基于企业营销目标的需要，广告运作完全可以利用各种各样的公共关系信息的传播形式，如企业冠名公益广告、企业形象广告、新闻营销甚至是危机管理等涉及公共关系的实务都不同程度地出现在具体的广告运作中。如帮助残疾人协会、在“5·12”大地震中向灾区群众捐款捐物、支援中国贫困山区儿童、支持中国申办奥运等，这在其企业形象塑造上都有极大的影响。

与其他爱高价请明星代言的产品不同，肯德基选用观众在生活中常见的熟悉面孔——天真活泼的孩童、慈眉善目的老人、相濡以沫的夫妻，它总是在镜头里铺设感动，真正做到了如奥美创意集团负责人所说的 real life——没有演员，没有戏服，没有布景，简单质朴的肯德基，一步一个脚印地在中国土地上留下痕迹，留下美好的印象。

14.2 肯德基广告的失误

2006 年，肯德基广告引起了一场风波。原肯德基“鼓励篇”广告时间长达 45 秒，表现的是 3 个正在准备高考的伙伴之间的故事。其中，男生小东勤奋用功，他不吃肯德基，却在肯德基餐厅里为一名女生和另一名穿红衣服的男生补课。而最终高考的结果是：那位穿红衣服只顾着吃肯德基而不认真学习的男生，与那名女生都考上了北京的大学。意外并遗憾的是，认真备考学习并还给伙伴补课的小东却高考落榜了，显得一脸茫然和忧郁。——这到底是“鼓励”了什么？难道不热爱学习、天天吃肯德基就能考上大学？不吃肯德基就考不上？这正是网友呼声最高、强烈要求其改变广告内容导向的真正原因。在新版的“鼓励篇”广告中，小东落榜的情节被取消了，取而代之的情节是：小东骑着自行车接到电话，电话那头的伙伴称：我们也考上了。这样一来，新版广告的结果与原版完全不同，三人都考上了理想的大学。删除并扭转了“努力读书却高考落榜”的局面，平息了这场广告风波。

像肯德基一类的西方快餐店做广告时，带来的不仅仅是一种不同于中国的饮食文化，更是一种思想上的渗透，西方那种勇于追求理想、自由、博爱的思想慢慢进入中国人的意识中，同时也带来一些腐朽和错误的观念。肯德基用华人社会广为流传的“七剑”中清修道士的形象做“鸡肉汉堡”的广告宣传，引起了中国文化界人士的强烈不满，这是肯德基继“高考门”之后，推出的又一让人容易对其文化暗示产生歧义的广告。七剑中的傅青主是历史上真实存在的人物，又称五峰道人、龙池道人，为明末清初思想家、书画家。为表示对清廷剃发的反抗，傅青主出家为道，在道教界很有声望。更重要的是傅青主是戒斋的全真弟子。而肯德基不顾这个事实，为了自身的商业利益，安排傅青主吃鸡肉，明显违背了历史，违背了中华民族基本的文化习惯。这是纯粹的商业炒作，违背了一些基本客观的文化规律，选了宗教人士最不可能发生的事情去推广自己的产品，非常不礼貌。据悉，肯德基在本土化过程中颇费心计，每年肯德基都要推出20多个新品，并为新品定做相关的形象推广广告。对于是有意还是失误让“清修道士”成了肯德基鸡肉汉堡的形象“代言”这一问题，记者多次向肯德基求解，但肯德基方面百般推诿。在记者提出采访肯德基的时候，百胜餐饮集团中国事业部公共事务经理隆伟利这样答复：“孜然烤鸡腿堡为肯德基的限期促销产品，现已结束促销期，包括与其配套的广告片。感谢您的关注。”但记者看到在肯德基官方网站上仍然有上述广告的视频下载。这种迹象已经十分明显，在国产货和“舶来品”的选择上，中国人现在更钟情于使用“舶来品”而非国产货，比起过中国传统节日，我国青少年更喜欢过洋节，如情人节、愚人节、圣诞节。长此以往，中国几千年的悠久文化将因不敌西方文化而日渐没落，后代子孙将对传统文化无所了解，甚至完全遗忘。

对此，有“大陆武侠研究第一人”之称的西南大学文学院教授韩云波认为，在与中国的交流中，西方文化始终以强势文化的姿态出现，他们对待异己文化一贯持“愤青”态度，不认为中国的文化值得尊重。与法国当年面临的问题一样，肯德基广告的核心是中国如何捍卫自己的文化权利的问题。相对来说，法国在保护自己的文化方面就做得非常好，这与他们天然认为自己的饮食文化悠久有关，而不认为这种快餐文化与他们的鹅肝配红酒可以相比，因此肯德基在法国的销售很不成功，他们也想过借助法国本土文化来推广自己的形象，但做得都不太好，需要广告界好好反思。

14.3 肯德基广告对我们的启示

广告引发我们的需求，支配着我们的情感，甚至也在改变我们的思想观念乃至生活方式。我们发现自己逐渐消失在广告的支配之中了，丧失了存在的价值。商业社会的广告俨然充当着生活的"导师"，在指导人们衣食住行的同时，还潜移默化地规范着受众的观念。我们正被越来越丰盛的广告包围着。目之所及，广告已经渗透到现代社会生活的方方面面，以至于有人戏称：我们的生活是由氧气、氮气和广告构成的。无所不在的广告不仅以越来越精良的制作装点着周围的环境，而且又以不可抗拒的魔力指导着人们的生活。原来，我们需要喝"非常柠檬"，才会有"非常好心情"；原来，头屑会影响头发的美感，只有用了"海飞丝"洗发水，才能"头屑去无踪"；既然"呼机、手机、商务机，一样都不能少"，我们怎能不掏钱置办？此外，还要拥有"七匹狼"西装、"奥迪 A6"汽车、装修精美的别墅、镶满钻石的手机，否则怎能演绎新成功主义？短短的 20 年间，广告在我们生活中的地位和作用发生了翻天覆地的变化。以前是"酒香不怕巷子深"，而现在却是"酒香也怕巷子深"，正因如此，广告才以排山倒海之势涌入我们的生活，产品的受欢迎程度直接影响着企业的命运，为了成功，大肆地做广告宣传是必杀技。当中国大地结束"文革"十年的祸患而在 1979 年重新出现广告时，人们觉得广告是个购物指导，给人带来方便。但现在，当满大街的广告铺天盖地地拥挤进我们的视野、信箱中塞满了花花绿绿的广告、电视频道换来换去就只有广告时，我们的感觉就不是"方便"而是被支配了。广告不由分说地逼迫我们被动阅读，并且不只是一条，而是每天十几条甚至几十条。我们自觉或不自觉地都在不同程度地接受着广告所产生的心理渗透，按着广告的指引去购买商品,去享受服务。西方一些思想敏锐的中产阶级父母有意识地陪同孩子观看、分析广告,其目的就是引起孩子对广告的警觉,防止孩子在不知不觉中接受不正确的观念。

肯德基于2005年打出“营养”牌,以“新快餐”的名义开始争取注重营养的中国顾客。这个广告策略并没有错误,而且“中式风格和中式风味”的餐点越来越多,已经获得了部分顾客的认同,但是肯德基错就错在盲目的概念引导,一相情愿地把自己打扮成“中国的营养快餐”,一直在讲述自己不是“洋快餐”。我们知道这绝对是不可能的,只要使用肯德基这个品牌,企业就永远不可能脱下“洋快餐”的外套,即使肯德基开始卖米饭或者清汤,“洋快餐”是一种称谓,是对国外快餐的统称,而不是简单的菜品形式。

肯德基之所以积极致力于通过广告在消费者群体中塑造良好的品牌形象,是因为随着消费者的不断成熟,他们和企业、品牌之间的关系也在发生着微妙的变化,消费者成了广告和营销活动的核心。不可否认,提高销售质量是企业进行广告运作最为关心的问题。然而一个产品要保持稳定的市场占有率和良好的销售形势就必须得到品牌的有力支持。因此,建立品牌、维护品牌,让品牌持续产生利润对于企业的生产经营而言无疑至关重要。事实上,品牌建设和维护一方面有赖于企业对于产品的把关和对消费者的责任感,更重要的则体现在品牌信息的实效传播上。从电视到报纸,从网络到户外,无论肯德基广告主题是产品的推荐还是卖场的促销,品牌的特性和主张总是能够借助广告上某些特有的图形和风格得以展现。通过广告,肯德基品牌独有的诉求和承诺能够直接被目标消费者了解并且逐步引发他们的兴趣和共鸣,从而占有更多的市场份额。正是由于消费者和品牌之间关系的这种变化,人们更多考虑的是品牌所能带来的特殊的感觉或价值,而不再是考虑它是什么、有什么用。

2009年,北京的一位金老先生就将肯德基告上法庭,要求肯德基赔礼道歉。理由是肯德基推出的“茶犬套餐”为狗食,意在侮辱消费者。在套餐点餐单上有“好朋+狗友365,买茶犬套餐+2元得2008年茶犬台历”的广告语,4款套餐分别被以小狗的名字命名,这让金老先生很不舒服。在他看来,广告语表明孙子吃的是狗食,他和孙子都成了狗友。肯德基的广告违反了消费法和广告法,侮辱了消费者的人格,也不符合社会主义精神文明建设。

广告是社会权利的体现。如今,现代广告与文化工业在技术上和经济上都融为一体了。广告是以经济实力来兑换权力以实现对于"公共领域"(哈贝马斯语)的支配的,所以有的专业人士干脆断定"广告本身纯粹是社会权力的展示"。广告赋予商品以社会意义,这样,人的物质需要和社会需要就交叉起来,离开彼此则没有任何一方能够充分实现。作为影响人们商品消费行为的广告,其实仍然是一种意识形态话语,是一种意识形态的形成过程。广告除了很明显地向我们售卖商品外,还具有另一个功效——创造意义结构,引导社会舆论。

参考文献

[1] 谢扬林.肯德基物流失陷[J].商业时代,2005(12):62-66.

[2] 李军.由"肯德基"事件引发的思考[J].公关世界,1997(08):35-39.

[3] 潘真."肯德基"又给我们上课了[J].沪港经济,2001(04):81-85.

[4] 沈健.剖析"肯德基"的营销战略[J].苏南科技开发,2001(04):21-26.

[5] 安俐.跟着肯德基,中国鸡还能走多远?[J].中国质量与品牌,2004(06):89-92.

[6] 林华.肯德基在中国[J].中国食品,2001(10):12-15.

[7] 杨育谋.肯德基在中国市场的九大运作技巧[J].WTO经济导刊,2004(03):54-58.

[8] 肯德基的中国市场战略[J].中国物资流通,2001(07):24-28.

第15章 李宁"飞甲"篮球鞋广告的文化蕴涵

李宁"飞甲"篮球鞋是针对与 NBA 赛场要求而专门研发的,不仅有较高的专业水准,而且在外观上也融入了大量的中国元素。而为这款篮球鞋量身定做的广告,在中央电视台播出后,引起了观众的一致好评。广告针对产品特点,运用传统与现代的设计语言,运用象征、比喻的表现手法,展现了中国人对于运动的态度与方法。这样一种内容与形式的创新,不但使"飞甲"广告在国内同类产品的广告中脱颖而出,也因其蕴涵的中国民族元素而足以与世界知名品牌的类似广告相媲美。

由德国 IF(International Forum Design)汉诺威国际论坛主办的 IF Design Award China 2006 工业设计大奖赛落下帷幕。来自全球的近 2000 件产品参加了本次产品设计 13 个类别大奖的评审,李宁公司不负众望,凭借设计师郑永先先生设计的李宁"飞甲"篮球鞋脱颖而出,一举夺得纺织与时尚类大奖。"无论品牌做到多么国际化,都是中国品牌。现代化的东方元素,这个就是我们的 DNA。"李宁公司以往的广告片中,有 NBA 篮球明星表演中国功夫等饱含东方韵味的场景。而针对 Back to Basics(回归基本功)这一新的篮球主题,在广告中得到充分的体现,作为国际化元素出现的奥尼尔，与传统文化的背景音乐交融在一起，实现其愿景。

15.1 广告背景及其影响

2006年，李宁公司在成功签约NBA球员达蒙·琼斯之后，正式推出了第一款踏上NBA赛场的中国品牌篮球鞋——李宁"飞甲"篮球鞋。其广告于2006年起在央视热播，这是为李宁"飞甲"篮球鞋量身定做的电视广告。自广告投入市场以来，许多的调查显示，消费者、尤其是向来崇尚洋品牌的年轻一族，他们对于广告的喜爱直接引发了对产品的购买和对品牌的推崇。广告的受宠程度似乎有点让人始料不及，也令众多的广告策划人陷入了沉思。"飞甲"篮球鞋是针对于NBA赛场要求而专门研发的，不仅有较高的专业水准，而且在外观上也融入了大量的中国元素。这则广告用全新的视角来演绎中国5000年悠久的文化，并用这种方法与设计理念与竞争对手相区分。

在广告推出后，"飞甲"篮球鞋的缔造者郑永先先生凭借着这一东方元素的创新设计，一举获得了有设计界奥斯卡之称的IF Design Award China 2006中的纺织与时尚类大奖。与此同时，为"飞甲"篮球鞋制作的电视广告《水墨篇》喜获由中国广告协会主办的第十三届中国广告节的最高荣誉的"全场大奖"。"飞甲"为李宁公司和中国品牌赢得了辉煌的荣誉。"浓郁的东方特色让我在球场上与众不同"达蒙·琼斯对于"飞甲"做出了较高评价。随着"飞甲"NBA球星专署版篮球鞋的推出，广大篮球运动爱好者也有了亲身体验NBA赛事专业篮球鞋非凡品质的机会。同时根据"飞甲"篮球鞋的设计理念，采用西方流行的街球文化与最具中国特点的传统文化相结合，推出了极富特色的"飞甲"广告。在"飞甲"篮球鞋上市后，李宁公司还推出了该款产品的"姊妹篇"——"羽甲"，其设计思路源于铠甲中更为轻质、透气的雁翎甲，使鞋子的整体造型灵动飞扬，韵味无穷。"飞甲"

广告带给受众的不仅是酣畅淋漓的运动快感，更是对中国品牌成功走向世界的自豪感，体会到文化的独特魅力。

15.2 广告内容分析

与耐克和阿迪达斯不同，“李宁”绝对是“中国的”，这决定了其品牌建构的国际视野中必须体现鲜明的“东方元素”诠释本色，这是一个富有开放精神的本土企业必须具备的文化基因。飞甲篮球鞋的设计遵循产品外观及技术创新，同时力求保证外观的原创性和前瞻性。该款鞋鞋底纹路设计参考了中国古代青铜器的造型并围绕运动力学展开设计。其设计思路从当代人的生活和审美观念出发，在外观上运用了中国古代的铠甲和钟鼎构造特征，将中国古老的文化以时尚的方式非常直观地表现出来。鞋身采用可拆卸式搭扣设计，搭扣上激光夔龙纹图案，整体效果浑朴古拙，透出一股霸气，束紧搭扣可加强球鞋对脚的包裹，拆卸搭扣穿着则提升透气性能，穿着者可以根据个人喜好尝试不同的穿着方式，为运动增添乐趣。达蒙·琼斯自从上个赛季穿上“飞甲”篮球鞋征战 NBA 赛场以来，受到了球场内外广泛的关注。据悉，“飞甲”篮球鞋自 2006 年 1 月上市后，其销售额连续四周高速增长，“飞甲”篮球鞋成为了众多篮球爱好者的新宠。正如在广告结尾处的广告语所说“做别人，不如做自己。东方的，看我的，李宁‘飞甲’篮球鞋，一切皆有可能。”李宁“飞甲”广告刚开始就让人眼前一亮，白色素净的大面积空白，用笔重染的商周青铜器纹样画龙纹，由上至下呈二方连续带状，由轻至重慢慢晕染扩散，一个一身黑色篮球装的运动员，脚穿黑色运动鞋，用具有东方武术招式的太极动作正在练习转玩篮球。其广告画面利用了中国书法顿笔蓄意、挑笔出锋的效果，加之男主角是东方运动员，武术动作的完美配合，使画面整体刚劲有力，奔放流畅，可谓中国传统文化的大写意，成功地将笔墨、中国武术等传统文化与篮球运动相融合。在李宁“飞甲”

广告中男主角所穿着的“飞甲战靴”，则是李宁品牌产品层面的革新力作，该款篮球鞋的创意源自代表勇气的中国古代武士铠甲，极具传统文化色彩。

广告在视觉效果表现和形式处理上，把中国传统艺术的精髓“水墨”作为主要元素，用东方文化诠释中国人对于运动的态度、方式和感悟，让人在充分体验新鲜感的同时，感受到一种东方艺术带来的强烈震撼。用卢克·沃休的话来说，全球化的时代，只有充分开发利用自己特色的传统文化参与到国际竞争中来，才能找到立足的根本，“放弃或不重视这一点，绝对是个错误”。产品设计和推广方面，李宁公司正在不断演绎“东方元素”：借助水墨画的意象诠释穿上李宁鞋的奔跑速度、利用篮球运动员中国功夫的出手不凡来衬托穿上李宁牌篮球鞋后的爆发力和牵手具有东方气质的 NBA 球员达蒙·琼斯营造别样于欧美的运动激情。画面上，一滴浓墨在白色宣纸上四溅开来，李宁牌红色的标志放置在黑色的墨滴中央，宛如在白色宣纸和黑色线条流动的书法作品中，钤上了一枚鲜红的印章，色彩对比强烈，传统韵味与现代气息和谐统一。篮球旋转运动的轨迹仿佛是泼墨的绘画，迸溅着畅通的墨韵味；球鞋在地面的摩擦跳跃更像是用斗笔书写狂草，间或渴笔飞白，间或蓄墨顿挫，给人一种强烈的运动感。

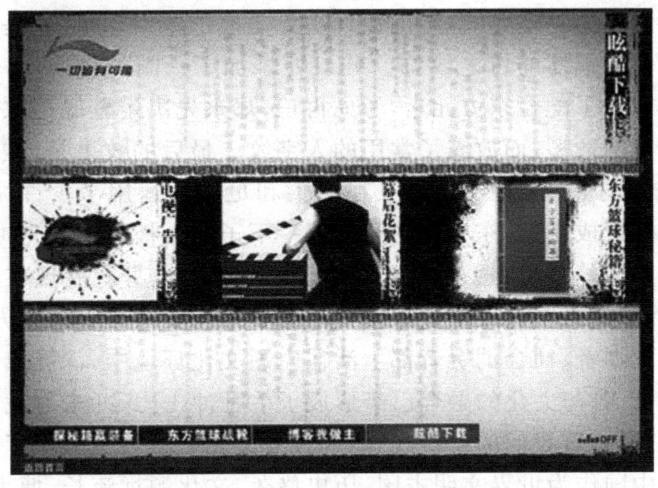

15.3 广告的文化蕴涵

李宁公司最新推出的"李宁弓"，就极具东方特色。这款鞋子的设计思路来自于中国的古老建筑赵州桥：鞋面上从后跟提环到脚趾包头，沿着鞋带扣眼的部分一直延伸过去，就是一副"弓"的形状，雕花饰纹也颇有中国上古遗风。鞋面的其他部分则以骑射铠甲的纹路为元素，箭雨雕翎，杀气凛然，中国之意凸显无遗。当然，这些设计也不是仅仅为了好看，鞋面上纵向延伸的铠甲纹路设计，有助于提高鞋子的中段支撑能力。

1. 传统东方文化的演绎

李宁公司的高层和设计师经常考虑这样一个问题：如何让产品更加中国化，同时更加国际化？于是，他们决定用更加中国的方法来表达自己的内涵——在产品中加入中国元素。在经过无数实验之后，篮球专项组的年轻设计师郑永先最终设计出了一款让人吃惊的篮球鞋。这款鞋的设计灵感来源于战国时期武士的铠甲，所以鞋身搭扣上的图案是夔龙纹，鞋面设计主要是模仿铠甲片，这也是一种取材于古代青铜器的古老纹饰。鞋口处添加了一圈黑色漆皮，增加了现代感。为了配合东方元素，考虑再三，郑永先决定鞋底采取中国古代青铜器的造型，而放弃了常用的人字纹。最后的效果是，鞋底的图案是较大的卷纹，为了防滑又在足尖和足跟处运用了少许波浪纹。这款鞋做成成品后，东方化的整体感一下子给人极大的视觉冲击力，整体效果浑朴古拙，透出一股东方霸气。文化本身就展现在人们的理想人格、道德情感、价值观念、思维方式、礼仪风俗等诸多方面，而广告的策划者、社会消费者都生活在中国文化环境中，深受熏陶。当今社会，广告与文化的融合已经形成了一种冲击力，冲击着我们的日常生活，影响着我们的消费观念，广告与文化的融合更形成了一种时尚观。中国作为世界文明古国，历史悠久，文化源远流长，博大精深，文化的传承性决定中国现代广告不可能割断与中华民族传统文化的联系。从广告的接收者来说，广告要能被受众理解、接受，要能贴近受众的生活和心理，从而打动受众；从广告的策划者来说，创作时受中国文化观念的制约，播出后，受消费观念、传统习俗、时尚元素、语言环境和社会氛围的影响，对于广告产生的效应起到放大或缩小的作用。李宁"飞甲"广告正是把握到了这一点，其广告画面通篇利用了中华文化的精髓——书法，"顿笔蓄意"、"挑笔出锋"的效果展现人文内涵，实现了篮球与人文的完美结合。采用草书风格的形式，传达出如行云流水般的顺畅速度，具有青春气息。"万佛朝宗"、"腕底乾坤"等的东方武术招式与美国的街球动作精妙融合，独创了一套别于美国街球的东方街头篮球动作；画面整体刚劲有力，奔放流畅，在这里，艺术的生活化和生活的艺术化相融相依，古老的中国文化与现代的篮球文化共生共存，相得益彰。

2. 广告定位准确

李宁公司把市场划分为两档：超大城市（北京、上海、广州、深圳)和一线城市(省会城市)为一档,二、三线城市为一档。在超大城市和一线城市,消费者和国外流行信息接触的机会比较多,他们看重产品的时尚和个性。而在二、三线城市,流行和生活的关联度很低,消费者更看重产品的实用性和功能。在灰尘很多的城市,消费者比较关注鞋子是否耐脏。而在农村或者山区,鞋子的抓地性就很重要。由于所处的环境不同,用户群对于美的认识和理解也是不同的。所有的产品最终都是指向人性的,甚至可以说是人性的一部分。所以设计首先要尊重环境差异和群体差异,投其所好,给予不同地域中的不同群体以他们认为是美的东西。这就是用户端导向的设计理念,也是符合消费者心理需求的设计理念。

李宁"飞甲"篮球鞋广告尊重人们人性化和个性化的心理,把握以人为本的原则,充分考虑消费者的行为心理需求,同时又不忽略消费者对个性化的追求。在现代的影视广告作品中,尤其是运动类影视广告作品,用品牌代言的形式来推销品牌,推销产品的广告被大多数企业所使用,但是仅仅靠几个品牌代言人的方式来运作是不够的。随着人类的社会物质资源的丰富,顾客的精神需求也在不断的提高。21世纪的新人类有了新的价值观念、审美取向和消费趣味。人们不仅厌恶没有特点的、平庸的纯功能主义设计,而且强烈希望能够代表时代特点、个人风格、生活品位。人类的精神世界在不断的丰富,因此我们更要注重设计的情感价值,重视本土文化,重视自由与自然的表达。"飞甲"所带有的本土文脉是人们心灵情感的归属,个性化的"飞甲"广告本身就是本土文化的组合体,个性得到宣泄,感情得到沟通。这就是"飞甲"篮球鞋广告有针对性地面向具体受众,从而发掘出鲜明美学特征,广告定位也比较准确。

3. 差异化的广告策略

李宁"飞甲"篮球鞋电视广告用"万佛朝宗"玩转球,用"腕底乾坤"来传球,每次出"招"都十分考究,颇有大家风范。这不是什么武术表演,而是李宁"飞甲"广告的男主角在这则广告中表演的独创的东方街头篮球动作。据李宁公司介绍，这个广告成功地将中国东方元素用国际化的形式表现出来，诠释了品牌差异化的定位。中国已成为众多国际品牌最为重要的市场，国际品牌对中国品牌市场的侵蚀，不仅表现在利润上，更是品牌意识的挑战。要想突破国际强势品牌的竞争壁垒，中国本土企业只有抓住与国外品牌文化截然不同的差异点。这种差异点的来源，就是中国的本土文化——中国元素。现在市场竞争非常激烈，尤其是面对国际品牌的挑战，李宁"飞甲"篮球鞋作为一个领先的本土品牌，一个开始大力进行国际化的品牌，在整个快速发展过程中，为了能够保持像过去一样快的发展速度，必须要做到差异化，才可以在激烈竞争当中脱颖而出，才可以在同质化比较明显的过程中展示自己，突出自己。成为一个真正的能够代表中国的国际品牌，差异化广告策略是非常关键的一环，同时坚持国际化发展方向。李宁"飞甲"篮球鞋首先要进行品牌国际化，按照国际化标准生产，利用国际化元素注入广告内涵，比如说国际资源，像签约NBA球员达蒙·琼斯，以及从营销方面执行国际标准，所有这些能够帮其逐步实现国际化，才能够在下一步抢占国际市场，迎接其他品牌的挑战。

参考文献

[1] 曾耀农.现代传播美学[M].北京：清华大学出版社，2008.

[2] 薛峰，朱虹陕.中国传统元素与现代广告的关系[J].商场现代化，2008(28)：54-58.

[3] 赵紫平.现代广告中的民族因素——以李宁"飞甲"广告为例[N].安徽建筑科技大学学报(社会科学版)，2007(12)：47-49.

[4] 李东海."东方的，看我的"——李宁新品广告的视觉要素[J].美术之友，2006(04)：33-38.

[5] 刘芬.浅谈传统文化在现代广告中的创新[J].商场现代化，2008(03)：41-44.

[6] 汪欣.网络时代平面广告的文化意识和美学形态[J].美术大观，2008(05)：33-38.

第16章 雀巢咖啡电视广告传播策略

随着全球经济一体化的进一步推进，广告已成为十分普遍的国际营销和促销手段。而一则广告能否被其广告对象从心理上接受认可，成为广告能否成功的关键因素，从而也影响到企业整体营销计划的完成。现代广告在传播的过程中特别受到大众文化心理的影响。我们简要概括雀巢咖啡在中国的广告的发展，结合对雀巢咖啡电视广告的分析，剖析了雀巢咖啡是如何在传播的过程中实现广告策略与大众文化心理的契合，并阐述了从雀巢咖啡电视广告中得到的启示。

雀巢公司的300多种产品（不仅是咖啡）在遍及61个国家的421个工厂中生产。公司设在瑞士日内瓦湖畔的小都市贝贝（Vevey）的总部对生产工艺、品牌、质量控制及主要原材料作出了严格的规定，而行政权基本属于各国分公司的主管。他们有权根据各国的要求决定每种产品的最终形成。这意味着公司既要保持全面分散经营的方针，又要追求更大的一致性，为了达到这样的双重目的，必然要求保持一种微妙的平衡。这是国际性经营和当地国家经营之间的平衡，也是国际传播和当地国家传播之间的平衡。《我就是雀巢咖啡》，这部广告片出现在日本电视画面上是1961年9月的事。雀巢以仅仅两个月的时间，将进口、销售、广告等组织完成后，即刻发动了市场战。1972年，年轻有活力的爵士乐歌星弘田三枝子的“雀巢咖啡集43粒咖啡豆于一匙中，香醇的雀巢咖啡，大家的雀巢咖啡”又再奏凯歌，一击见效，得到了广阔的市场。

16.1 雀巢咖啡在中国的广告概述

在广告活动中，广告创意占很大分量，创意人员专业水平一般都比较高，应该值得客户信赖。现实中的情况却相反，自认为可获国际大奖的创意轻轻松松就被客户枪毙掉了。形成这种现象的原因是多方面的，但不可否认，对客户产品市场、目标消费者生活形态的不够了解也是其中一个重要方面。生活形态代表着目标消费者能够接受的生活态度和自己的生活准则，如果广告创意远离这些，即使目标消费者看到了投放的广告，也不能甚至不愿接受要传达的概念。雀巢的广告策划者相信，在分析中国消费者心理的基础之上，用中国消费者认同的表现方式进行广告创意，达到了自己的营销目标。20世纪80年代初，随着改革开放的不断深入，很多外国品牌与中国建立了贸易关系，雀巢咖啡就是其中的一员。根据市场调研的情况显示，中国的消费者一直以来都有喝茶的习惯，而对咖啡的认知很少，没有“咖啡也可以提神醒脑”的观念；另外，咖啡的价格也比茶叶贵，当时中国的消费者购买力也较低，可以说只有中国上流社会极少数的人士才能品尝到雀巢的美味，而大部分的人都不知道雀巢为何物。在这样的背景下，雀巢咖啡能否做到改变中国消费者的态度和观念成为当时十分重要的问题。在接下来的时间里，雀巢在中国实施两个阶段的广告战略。

1. 第一阶段广告概述

雀巢产品在新中国成立前就进入了中国市场，但在解放时退出大陆。20世纪80年代，雀巢产品再次进入中国，在传播策略上强调使用中国人的形象。一句经久不变的广告语“雀巢，味道好极了”拉近了雀巢与中国普通民众的距离。广告以“味道好极了”的朴实口号作为面市介绍，劝说国人也品品西方的“茶道”。“味道好极了”广告运动持续了很多年，尽管其间广告片的创意有过翻新，但口号一直未变。直到今日，说起“味道好极了”，人们就会想到雀巢咖啡。当初雀巢在中国推出速溶咖啡的时候，面对中国人传统的喝茶的习惯，雀巢首先做的是培养中国人喝咖啡的习惯。品尝雀巢咖啡，代表的是体验一种渐渐流行开来的西方文化。雀巢用广告等多种手段，意在宣传喝咖啡是一种时尚，成功地吸引了一群年轻人对茶“背叛”之后选择了咖啡，也就选择了西方文化，选择了西方主流生活方式。

2. 第二阶段广告概述

20世纪90年代后，中国年轻人的生活形态发生了变化，雀巢公司敏锐地感受到时代的嬗变，广告口号变成了“好的开始”。这一代年轻人具有自己的特点：一是虽然有代沟，但渴望有更多的交流与理解；二是意识到与父辈之间的差异，也尊敬他们的家长；三是渴望独立，但并不疏远父母；四是追求新潮，同时又保留传统的伦理观念；五是有强烈的事业心，也要面对工作的压力和不断的挑战。这就是当今年轻人的生活形态。广告以长辈对晚辈的关怀和支持为情感纽带，以刚刚进入社会的职场新人为主角，传达出雀巢咖啡将会帮助他们减轻工作压力，增强接受挑战的信心。这种社会背景也成了雀巢咖啡“好的开始”广告的沟通基础，成了成功人士的饮料首选。

中国人喝不惯咖啡，咖啡象征的是西方的生活方式。雀巢电视广告编织着新生活的蓝图：现代化的小家庭，丈夫事业成功，妻子温柔可人，小孩听话懂事，如细雨般滋润着历经“文革”的人们干涸的心灵。后来，这句广告语被无数次地引用过，有时调侃，有时赞美，简直成了一种象征。广告要打动消费者，先要了解他们。雀巢和它的广告公司，没有简单地卖“世界销量第一”(当时也很有效)，而是深入研究本地社会文化背景，创造了中国广告史上的经典。

16.2 雀巢咖啡电视广告传播方法

雀巢咖啡(Nescafe)这个名称，用世界各种不同的语言来看，都给人一种明朗的印象，和消除紧张、压力的形象结合在一起(而在汉语中，"雀巢"给人一种温馨的感觉，和"家"有强烈的相关性)。20世纪70年代在日本，"了解差异性的男人"的广告运动表达这样的概念："雀巢金牌咖啡所具有的高格调形象，是经过磨炼后的'了解差异性的男人'所创造出来的"。广告营造了"雀巢咖啡让忙于工作的日本男人享受到刹那的丰富感"的气氛，至今让许多日本人印象深刻，原因在于广告符合日本文化。

雀巢的广告尊重和考虑了目标消费者的需求、习惯和文化诸因素，在广告中反映出目标消费者的生活方式，使品牌真正地满足本地市场，做到了本土化。正是这种出色的广告策略，雀巢才有了今天的成功。以上海市场为例，雀巢咖啡在上海年销售量高达500吨，成为上海市绝大多数家庭都享用过的饮料；而原来上海有一个生产颗粒咖啡的上海咖啡厂，年销售量从近600吨下降到不足100吨。雀巢咖啡为什么会有这么大的成功？关键的一条，就是把握住了目标消费者的大众文化心理。

1. 把握家庭情感

西方的消费模式是比较重视个人的权利、个人的价值和需要，个人消费意志高于家庭消费，相比，中国人的消费心理则表现为重视群体的义务和责任。根据市场调查的情况显示，中国消费者的消费行为还体现出了这样一种特色，那就是中国消费者的消费行为往往与家庭联系在一起。也就是说，消费者在进行消费时不仅出于自己的需要，还会考虑到整个家庭的需要。雀巢的广告策划者抓住了中国消费者的这一心理特点，在进行广告创意时用温馨的家庭气氛来烘托主题，消费者看了电视广告画面，无不为夫妻情、父子情而感动，促成了购买行为。

2. 抓住礼品市场

通过对中国市场的调研，雀巢公司了解了中国人崇尚礼仪、重人情、喜团圆的消费心态，抓住了中国人好客、爱面子的心理，宁愿自己吃得差一些，也要拿出贵重的物品来待客和敬客；在请客送礼方面，同样是会花钱买高价产品的。抓住了中国消费者这一传统的消费心理，雀巢咖啡的广告作品通过描述朋友情、同事情、爱国情，得到了中国消费者的认同和强烈的共鸣，成为一种常见的礼品。

3. 采用通俗易懂的广告语

雀巢的广告策划者注意到，中国人自改革开放以来，经济不断发展，人民生活水平不断提高，某一部分人群具有一定的购买力，他们是年轻人，对新鲜事物容易接受、喜欢尝试，通过广告来宣传喝咖啡是一种时尚、潮流，吸引这一人群是可能的。问题是用什么广告创意去说服目标消费者接受产品。通过对中国消费者心理的调查分析，决定以中国大众阶层为目标消费者，以通俗易懂、朴实的大众化语言为广告口号，“味道好极了”这是再明白不过的“大实话”，仿佛是一个亲人或者朋友带着会心的微笑向你推荐她的最爱，浅显易懂，又十分亲切，从而拉近了雀巢与中国民众的距离。

4. 体现含蓄的审美情趣

雀巢咖啡电视广告的每一处细节，都体现出了中国人含蓄内敛的民族性格和稳重大方的审美情趣。广告作为一种艺术作品，不但要传达商品信息，还要体现出一份美感。因为具有美感的广告作品更能够引起人们的注意和激发人们的兴趣，更顺畅地促进销售。在电视广告中，当出差归家的先生已经到了家门口的瞬间，小女儿在楼上的玻璃窗里看见了爸爸，兴奋不已。这时妈妈的表现十分含蓄，符合东方女性的稳重内敛的性格，她下意识地对镜理了理头发，忙着去准备丈夫喜欢的食品。当先生推门而进时，小女儿飞奔而去，抱住了爸爸，亲吻爸爸的是孩子，是家庭的温暖。雀巢的成功就在于抓住了中国人的这一心理。东西方的审美情趣是不同的。同样的广告信息，如果在西方，表达方式可能就是久别重逢，夫妻拥抱，长时间的亲吻，并高喊"I love you"，再端上热腾腾的雀巢咖啡。

雀巢公司因地制宜，设计促销战役。与此同时，雀巢也在试图尽量减少无效的活动，而转向电视广告和公共关系，以建立长期的消费偏好。例如，在中国上海，雀巢公司热心资助大学社团的活动，如文艺会演、社团活动、英语角等。公司还乐于在大学作专题报告，向大学生赠送公司资料，传播公司文化，巩固潜在消费群体。

16.3 雀巢咖啡电视广告的启示

如今，雀巢咖啡已在全球100多个国家销售，每年的消耗量为17亿杯。尽管公司将近24%的营业额、110亿瑞士法郎来自饮品，然而雀巢并非只是一个速溶咖啡、果汁、矿泉水的制造商。2000年，雀巢公司的营业额为460亿瑞士法郎，而在2007年，头10个月的营业额就已高达569亿瑞士法郎，比2006年同期增长217.5%。2008年底，雀巢被美国《金融世界》杂志评选为全球第三大价值最高的品牌，价值高达115.49亿美元，仅次于可口可乐和万宝路。

从雀巢咖啡电视广告的成功我们可以看出，现代广告尤其是国际广告在进行文化传播时，要想做到广告策略和大众文化心理的契合，必须在进行广告创意时考虑到不同国家、不同地区在语言文字、教育水平、风俗习惯、宗教信仰、审美观点、价值观念上的不同。这样才能做到有的放矢，取得预想中的效果。首先应该遵守当地的政策法规，尊重用语习惯。政策法规是一个地区和民族文明的产物，不同国家有不同的政策、法令，是需要强制执行的。有关广告实施的法规，直接限制、影响着广告的进行，广告创作前必须先调查了解清楚。其次要反省自身的文化视角，认识到不同国家或地区文化间的差异。广告在不同的国家或地区要面对不同的文化，这些文化之间以及这些文化和广告本身所代表的文化之间的差异可能是巨大的，而广告人创作广告时所采用的编码方式和情感方式的偏好，无不打上了其文化背景的烙印。抓住了中国人重人情、喜团圆的文化心理正是雀巢咖啡电视广告成功的一个法宝。再次应从对方角度思考，尊重目标受众的文化理念。要认识并尊重广告目标地区的文化和传统，使广告作品融合目标国的文化习俗，与目标地区文化融会贯通，真正符合各地区受众不同的心理。最后，在其他国家做广告，语言文字隔阂也是广告传播的一大障碍。语言是广告信息的载体，选用恰当的词语才能在目标区域有效地传播信息。雀巢咖啡的"味道好极了"正是以通俗易懂、朴实无华的语言为广告口号而吸引了中国的大众阶层，从而赢得广大的市场份额。雀巢咖啡在国内的电视广告多半表现朋友或家庭聚会的场面，海外版就会变成一个精神矍铄的老人与妙龄女子约会，而这在华人主流文化中的认可程度并不高，甚至会引起反感。

大量投放广告是雀巢公司的一大特色。在创造消费者的强烈品牌意识和偏好方面，雀巢公司从不吝惜花钱，这使公司很快赢得较高的市场份额。在韩国，雀巢仅用7年时间夺得35%的市场份额，瓦解了卡夫(Kraft)通用食品长期以来的垄断地位，这主要靠大规模广告战；但大量投放并不等于无序地投放广告，雀巢广告讲求的是精准而有效。随着国际市场竞争日趋激烈，国际广告已成为开拓国际市场非常重要的手段。国际广告对中国的经济发展和国际贸易的连年增长，推动生产技术水平提高方面也起到了相当大的作用。国际广告是国际营销的产物，也是国际营销的有机组成部分和重要环节。它是为了配合国际营销的需要，对出口国或地区进行有关自己国家商品信息传播的活动。国际广告是国际营销的促销手段与产物。它是为了配合国际营销的需要，对出口国或地区所做的广告。其目的是通过各种适应国际市场特点的广告形式，使商品能迅速进入国际市场，建立市场声誉，扩大产品销售，实现最终的销售目标。

参考文献

[1] 彭红利.国际广告中的跨文化因素[J].重庆交通学院学报，2006(01)：134-136.

[2] 张殿元.和谐社会的不和谐音：国际广告的批判性解读[J].新闻大学，2006(03)：72-76.

[3] 何修猛.现代广告学[M].上海：复旦大学出版社，2002.

[4] 汪银生.话说广告策略[J].决策咨询，1996(10)：58-61.

[5] 唐逸.关于中国文化心理与全球化[J].社会科学论坛，2005(04)：54-58.

[6] 王一川.大众文化导论[M].北京：高等教育出版社，2004.

[7] 牛黎.广告策略与文化契合的范例[J].湖南工业职业技术学院学报，2007(04)：23-28.

第17章 从艺术传播角度分析海尔系列广告

海尔企业,是中国的龙头一线企业,其品牌通过成功的广告营销获得受众的认识和消费者的认同。通过对海尔的平面手机广告的分析,再纵观海尔的一系列广告,整合属于海尔特色的广告路线与策略。在商业文化充斥的传播环境下,海尔广告结合自身特点,找到艺术与经济平衡的协调点,为将中国品牌推向高端、走向世界打下坚实基础。自 1979 年恢复现代广告运作以来,我国内地广告业以迅猛的速度向前迈进,成为社会主义市场经济下一个重要的应用传播领域,在这样的大环境下,海尔的广告分析尤为重要。

2009 年底,商务部启动的“中国制造”系列全球广告,海尔集团在 CNN 等国际主流媒体上投放。这 30 秒的广告强化了“中国制造”也是“世界制造”的印象,在全球引起了巨大反响,被外媒集体评为中国政府首次向全球展现了中国制造的“软实力”。在中国商务部投放宣传片的全球效应之后,紧接着,世界著名的消费市场研究机构 Euromonitor(欧洲透视)公布了 2009 年全球家电品牌企业最新市场调研数据:海尔品牌以 5.1%的份额占据全球家电品牌第一。欧洲透视这项消息的发布,不仅证明了“中国制造”在全球范围内得到了认可和肯定，而且显示海尔已经脱离了“中国制造”的传统定义，是中国走上世界主流的“全球制造”典范，彰显出海尔品牌独有的“全球制造”魅力，显示出中国家电行业的实力与霸气。

17.1 海尔品牌的建构

创业于1984年的海尔一直坚持创自主品牌，满足全球用户需求。目前海尔已在全球建立了29个制造基地、8个综合研发中心、19个海外贸易公司，全球员工总数超过6万人。金融危机下，海尔实现利润增幅是销售收入增幅的两倍。如此良好的销售业绩，让人不仅想探究海尔成功夺得全球第一的背后，拥有什么样的企业机制和品牌运营理念。

海尔集团的前身是1984年由濒临倒闭的两个集体小厂合并成立的青岛电冰箱总厂。1984年引进德国利勃海尔公司先进技术和设备生产出亚洲第一代四星级电冰箱，为体现出双方合作，将产品名称定为琴岛-利勃海尔，图形标志以德方标志为基础，经加笔划而成，当时从适合国情的冰箱装饰考虑，成功地设计了象征中德合作的两个儿童吉祥物图案。这些标识的广泛使用和及时推广，对企业的发展起到了积极作用。

随着企业产品的畅销，出口量的不断增加，也暴露出企业标志与德方的“近似”，影响国际市场拓展，以及企业名称（青岛电冰箱总厂）与产品名称（琴岛-利勃海尔）不统一、不利识别等弊端，经过多次谈判，到1991年，企业名称简化为青岛琴岛海尔集团公司，产品商标也同步过渡为琴岛海尔牌，实现了企业与产品名称的统一。与此同时导入CIS理念，并推出了以“大海上冉冉升起的太阳”为设计理念的新标志，以及“海尔蓝”企业特有标准色，形成了集团CI的雏形。这一阶段，我们称之为第二代标志识别。但是，这些产品标识仍然存在着不够凝练、时代感不强等弱点，引起了企业高管的深思。

伴随着企业的迅猛发展，国际化经营进一步明确，迫切需要更为超前的企业识别设计及产品品牌定位。1993年5月，经过深入调研，决定将企业名称简化为海尔集团，将拼音Haier作为主识别文字标志，集商标标志、企业简称于一身，信息更加简洁直接，在设计上追求简洁、大气、稳重，极具信赖感和国际化。为推广Haier，以中文标准字"海尔"及两儿童吉祥物与Haier组合设计辅助推广，力求建立长期稳固的视觉符号形象。这种抛开抽象、具象图形符号标志，追求高度简洁文字标志的超前做法，顺应了世界设计趋势，为企业国际化奠定了形象基础，短期内似乎个性不突出，但从长远及集团家电特性出发，经长期推广，将会树立起庄重信赖的品牌形象，提高顾客对产品的忠诚度。在此基础上，我们把企业识别系统看作一个过程，而非一种表现形式。在企业发展中，以务实的态度不断完善企业视觉识别各要素，不急于对外宣传不成熟的视觉标志，经过了改进—否定—再改进的不断反复，最终形成了现有标识，走出了一条具有海尔鲜明特色的品牌之路，引起了企业界和学术界的重视，在艺术传播界也有一定的反响。

海尔走的是一条自有品牌之路，而且走得很彻底，在国内经过多年的品牌经营，"海尔"成为一个让人联想到质量可靠和服务完善的品牌。海尔迅速扩大海外军团，全面进军国际市场。在国际市场，成本会随着售出产品的增多而被分摊，其边际成本将不断递减。而且因一种产品而建立起品牌，就会在消费者的心目中形成对该公司产品的心理定位和偏爱，这种品牌效应也可以应用于其他产品，以分享建立品牌所带来的好处。在国际化的过程中，海尔始终坚持自己的品牌目标。海尔人认为，国际化不仅仅是出口创汇，更重要的是出口创牌。

17.2 海尔手机平面广告分析

在当前全球金融危机的形势下，海尔探索的"自主经营体"在应对外部市场竞争中已经初步显示其作用。2008年海尔手机销售收入增长了89%。海尔还将同样的模式推广到日本、韩国等市场,在日本经济衰退之时,海尔抓住日元升值的时机,反而逆势上升,获取了超过2008年销售总量25%的订单。

品牌运营包括品牌塑造、品牌传播和品牌资源利用。基于对消费者心理、产品特点的分析,广告对V6000手机进行了定位,首先是从产品的自身含义来看,画中画手机是一种富有创意情趣的时尚手机,它的诞生是科技与时尚结合的产物。画中画手机的品牌价值便由此得出。海尔V6000是海尔推出的第一款画中画照相手机,同时,也是世界上的第一款画中画照相手机,与以往照相手机不同的是,这种手机一次拍摄4张照片,可以同时合成在一个待机画中,同时在照片中任选4张图画都可以合成在一个待机画面上。而广告中对于消费者的准确定位也使人称赞。海尔的企业形象定位也在广告中得以体现,企业形象定位就是企业在进行广告宣传活动中,在广告的创意与信息表达上保持企业信息的一致性,从而促使社会公众形成对企业固有的认知。

为使画中画功能紧密地与消费者贴合,使得消费者在广告中体验出产品功能特点,海尔平面广告画面直接秀出产品的大彩屏,将4张不同照片有趣地拼合在一张照片上,直接地显示了产品的独特功能,用有趣的形式表现此功能所产生的魔力,"天生影像创意家"的主标题将产品人性化,又给消费者一个美好的心理期待。这样一幅简单而明白的广告,不需要做任何提示和注解,而4幅照片所合成的图像也很有趣。简洁的画面和语言,也能让人联想到该产品的科技含量,具有鲜明的时尚特色。以V6000手机广告为例,海尔的一系列平面广告都以简洁而干净的视觉效果呈现于消费者眼前,并不复杂的色彩渲染、出彩的标语都符合现代时尚气息的标准。从本质上来说,企业形象广告定位就是:在消费者心目中找到位置并占据某一特殊的位置,以促使消费者在思想行为(特别是消费思想与行为)上产生有利于企业发展的倾向性。它的作用就是通过广告宣传把企业中的产品服务,以广告的形式集中地表现出来。并且把它传达给消费者。海尔广告正是抓住了这一特性,并不断在调研之后取得突破，扩大市场销售份额。

良好的品牌运营可以使千变万化的消费形态形成趋同的消费导向，有效缩短新产品被接受和购买的过程，从而为企业获得利益。海尔在自己的每个领域都有着鲜明简短的广告语——海尔冰箱“为您着想”，海尔电脑“为您创造”，海尔彩电“风光无限”，海尔空调“永创新高”，海尔冷柜“创造品位”，海尔洗衣机“专为您设计”，海尔热水器“安全为本”，海尔手机“听世界，打天下”，海尔家居“给我一个毛坯房，还您一个温馨的家”。在总的概念广告上，海尔的广告语则是——海尔，中国造！国产家用电器一向被认为质低价廉，即使是出口也很少打出“中国制造”的牌子。海尔在中国家电工业走向成熟的时候，果断地打出“中国造”的旗号，增强了民族自豪感。就广告语本身而言，妙就妙在一个“造”字上，简洁有力，底气十足。这些都是海尔广告取得成功的根本，显示了海尔集团的实力与远见。具有艺术魅力的广告语，也是企业形象不可或缺的竞争利器。这就是海尔广告留给我们的印象并促使我们产生购买行为倾向。看到海尔“真诚到永远”的中心广告语，我们就会想到海尔的优质服务，就增强了对海尔的好感，就联想到品牌的力量。品牌运营是现代企业经营和参与竞争的有效手段，因为消费者总是以接受到的信息（而未必是真实信息）来做消费决定。品牌消费是消费发展的必经阶段，也是高级阶段，达到这个阶段才能成为世界名牌。

17.3 海尔集团的动漫营销

在20世纪90年代，以海尔标志为原型的动画片《海尔兄弟》在全国的播出，使得海尔知名度在短时间内得到大幅提升。这个以动画为广告的传播形式在国内可算创举，为海尔后来的多元化、国际化打下了坚实的基础。上至老下至小，海尔兄弟这部以励志学习为主的动画片可谓是红极一时，海尔的口碑一开始就不仅体现在其产品的服务质量上，还有它极具创意的品牌形象，显示出艺术传播的巨大力量,可谓家喻户晓。企业借投资拍摄动画片提升自身形象已有成功的先例。20世纪60年代,卡西欧公司投资拍摄的《铁臂阿童木》曾经风靡日本,后来还在美国NBC电视台播放。1983年,《铁臂阿童木》在中国上映引起轰动,做贴片广告的卡西欧公司的电子产品也迅速打进中国市场。海尔集团投资拍摄《海尔兄弟》和卡西欧公司拍摄的《铁臂阿童木》有许多相似之处,可谓异曲同工,不同的是,《海尔兄弟》和海尔集团结合得更加紧密,商业痕迹更明显。

海尔兄弟是海尔集团的品牌形象(卡通形象)。海尔集团总裁张瑞敏非常重视延伸海尔企业文化,一直想通过自己的企业形象投资于老少咸宜的动画片艺术市场。从20世纪80年代初开始,他曾两次尝试分别委托上海和台湾的动画片厂商进行制作,但这两家厂商制作的动画片故事情节和拍摄效果都不理想,海尔集团总裁张瑞敏一度放弃了拍摄动画片的打算。

海尔集团和东方红叶的牵手有些偶然。幸运的是双方都抓住了这次机会,否则海尔集团利用动画片延伸企业文化的计划在两次失败之后也许会从此不了了之。东方红叶从20世纪90年代初开始与海尔合作,为海尔制作广告片。后来东方红叶利用从国外购买的几台电脑上色机器,为海尔的品牌形象——海尔兄弟制作广而告之动画片,并在中央电视台上播放。东方红叶制作的动画片效果令张瑞敏十分满意,海尔集团投资于动画片市场的想法再次萌发。北京东方红叶集团公司董事长孟金枝对记者说,在拍摄《海尔兄弟》长达8年的时间里也遇到过很多挫折,双方的合作也有过困难,不过还是坚持下来了,200多集的动画巨制得以问世。耗时8年、由海尔集团和东方红叶动画集团共同投资6000万元制作的中国最长的动画片——212集的《海尔兄弟》举行了隆重的封镜仪式,并在中央电视台和省级电视台播映。同时,该片也签订了在米老鼠的故乡——美国电视台播出的协议,一举改写了我国动画市场只能被动引进的局面,产生了世界影响。

17.4 海尔广告的奥运策略

海尔的奥运广告攻势早在2001年北京申奥时就已展现。当年，海尔与央视共同设计了个性化的以点带面、全程投放的“申奥直播事件广告”。在申奥过程中，海尔广告反复地被播放。当央视直播节目中萨马兰奇刚刚念出“北京”这两个字时，“全球海尔人热烈庆祝北京申奥成功”的广告就出现在全国观众面前，表达了全国人民共同的喜悦心声，实现了与消费者在兴奋状态下的深度沟通，广告效果特别明显。事后，海尔广告部主任认为，海尔以不到500万的广告投放，赢得的是超过5000万的回报，可谓广告史上的成功之举。

2007年2月6日，海尔联手CCTV在北京世纪坛启动“CCTV海尔奥运城市行”，走到全国70多个城市传播奥运，让消费者近距离体验奥运的激情，从而掀起全民奥运的高潮，向全球传播北京奥运理念，弘扬奥运精神。2008年奥运前四个月中，海尔“08奥运风”空调广告在电视和移动传媒上循环播出。其在时间的选择上具有双重意义：这四个月既是空调促销的旺季，又是奥运前夕人们激情逐渐升温的时刻，海尔此举获得了品牌价值和销量上的双丰收。

企业围绕奥运赛事除了投入赞助费外，还采取一系列相关营销活动，从公益、文化、热点等各个角度，运用广告、促销、活动等多种手段，力争在一定的时间和空间内形成一个品牌的沟通高潮，产生轰动效应。同时，海尔还发布了“2008，我们是奥运的主人”的系列形象广告，目的是让消费者感受到海尔与世界同步的变化，感受到海尔逐渐融入了消费者的生活，感受到海尔和中国国民正以主人的姿态迎接世界来宾，凸显中国企业强烈的社会责任。

17.5 艺术传播与海尔广告

因为广告是个很花钱的商业活动，广告主们非常关心广告内容的准确性和易传达性，关心广告信息能否与消费者沟通，让后者接受。如今，广告仅将信息传递已经远远不够了，因为，消费者的商业信息接受不是一个简单的接受过程，而是在接受信息期间掺入个人的知觉和理解，其接受结果并非完全符合广告主的期望。于是，广告与包裹自身信息的艺术设计产生了复杂的技术关系运动。海尔广告时时贴近消费者心理需求和利益点的变化，从而更好地在广告中表现出消费者想要了解和愿意接受的信息，达到传者与受众之间的一种良好互动，形成良性循环，为信息的反馈和消费者认可度的提高都起到了积极的推进作用。广告是商业进行大众说服的方式，它能够帮助商品生产找到合适的消费者，能帮助流通渠道找到目标市场，所以尽管这是个花钱的活，却是生产企业、贸易机构等不敢轻觑的活动。

海尔广告正是恰当地处理了商业价值与艺术价值之间的关系，在并不复杂的广告设计中，表达出企业品牌和产品信息，这是海尔广告的一大特色。广告也是商业性的大众传播运动，尽管其中包括传统的信息传播方式。现代广告的信息传播，需要有专门的设计，而且是需要艺术化的信息传播设计。这是个系统工程，既有从广告信源到广告信息转化的信息创意，同时又有广告信息要素组合、广告信息符码创造、广告诉求配置、广告产品构思、广告产品信息载体适配等信息活动的艺术设计。最后，广告产品需要有具体内容与表现形式的个案构思和设计。在这些环节中，都有艺术设计工作者的劳动与心血，体现出他们的智慧与才华。

广告作为视觉信息的传递媒介，要取得引人注目的效果，并达到瞬间获得的效果，使消费者有过目难忘的印象，必须采用独特的艺术构思，方能产生强烈的色彩效果，从而引起消费者的注意。海尔广告从动画到平面再到户外都体现出独特的“海尔风格”——坚持不懈的精神、认真负责的态度，这正是海尔广告取得成功的关键所在，也是值得同行学习和借鉴的宝贵经验。广告设计不能单求漂亮美观，最重要的是透过视觉图像来介绍产品的特点，建立和稳定它在市场的定位，最终达到提升销量的目的，达到塑造品牌的效果。随着我国经济的持续发展，人们的生活水平日新月异，人们的审美观念也不断更新。消费者对商品包装的喜新厌旧，以及对品牌的全新认识，都关系着广告设计的与时俱进。因此，富有创新的广告设计并非只是一个美丽的装饰，其所包含的艺术功能，在竞争激烈的市场上起到了不可低估的作用。一个成功的广告设计可以引领企业进入一个全新的发展历程，开拓一个全新的市场领域。海尔是“中国型CI”的又一典范。“亚太”广告公司不仅研究、总结、推广海尔CI经验，并且介入海尔品牌形象推广工作，“亚太”广告公司为海尔专题研究、拍摄制作的《中国CI之路》海尔专集《统一品牌的CIS》展示了一条完整的海尔CIS之路。广告的传播途径和表现方式多种多样，如何在五彩缤纷的广告世界里力压群雄、脱颖而出，是每个广告制作人绞尽脑汁潜心追求的目标，也是艺术传播领域研究的课题。

参考文献

[1] 李文龙. 广告案例实战[M]. 北京：中国人民大学出版社，2000.

[2] 李健. 创新海尔集团的灵魂和核心竞争力[J]. 企业技术开发，2001(02)：61-66.

[3] 王安喜. 从海尔的发展谈人力资源的开发利用. 内部文稿，1999.

[4] 千亿富豪：20年梦想成真[J]. 中国质量万里行，2005(02)：43-46.

[5] 海尔集团：中国家电的“航空母舰”[J]. 管理与财富，2000(01)：82-86.

[6] 崔连发，崔长根. 参观海尔集团随想[J]. 华北电业，2001(12)：34-37.

[7] 安邦，王德发. 海尔集团的名牌战略[J]. 机电新产品导报，2002(z1)：

74-77.

[8] 亚洲企业 200 强出炉 海尔集团名列前茅[J]. 中国民营科技与经济，2004(01)：12-16.

[9] 牛晓云. 把世界拉到眼前——寻找海尔集团采购潜力[J]. 每周电脑报，1999(02)：61-64.

[10] 曾毓敏. 严格 激励 创新——海尔集团的人事管理特色[J]. 中国人力资源开发，1998(02)：41-45.

第18章 康师傅方便面广告营销战略

随着人们生活节奏的不断加快，人们的饮食也被深深打上了时代的烙印。因为方便面给大家提供了很大的便利，所以成为了很多人生活中不可缺少的食物组成部分。提起方便面，很多人立刻就会想到"康师傅"这个台湾品牌，康师傅方便面在中国几乎是家喻户晓的。康师傅塑造了一个可爱的动画人物图样，以讲究健康美味的美食专家的形象在中国市场建造了康师傅食品王国，其广告战略也值得我们借鉴。

18.1 康师傅品牌历史

初识方便面是20世纪80年代的事，那时我们把方便面都是当作零食来吃的，也就是干吃。当时的方便面也简单，只一块面饼和一包调味料，远没有今天的那么多又油又酱又味的这么多，所以吃起来并不感到有很好的口感。现在，康师傅的方便面以"面霸120"、"料珍多"、"新面族"、"巧玲珑"、"劲拉面"、"亚洲精选"、"福满多"、"好滋味"、"小虎队"、"挂面"等多种系列产品来满足各类消费阶层的需求，康师傅方便面的真材实料及兼顾了不同地区口味的料包使其赢得了32.6%销售额及43.5%的市场占有率。

1954年，出生于台湾彰化的魏应州，是魏家四兄弟的老大。4岁时，父亲魏德和在台湾创立鼎新油脂加工厂，主营蓖麻油、棕榈油等。1978年，魏德和去世后，鼎新由四兄弟接管。在"好吃看得见"的康师傅红烧牛肉面红遍大江南北之前，恐怕魏应州自己也没有想到，他的食品王国是从一碗方便面开始构筑的。

由于在台湾的发展始终不太顺利，20世纪80年代末期，魏家兄弟带着1.5亿新台币到大陆试水。从1989年到1991年的3年时间，魏家在北京、济南、秦皇岛、通辽等地开办了4家合资企业，先后尝试过顶好清香油、康莱蛋酥卷和蓖麻油等产品。尽管产品质量出色，但当时大陆市场消费者购买力不强，1.5亿新台币的本金也亏损过半。

此时，康师傅食品王国的开国功臣——方便面，以一个非常偶然的姿态从天而降。在康师傅公司内部，坐火车吃泡面的故事为工作人员津津乐道。1991年，魏应州的四弟魏应行在火车上泡吃从台湾老家带来的方便面，香味引来众人旁观，不时有人询问哪里能买到这种方便面。"大陆这么大，坐火车的顾客那么多，方便面的市场该有多大!"即使是后期加入康师傅的职员，也乐于绘声绘色描述当时魏应行的兴奋之情。

但经过市场调查之后，却发现大陆市场已经有不少方便面企业，同样来自台湾的统一集团也已经有了10多年经营方便面的历史。方便面产品两极分化明显，品质和价格适中的终端产品留有大片空白。于是，原来准备在天津生产饼干的计划改成了做方便面。1992年8月21日，康师傅投资800万美元在天津开发区成立天津顶益国际食品有限公司，康师傅第一碗红烧牛肉面诞生，适合国人的口味加上1.98元一包的价格，使得康师傅几乎一问世便成了方便面的代名词。1994年开始。康师傅相继在广州、武汉、重庆、杭州、西安、沈阳等地设立生产基地，并在全国形成了一个区域化的产销格局。

经过10多年的发展，康师傅一年可卖出60多亿包方便面，占据大陆方便面市场四成以上的市场份额，成为世界上销售量最大的方便面厂商。1996年康师傅在香港上市，2002年在香港股市增值最佳的股票中位列前三。来自台湾名不见经传的企业，在大陆得到了迅猛发展，成就了一个传奇。

在大陆投资成功后，魏氏兄弟1998年衣锦还乡，返台购并台湾第二大食品上市公司味全，同时将康师傅品牌带回台湾，并成为台湾最大食品商统一企业最大的竞争对手。

康师傅能有这么辉煌的成就，除了它本身的产品质量好外，还在于它的品牌形象不断升级，毫无疑问，广告效用是功不可没的。没有出色的广告战略，也许康师傅还是一家名不见经传的企业。

18.2 康师傅的广告概述

自康师傅方便面问世后，在报刊、广播和电视上，康师傅的广告铺天盖地，其宣传最火热的时候，平均每天仅在电视上就出现8次之多。康师傅快食面品质精良、汤料香浓，杯装面和袋装面一应俱全，更重要的是它有一个名叫“康师傅”的品牌。如此不计成本的狂轰滥炸一番后，顶新集团的名声不胫而走，连京城的3岁小孩一见到矮矮胖胖的烹饪师傅都不约而同地大嚷“康师傅”，康师傅可谓家喻户晓，妇孺皆知。

在如此强大的宣传攻势下，京城迅速引起了一场购买康师傅的快食面热。据顶新国际集团副董事长魏应行1994年接受中新社记者黄少华来访时描绘当时火爆场面：每天清晨，天津顶新公司的门前就排起了汽车长龙，人们翘首等待着从生产线上下来的“康师傅”，有的客户甚至是在公司门口就地而卧连夜等待，有的甚至通过各种关系抢购这种产品。

时至今日，康师傅不断拓展品牌，推出了很多新的产品，如康师傅绿茶、红茶、矿泉水，利用“康师傅”这个竖立起来的品牌，在市场上占有越来越大的份额。

18.3 康师傅的品牌商标

康师傅的商标其实也是康师傅品牌的策略之一，它不会改变，在康师傅出道之时沿用至今，在消费者心理留下了深刻的印象。“康”是指健康的意思，“师傅”二字则具有亲切、责任感、专业化的内涵，而“康师傅”叫起来，特别有亲切的感觉，康师傅 LOGO 独有的敦厚可亲，热情展开双臂形象，让许多顾客熟知与喜悦，这也是康师傅服务顾客热情亲切的精神表现，体现了它的企业文化与企业精神。在企业成长的过程中，康师傅不断的实践理想，追求更高的目标，屡屡创新速食面新标杆，让更广大的顾客群众享受到物美质优、价钱公道的速食面，成为顾客耳熟能详的产品。

18.4 康师傅运用的广告策略

早在方便面发明以前，中国已有类似的面食称为伊面或伊府面。相传清代大书法家伊秉绶在家中办寿宴时，厨子误将油当成水，将面条放入滚油炸熟了，无奈中只能将错就错，将已炸熟的面条煮一下，在浇上鸡、猪骨及海鲜炖制的浓汤。没想到客人们食用后纷纷称赞面条爽滑筋道，汤味鲜美。从此这种炸过的面就流传下来。因其加工方法与现代方便面很相似，后人就把它看作是现代方便面的雏形。一次，诗人、书法家宋湘尝过后觉得非常美味，又知道它还没有名字，便说：“如此美食，竟无芳名，未免委屈。不若取名‘伊府面’如何？”从此，伊府面流传开来，简称为伊面。伊面也许是方便面的前身。

1. 人性化广告策略

康师傅长期用了“就是这个味!”这句广告词,其在广告中注重了温暖气氛的营造,体现出了康师傅面的一种亲和力,满足了消费者的心理需求。这是把人类心理上变化万千的感受,加以提炼和概括,结合商品的性能、功能和用途,以喜怒哀乐的感情在广告中表现出来。其最佳的表现手法是塑造消费者使用该产品后的欢乐气氛,通过表现消费者心理上的满足,来保持该产品的长期性好感,赢得目标受众的忠诚度。

2. 推荐式广告策略

在许多场合,人们产生购买动机,是因为接受了有名气有威信的宣传。像康师傅就聘请了周杰伦做代言人,就是让明星周杰伦做了商品推荐。企业与商品自卖自夸的保证,未必一定能说服人。于是,就要采用第三者向消费者强调某商品或某企业的特征的推荐式广告策略,以取得消费者的信赖。所以这种广告策略,又可称为证言形式。对于某种商品,专家权威的肯定,科研部门的鉴定,历史资料的印证,科学原理的论证,都是一种很有力的证言,可以产生威信效应,从而导致信任,导致对商品的购买行为。

18.5 康师傅运用的广告方式

1. 康师傅的平面广告运用

广告词:辣!辣!辣!辣旋风来了,火辣让人心动,美味入口舞动,味觉进入巅峰。康师傅辣旋风,这个味儿流行!

广告词：水产美味其精髓在于原料的鲜活，以及在料理时如何保留物料的鲜味。康师傅海陆鲜汇，汇集各种水产的鲜美滋味，带来各种不同的美味享受。嗯，这个味儿鲜！

2. 康师傅的电视广告运用

1）幽默搞笑式

用幽默风趣的语言或手法，含蓄地宣传商品的特征，使受众在轻松愉快的气氛中领会与接受广告信息。“大碗面”广告中的“傻小子”吃得心满意足，摸摸肚皮，结结巴巴地喊着“大大大……大满足！”说过包装又说吃法。一位妈妈级的明星，耐心地教孩子们怎样把“康师傅”凉拌着吃。

2）特殊效果式

在音响、画面、镜头等方面加上特殊效果，营造气氛，使受众在视觉方面产生新刺激，留下难忘的印象。康师傅的广告，先说口味，说它的牛肉酱如何好，海鲜蔬菜如何鲜美；并以极高明的摄影技术，把酱牛肉、海鲜、蔬菜及面条等原料的鲜嫩质感表现得淋漓尽致，让人看后即生食欲。

3）名人推荐式

用知名人士来介绍推荐商品，利用他们的聚焦力和号召力，来影响目标受众的态度，刺激购买欲。像康师傅就用罗志祥做了方便面的代言人，孙燕姿做康师傅红茶的代言人。

在中央电视台 2008 年黄金资源广告招标会上，康师傅所属顶新国际集团一举中标超过 2.6 亿元，成为行业最大亮点。康师傅可以说是我们最为熟悉的食品饮料品牌之一，也是央视荧屏上的常客。近几年，康师傅在招标时段的投放逐年增加，面对 2008 奥运年这样的机遇，企业更是将营销战略的支点放在了中央电视台的黄金广告资源上，可谓是大手笔。

3. 康师傅的网络广告运用

互联网广告的独特优势，可以大致概括为如下 6 点：①传播范围广；②交互性强；③针对性明确；④受众数量可准确统计；⑤感官性强；⑥灵活、成本低。许多企业都采用了互联网广告推销自己的产品。

康师傅绿茶作为当今茶饮料市场的领军产品，一直以来在消费者的心目中都是健康饮料的首选。康师傅品牌认识到了网络广告的作用和优势，成功运用网络进一步地开拓了市场，像康师傅绿动社区就是运用了这些优势。康师傅绿茶一直以来都以清新、健康的形象面对广大的消费者。所倡导的也是健康的生活方式，积极向上的生活理念。在 2007 年正式推出了康师傅绿茶的官网，把喜欢康师傅绿茶的朋友们都聚集在了一起，让广大的消费者更近距离地去了解康师傅绿茶和参与到康师傅绿茶推出的各种活动中去。把“康师傅绿茶，绿色好心情”的产品理念更进一步地传达给广大的消费者。因此，所制作的康师傅绿茶的官网是以绿色为背景，加上简洁明了的页面设计，以此突出康师傅绿茶一直以来所提倡的健康生活，进而达到绿色好心情，以此应付繁忙的工作。

18.6 康师傅广告成功的经验总结

康师傅方便面品质精良、汤料香浓，碗装面和袋装面一应俱全，更重要的是它有一个“康师傅”的名字。顶新国际集团董事长魏应交曾说：“许多人认为‘康师傅’的老板姓康，其实不是。‘康’意为我们要为消费者提供健康营养的食品。‘师傅’在华人中有亲切、责任感、专业成就的印象，这个名字有亲和力。用‘康师傅’这个品牌反映了我们的责任心。”

康师傅在天津、广州、杭州、武汉、重庆、西安、沈阳等地设立了

12个生产基地、122条生产线，现已在全国形成了一个区域化的产销格局。康师傅管理层认为，日清与华龙的合作根本不会影响康师傅的市场份额。不看好这次结盟的天津康师傅控股有限公司副总经理腾鸿年断言，康师傅完全有能力与对手打价格战。腾鸿年表示，从投资规模看，康师傅任何一个生产基地的投入都在几千万美元左右，日清即使投资华龙十几亿元人民币也无济于事。从市场竞争力看，康师傅方便面在国内市场的产品销量一直遥遥领先于同类产品。他认为，康师傅方便面符合国内消费者的口味，口味品种差异化强，产品基本覆盖高、低等各个档次，所以消费群广。而且，康师傅肯花大手笔的广告费用来制作有效的广告作品，这便在消费者心目中留下了深刻的印象。康师傅注重开发新的产品，产品一直保持在领先地位。营销界人士分析，"况且，它庞大而规范的销售网络及运作管理堪称典范，康师傅遍布城乡的密集的渠道也有效保证了其产品良好的市场占有率。"

就在电视上还乐此不疲地大做康师傅的广告时，统一面也杀到了，一时间统一面的广告也铺天盖地地打将过来。统一面不像康师傅那样平民化，它以"贵族"的身份出现，迟来一步的统一集团只能期望以提高自己的品牌地位胜出于康师傅。但毕竟是迟人一步，康师傅已经深入人心，尽管统一面可以去做广告宣传，在价格层面上不断追加成本，但收益上远不及康师傅。再加上其他速食面公司闻风而起，加入竞争，如营多面、一品面、中华面等，迫使统一面的销售成绩与其广告投入并不相称。虽然竞争者甚众、甚烈，但是先声夺人的康师傅其地位却难于动摇，更因其行动迅速，气势宏大，其地位更是日益坚固，在大陆登上速食面大王的宝座已露端倪。

20世纪90年代初，台湾饮食业商人纷纷涉足大陆，以京津为抢占的首要制高点。当时大陆的快食面业处于一种诸侯割据、群龙无首的局面，产品质次、品低、价高，缺少一种可以一呼百应的名牌。正当不少台商、港商跃跃欲试之时，台湾顶新集团一马当先，先声夺人推出了康师傅快食面，并在媒体上大打广告。结果康师傅抢占了中国大陆许多市场，其他欲来涉足的商人只能摇头退去。而作为台湾饮食业的领头羊统一集团不甘被抛于马后，想奋起直追，要与康师傅同分羹盏，一见高低，一决雌雄。然而最终是因后人一步，处于劣势，只能望其项背。顶新集团的成功，在于它不但先人一步，而且大造声势，在电视、报刊和网络上大做广告，并讲究广告策略，以势逼人，以声服众，最终取得了骄人的营销业绩。

参 考 文 献

[1] 陈瑞全.康师傅的“手艺”——从“康师傅”看顶新集团的发展轨迹[J].经贸导刊，2003(06)：72-76.

[2] 杨慧萍.“康师傅”的资本难题[J].新财经，2003(08)：54-58.

[3] 文新.“康师傅”返台掀起价格战[J].两岸关系，2003(02)：51-54.

[4] 李晓明.联手跨国公司，“顶新”布局中国市场[J].WTO经济导刊，2004(07)：31-37.

[5] 绦子.独特经营理念　打造康师傅江山[J].市场周刊，2003(08)：36-39.

[6] 康建中.统一斗法康师傅[J].中国食品工业，2003(09)：35-39.

[7] 翟文.康师傅的成功策略[J].山东农业(农村经济版)，1997(02)：21-26.

[8] 日资收购康师傅饮品50%股权[J].中国投资，2004(12)：83-87.

第19章 大众汽车在中国的广告分析

形象宣传片是一个充满意义的符号文本，《中国路，大众心》这则大众汽车形象宣传片由忠、志、恳、态、惠等13个字组成，取得很大的成功，我们根据广告编码方式和编码依据，采用霍尔的理论通过编码、流通、解码三阶段来对《中国路，大众心》这个形象宣传片进行分析。说明这则形象宣传片是如何编码、解码从而取得艺术与市场效果的。

2004年8月9日，中央一套首次推出大众汽车全新品牌文化广告形象宣传片。这个由德国大众、一汽大众和上海大众三家联手推出的大众汽车品牌形象广告宣传片，以大众新的全球品牌主张For the love of automobiles（源于汽车的爱）为主旨，打造中国版《中国路，大众心》品牌主张，深深表达了大众汽车既是一个国际性的领导品牌，又是与中国消费者心贴心的汽车品牌。这个有关大众公司的广告形象宣传片播出后，受到社会好评。这则大众汽车品牌形象广告，围绕着大众汽车全新的品牌主张"中国路，大众心"，诠释大众汽车"有多少心，用多少心"的造车和服务理念。音乐与情景交相辉映，抒发了大众汽车与中国文化水乳交融的深厚感情。

19.1 广告的编码与解码

受众对传播符号的主动阐释，是广告符码生成意义的必要条件。霍尔模式针对观众的解码提出了三种模式：一是支配—霸权立场，即受众的解码立场与传播者的编码立场完全一致，受众受主导符码操纵，这是最理想的广告传播模式。二是协商代码或协商立场，即大多数受众的解码方式保持中立状态。三是对立码，即受众根据自身的经验和背景去解码。可见，广告传播的对象是特定人群，针对不同类型的受众必须参照不同类型的理解符号来作为诉求，设计者只有准确找到对应受众，积极参与社会生活方式、社会文化品位的塑造，才能创造出引起受众情绪反应的广告符码。寻找强大的视觉冲击力，利用反常规要素加速符号意义的转换，选择最富张力的瞬间成为广告艺术张力释放的常用手法。

广告作为一种信息传播活动，在对其进行策划和创意活动的时候必然有多种角度和侧重点，在名目繁多的广告诉求中，以情感诉求入手来感染、召唤和说服消费者的方式越来越受到商家的青睐，也确实能够取得较好的效果。在我们的实际生活中，接受者总是千差万别，其兴趣、性格、经历、习俗等都有很大差异。我们知道编码活动是解码活动的前提条件，没有前者便不会有后者。当然，我们无意否定接受者的解码价值。实际上，接受者的解码行为正是对传播者编码结果进行反馈的前提准备，没有接受者的反馈，传播活动则很难奏效。这种差异就使得接受者面对同一个事物会产生不同的意义。所谓“一千个读者就会有一千个哈姆雷特”正是这个道理。当然，我们并不认为，当面对同一个文本，大家所产生的意义都是互不相同、毫无共同之处的。否则，便不会有所谓“共鸣”和“认同”之类的说法，人类的交流也没有了可能，传播也受到了阻碍。因为我们主要是分析广告形象宣传片为何能够产生良好的宣传效果，宣传者在其间是如何编码的，所以本文采用的自然是和宣传者相一致的立场，即 S. 霍尔所说三种解码立场中的第一种立场：支配—霸权立场。大众汽车广告宣传片能受到社会好评无疑是传播致效的表现，这也正是大众公司宣传的目的。该片耗资千万，制作精良，其目的是宣传大众公司在中国的形象，维持和巩固大众企业在中国消费者心目中的地位。当然该广告形象宣传片被宣传单位即大众企业赋予了丰富的意义，也就是该片被广告宣传者进行了精心的编码。然而，我们所关心的是这个形象宣传广告的微观层次，即该广告片是如何致效的？宣传者如何通过对文本进行编码，从而使接受者解码产生符合自身利益的影响的？我们试着用符号学的方法来探讨这一背后的深层意义问题。我们运用符号学中编码和解码的概念，对大众汽车广告的传播方式与传播过程进行分析，对受众的信息接受过程、解码时产生的符号意义转移进行阐释，并从符号学意义上对大众汽车广告传播中的主、客体关系进行论述。

19.2 《中国路，大众心》广告片的内容

大众汽车的两则广告可以称得上是简洁明了的典型，大众汽车究竟想在消费者心目中塑造什么样的形象呢？所传达的概念又要通过什么手段来表现呢？在第一则形象广告里，是一张洁白的画面，中央摆着一个揭开后盖的手表，手表中精密的零件的外形无意中恰好构成一个大众汽车的标识 W，然后，在画面的右下角，用小小的字体写出文案："它行走，行走，行走……"。整个广告画面的洁白让人一下子就把视线集中到了手表中间的那个 W 标识上，再看到文案，"行走"一词将创意元素手表的功能与汽车的功能轻松结合起来，颇耐人寻味。另一则大众汽车的形象广告更绝，画面的五分之四都是空白，甚至连一张小小的图片也没有，在下面，出现了广告文案，标题是："不看也罢，62 年的大众依然不变。"读者恍然大悟，大众汽车原来如此自信，虽然一片空白，没有图片只有文字，看似犯了广告中的禁忌，但实际上，看不见的魅力比看见的还大。

《中国路，大众心》的《心篇》广告时长4分49秒，一共62个场景、270名演员、15辆汽车，是精心拍摄而成的一个广告形象宣传片。该片的导演是曾经荣获多项大奖的好莱坞导演Dan Mintz。这部广告宣传片拍摄规模浩大，就其拍摄地点来说，就有美国洛杉矶，德国汉堡、中国新疆、海南、青岛和上海等地。全片以各种带有“心”旁的中文字作联想，中外人物、场景相互叠加，辅以全球火热流行的HANSON演唱组合的歌曲*I will come to you*，将中国文字和西方音乐两种极具感染力的情感符号使观者在视觉、听觉的相互交融之中，感受到大众汽车“有多少心，用多少心”的品牌文化，感性地传达了大众汽车对中国、中国消费者和中国汽车工业的拳拳爱心。在广告中，女子抱一个宠物狗，经过一个橱窗，橱窗内的机器狗向宠物狗示意友好；一辆红色大众，汽车内两个女子和一个小孩子其乐融融。270名演员也来自不同地域：中国、美国、韩国、日本、马来西亚、新加坡等国家；既有专业演员，也不乏众多身份特殊的业余人士。广告具有家庭化氛围，又有全球化色彩，体现出大众汽车品牌走国际化的愿景。

19.3 广告编码依据与策略

大众汽车国内首部品牌形象广告通过各地媒体呈现给广大观众。这部由德国大众、一汽大众和上海大众三家联手推出的大众汽车品牌形象广告，可能是迄今为止中国市场上投资最大的广告片之一。那么，这部广告作品的编码依据与策略具有什么特色呢？

1. 广告编码依据

广告将观众结构成想买什么就买什么的消费主体，这本身就是虚幻的。把大众汽车广告进行简要分类，就可以发现五类最常见的广告编码类型：明星之梦、宫廷生活、发达国家的生活景象、青春与活力、幸福之家的想象。这些编码无疑联系着人们无意识深处的关于财富、宫廷、西方、青春和小康的梦想。这就是广告进行编码的最隐秘的依据。广告总是通过各种方式突破现实的层面，将隐匿于人类内心深处的无意识欲望释放出来。绿色大众汽车上，一对情侣，两人向车窗外4个乐手微笑；另一辆车上一个小女孩也朝他们微笑。表现出悠闲的感受。然后，广告又将个体与他的真实存在境况之间再现为一种想象性的虚假关系，使主体生产着错误的意识而又不能有所知觉，只有进行消费才能从现实的此岸抵达理性的彼岸。晚上，两个女子开车兜风，面带微笑；朦胧中一个黑衣女子，陶醉的样子；银白色的大众汽车在水中驶过，并冲溅起两道浪花；夕照下，湖边一个女子荡秋千；小男孩向车外招手并微笑。广告作品满足了消费者的梦想。广告达到了自己真正的目的——劝人购买大众汽车。由此可见，消费主义乃是广告的隐蔽基础和强大动力。

2. 广告编码策略

鲍德里亚指出，虽然产品本身是广告的最终兴趣所在，但是这种兴趣万万不能直接地显露出来，而是必须在该产品上嫁接一套与此产品没有什么内在联系的意义，当商品转化成某种挑逗人的符号之后才能把它卖掉。在广告中，一红衣人在地上挥大笔写"龍"字；藏鹰在猎人手中放飞，翱翔并落到猎人手中，猎人深邃目光的特写；蓝色的大众汽车在山峰间穿行，并冲起尘土。广告中最常见的编码方式，是实现意义的嫁接。瑞士语言学家索绪尔曾用"能指"和"所指"两个概念指出声音系统和意义系统之间的任意性。广告就是把一种与某个产品（能指）并不具有必然联系的意义（所指）嫁接到该产品上。

我们主要借助英国学者霍尔提出的编码与解码理论，从大众汽车广告作品创意、编码、发布、接收、解码、反馈的简单过程入手，分析在广告作品编码阶段和解码阶段中受到哪些因素的影响和制约。广告活动中不可缺少编码（即传播者将自己头脑中一定的思想观念转化为符号、代码）和解码（即接收者收到信息后，对编成信息的符号进行解释）两个核心环节，这两个环节又不是完全孤立的，通过媒介发布的广告作品,被消费者解读,引起相应的反映,编码者对广告策略再次进行调整,这样编码与解码就形成了互相制约、互相影响的关系。我们最后提出在广告活动中加强前期的调查和后期的反馈两环节的结论,以使编码者和解码者之间的信息交流畅通,达到产品畅销的目的。

19.4 霍尔理论在广告中的应用

编码、解码在广告流通中起着非常重要的作用,能不能达到预定的效果,就看怎么编码从而使接受者正确解码,我们就试着通过编码、解码来分析这则广告作品。霍尔的《编码,解码》分成编码阶段、作品流通阶段、解码阶段三个阶段。在霍尔看来,编码、流通和解码是三个彼此相关但又彼此区别的三个独立实践过程,换句话说,编码阶段并不必然导致解码,如果观众没有收看节目或者没有领会电视作品所要表达的意义,这个传播过程就不能呈现闭合的状态,就出现断链的情况,就使受众难以理解广告要传达的意思。

所谓支配—霸权码就是指解码者采取了与编码者完全一致的立场,无论是使用的符码还是所处的地位结构都趋于一致,即传者与受者实行了同构。在这种情况下,编码者使自己想要传达的意义清晰有效地到达解码者一边,观众"运作于支配代码之内",逐渐占有主导位置。

1. 编码阶段

在中国文化中,这些带"心"字底的汉字,都可以用来表现那些非常美好的品质和精神,这就是"大众心"的体现。"大众心"不仅是大众汽车追求完美、不断创新和持之以恒的造车之心,更是大众汽车对广大中国用户的赤诚之心。在广告画面中不时穿插着用书法形式写就的汉字,而这些汉字都有一个共同的特点,那就是"心"字底。要想有一个好的传播效果,那么编码很重要,怎么编码在一定程度上影响着解码者的解码效果，那么这则广告宣传片是怎么编码的呢？男子给情侣戴戒指；狗和车主；清朝大臣；一辆黑色的大众汽车，车上有狗。广告表现了一种忠心与忠诚，表明大众汽车对用户的诚恳态度。为什么一个汽车品牌广告中会出现那么多带"心"字底的汉字呢？这些汉字与大众汽车全新的品牌主张"中国路，大众心"又有什么内在关联呢？大众汽车集团（中国）销售与市场执行副总裁韩尼克先生回答了这些问题。他说，广告中出现的汉字，比如"忠"、"志"、"慧"等都有一个"心"字底，含义都与"心"有关。在广告片结尾，大众汽车给出的承诺"有多少心，用多少心"，更传达了大众汽车始终与中国消费者心心相印，正全心倾注于为中国消费者制造更多的好车，提供更多的优质服务。

如果再将符号和社会联系，那么潜藏在这个主题下的语言规则又是大众作为一个企业孜孜以求的经济利益总目标。在这个总目标下，大众才可能有言语实践行为，才可能制作出这个宣传片。"中国路"既是大众汽车对中国消费者为大众铺设的发展道路，也是大众汽车及其合资企业与中国汽车工业共同走过的光辉之路。基于这样的内在考虑，才有了这个意义丰富的大众形象宣传片。"心"，在广度和深度上有很大的延展性，爱心、恒心、信心、雄心、中心……。"大众心"旨在表达大众汽车追求完美、不断创新和持之以恒的德国造车精神，以及大众汽车对广大用户的关怀。而"路"，与车密不可分，联系人与人、心与心的纽带。在广告里，几个孩子们在玩飞机模型，旧资料片中的滑翔机试飞、登月第一步，白色大众汽车。该片展现了"中国路，大众心"这一主题。这是潜藏在该片言语行为背后的语言总规则，这条规则牢牢地控制着宣传片的每一个画面，制约着每次言语行为。大众企业通过"心"字底的13个汉字，表现了不断追求卓越，为中国消费者悉心服务的拳拳之情。

2. 流通阶段

随着影视技术的更新，广告艺术常常将视觉形象进行蒙太奇组合，针对开场、发展、高潮、结局每一环节精心设计。如形式的动静、节奏的张弛、镜头的衔接、背景音乐的铺垫、悬念的设置、细节的捕捉等，再辅以具有冲击力的特技效果，适当地让接受者在诱导中枢进入运动状态的过程中，逐步进入思维的最佳状态，达到高度的思维快感。按照系统进化论的美学观，如果广告作品借助渲染、反转、突变、重复等表现手法来启动观者的思维，就常常为接受者提供了一定的机缘触发，就容易形成顿悟式的共鸣效果，到达流通的终极标靶。

足球训练场的一只滴汗的手，足球训练，足球队员跑步并跨过泥泞的路；他们身旁一辆灰白大众汽车。身着黑色衣服的男子，面容沧桑，坐于一棵古树下，仰头看，下面是落叶；一辆银灰色大众汽车。凡是美好的场景，都离不开大众汽车。这是一则大众汽车电视广告形象宣传片，当然主要流通渠道就是通过电视，不过在现在转播过程中电视渠道不是唯一的渠道，特别是互联网的出现，传播渠道更是融合在一起了，所以该传播渠道主要是电视，同时还结合其他的渠道，包括网络媒体渠道和纸质媒体渠道，甚至还有手机媒体渠道。

3. 解码阶段

对于解码阶段的认识可以说是霍尔对于电视意义产生阶段最为重要的论述。霍尔认为电视作品一旦进入流通领域，它本身就成为一个开放的、多义的话语系统，观众在接收电视信息的时候并不是如同一些学者所指称的那样处于完全被动的状态，他们完全可以根据自己的判断做出与编码者完全不同的理解。

广告有明确的目标，商业广告的最终目标就是促销商品，任何商业广告都是围绕着某一特定的商品进行宣传的，因此商业广告中商品本身是最重要的符号对象，没有一则广告里会不出现能够标识商品的符号。标志及其标准字和标准色、品牌名称、广告口号以及简短的音响等标识元素，是商业广告作品的基本元素，任何商业广告作品中都或多或少地含有一种或几种标识元素。但在商业广告中仅仅标识商品是难以说服受众购买的。商业广告起作用的原理用一句话概括就是：在受众注意、知晓的前提下，给受众提供一定的购买此品牌而不选择其他品牌的理由。这样的理由可以是理性的或感性的，但在广告中是十分明确的。

大众汽车广告中出现的每一个汉字，不但含义隽永，而且都以书法的形式来表现。这些独具中国文化深邃韵味的汉字与视觉效果强烈震撼的广告画面融合在一起，显得如此相得益彰。大众汽车以书法的美学来提升汽车文化的灵性，不得不使人对这一创意拍案叫绝。对此，韩尼克先生说，我们在广告中使用汉字的书法形式，不仅仅是出于对创意的追求。事实上，广告在更深层面上，是为了表达大众汽车在与中国共同发展的20年中，已经融入中国人生活的方方面面，与中国文化水乳交融。大众汽车是最早进入中国的国际汽车领导品牌，同时也是与中国消费者最贴心的汽车品牌。为了将这两个在品牌中独一无二的内涵表现出来，我们最终决定将最能代表中国文化精粹的书法运用到国际先进的广告制作之中，以"心"字贯穿始终，结合表现每一种品质和精神的画面，以带"心"的汉字构成画面的一部分，并在最后一组画面中以"爱"字达到全片的高潮。爸爸扶儿子骑自行车，然后放手让小孩子独立骑；红领巾，手牵手，上故宫的台阶；一双母亲的大脚包围着一双婴儿的小脚，西洋母亲和婴儿一起笑；一辆大众汽车上，妻子幸福的笑容。广告演绎了"爱"的主旨。"爱"是人类最基本也最高尚的情感，"爱"源于心，"爱"字充分体现了大众汽车对中国、中国汽车工业、中国消费者的拳拳爱心。广告意境深远，似乎是情景交融的山水画和田园诗，突破了传统广告作品的功利范畴。

这个广告的特点，如"忠"、"志愿者"和"智慧"等，都有一个"心"的含义。这个宣传片主要是由13个汉字：忠、惠、想、聪、志、恳、态、慧、悠、感、恣、惹、爱组合而成。它们的特点即都是以"心"字为底（这是一层联系关系），这13个汉字就形成了一种组合关系，它们之间相互作用，共同完成了该宣传片的总体意义的构建。忠、惠、想、聪、志、恳、态、慧、悠、感、恣、惹、爱都是大众汽车对中国消费者在宣传片中的承诺：大众企业久经沧桑，但成熟稳健、志在进步、技术精良，同时可以让消费者通过拥有大众汽车达到一种心灵体验。在中国文化里,带"心"的词均可以用来显示很好的质量和精神,那就是"公共"。"公共"不仅是大众汽车追求完美、不断创新的精神,而且表现了大众汽车坚持用心为大众、为中国用户服务的决心。大众汽车广告片更多地传达了大众集团全心致力于为中国的消费者生产更多的好车,提供更优质的服务。很多观众也会注意到,广告出现在每一个字符,不仅体现在意义形成的书法。这些独特的中华汉字和持久的视觉效果,表达大众汽车见证中国20年的发展,已经融入生活的各个方面,成为中国现代文化的有机组成部分。

参考文献

[1] 杨扬.品牌建设非一日之功[J].市场观察,2003(03):31-37.

[2] 若愚.廓清品牌建设的六大"雾"区[J].中国质量与品牌,2004(11):24-28.

[3] 戴元钦.加强品牌建设 提高信用水平[J].经济师,2003(05):31-36.

[4] 瞿金霞.南存辉谈品牌建设[J].电器工业,2005(03):47-50.

[5] 魏明祥.大众汽车在中国的品牌建设[J].中国广告,2002(07):36-38.

[6] 李嫒嫒.从大众汽车广告透视广告创意中情感诉求的运用[J].湖北教育学院学报,2007(11):61-65.

[7] 孙广明.中国品牌建设十大功勋人物揭晓 春兰集团CEO陶建幸荣膺此称号[J].商品与质量,2006(39):65-69.

[8] 陈强.大众汽车广告观感[J].财经界,2009(06):73-77.

[9] 刘思强.品牌建设与企业可持续发展[J].岳阳职业技术学院学报,2003(02):41-44.

第20章 从传播美学视角分析奥利奥广告

现今广告已经无处不在，成为人们生活的一部分。奥利奥的销售业绩一直处于世界食品行业前列，这与它成功的广告是分不开的。奥利奥广告在充分调查受众、尊重受众的前提下，遵循情感诉求，树立起自己温馨幸福的广告品牌。

卡夫食品有限公司是全球第二大食品公司。核心产品系列为咖啡、糖果、乳制品、饮料及饼干。在全球销售的顶级品牌食品包括 Maxwell House（麦斯威尔）、Tang（果珍）、卡夫奇妙酱和 Nabisco（纳贝斯克饼干系列，包括奥利奥、奇宝太平系列、趣多多、乐之等）、Milka（妙卡巧克力）、Toblerone（瑞士三角巧克力）、Jacob Suchard（瑞莎），诞生于 1912 年的奥利奥一上市便迅速成为美国最畅销的夹心饼干。

奥利奥广告以其独特的创意带给观众美的享受，深入观众内心。一提到奥利奥，人们马上会想到那句"扭一扭，舔一舔，泡一泡，只有奥利奥"，想到那些可爱调皮的小孩子们。在如今这个被广告充斥的时代，"我们呼吸的空气是由氧气、氮气和广告组成的"。然而，许多品牌的广告更多的是夸张和虚假，为了达到广告的诉求效果，甚至带有欺骗性质。一则成功的广告关键就在于对那些平常的信息符号给予一定组合、加工和嫁接，突出产品特点，从而达到吸引眼球、引导消费的目的，实现广告主的理想，获得可观的利润。

20.1 奥利奥广告历程

奥利奥的名字是怎样诞生的呢？人们已经解释不清了。一些人认为，奥利奥的名字来自法语，是"金子"的意思，因为最初奥利奥的包装是那个颜色的。另一些人认为，奥利奥饼干上有小山一样的图形，而"山"在希腊语中的发音就是"奥利奥"。还有人认为，之所以这么叫它，就是因为"奥利奥"简单的发音。

1. 奥利奥草创期的广告

诞生于1912年的奥利奥一上市便迅速成为美国最畅销的夹心饼干，这与它的著名广告"兄弟"是分不开的。"兄弟"是奥利奥最为经典的广告之一，曾获得戛纳广告节金狮奖。正是这则让人含泪看完的广告成就了奥利奥，使奥利奥深入人心，获得好评。

两兄弟面对面坐着吃饼干。弟弟的染色体异常，从言行举止中可以明显看出他与常人不一样。在哥哥的示范下，弟弟掰开手中的奥利奥饼干，将其中一块放到嘴里舔了一下。哥哥又把两块饼干合上，示意弟弟蘸着杯中的牛奶吃。两人把蘸过牛奶的饼干放到嘴里。哥哥又拿起餐巾帮弟弟拭去嘴角残留的饼干屑。画面从近景切换到中景，展示桌上的奥利奥饼干。哥哥看着弟弟吃得很开心，不由得笑了。他回忆起与弟弟一同度过的美好时光：幼时，他俩在树林里玩耍，在童车上嬉闹；他们玩着球，骑着木马；他俩第一次怯怯地站在海边沙滩上。稍大一些，他们在海滩边追逐；在圣诞节想着祝福语……。再大些，弟弟学着欣赏海上风景；他俩在小艇上尽情欢笑……。最后，哥哥又想起他俩第一次在海滩边嬉戏的场景。一连串发黄的画面显示出兄弟俩的情意深长，三次海景图案与奥利奥的蓝色包装相呼应。兄弟俩对视着，弟弟似乎从哥哥的眼神中读出了爱意，兄弟俩会心地笑了。这一含泪的微笑感动了观众，也使奥利奥成功地进入消费者内心。

奥利奥的典型吃法是“转动和浸泡”，就像兄弟俩所演示的，先把夹心饼干分开，品尝一下夹心馅香甜的巧克力味，再把两块饼干悄悄用力合上，在牛奶中浸泡一下放到嘴里，这样才能品尝到其中的美味。广告片表现了兄弟俩的手足情谊。一幅幅发黄的回忆画面，浸透着泪水与欢笑。以泪水来卖饼干，的确不同寻常，也许正如奥利奥一贯的口号所宣称的“只有奥利奥”，体现出童年情谊，也体现出产品的特征。

2. 奥利奥扩展期的广告

奥利奥的成功对于纳贝斯科饼干业务主管凯雷而言并非偶然。她说：“每年都有新的奥利奥消费者出生。我们想创造出对奥利奥饼干爱吃、又拧又浸的新一代。”为了使奥利奥与孩子们保持密切关联，凯雷不断推出新产品，适应消费者不断变化的口味，并且通过竞赛促销活动来提升品牌的知晓度与好感度。奥利奥品牌已经近百岁高龄了。可是对于年轻人而言，它依然是年轻而充满活力的，仍是他们最钟爱的零食品牌之一。年迈的奥利奥变得比以前更为强壮，它成了成熟品牌永葆青春活力的楷模。

奥利奥接连推出蓝色奶油夹心的秋天奥利奥、春天奥利奥、圣诞节奥利奥、万圣节奥利奥等。并为此开设了800免费电话和因特网两大沟通渠道，让消费者为自己钟情的饼干打分，投票决定自己所喜欢的颜色。为了促销，奥利奥不断推出经典广告，1999年8月纽约富康贝丁又为奥利奥发布了一则广告，表现有听障的母亲和儿子深情地吃着奥利奥，当然，吃法仍旧是“转动和浸泡”。而后，奥利奥将其经典的吃法放置于各种温馨幸福的场景，传递一直幸福就吃奥利奥、朋友就是应该分享奥利奥等思想，满含人性关怀，用情感打动人心。

3. 打入中国市场的奥利奥广告

奥利奥是一个世界品牌，中国改革开放后，它开始进入大陆。1996年它被卡夫食品带到中国消费者的视野中。现在，在中国，它已经发展成为最具影响力的、最成功的饼干领导品牌，达到老幼皆知的地步。

现在，奥利奥已经像篮球和可乐一样成为了美国文化的一部分，并被誉为饼干之王。奥利奥饼干独有的黑白夹心、精雕细刻，风行全世界，使人一见难忘。将全世界销售的奥利奥饼干叠起来的长度够从地球到月球来回6次。奥利奥很多有趣的吃法也曾经掀起了一场"奥利奥的最好食用方式"的争论——把它泡在牛奶里吃？将饼干扭开先吃中间的夹心？除此之外，大家还在争论：是单独食用？放在蛋糕里面？或是当成饭后甜点？今天，它仍然延续着"扭一扭，舔一舔，泡一泡"的独特吃法。为了迎合中国消费者的需求，经过一系列调查，不断改革奥利奥口味，并推出不同类型的饼干。而在广告上，奥利奥则延续其经典，从广告词"扭一扭，舔一舔，泡一泡，只有奥利奥"就可以看出。电视中的广告画面则是：孩子们把奥利奥分开，舔舔中间的奶油夹心，然后把两个巧克力饼干合在一起，在一杯牛奶中蘸一蘸再送入嘴里。孩子们不论是在学习、生活还是玩耍时，也不论他们是黄种人、白种人还是黑人，都会开心地吃着奥利奥，并将幸福的感觉传递给观众。在中国大陆，奥利奥打的是温馨家庭牌，充满了情感氛围。

20.2 奥利奥广告的特点

奥利奥巧克力威化是奥利奥家族的新成员。它外层是厚厚的巧克力，香浓细滑，入口即化；中间是层层威化，轻盈酥脆；还有一层独特的奥利奥夹心。巧克力的香浓，威化的酥脆，和奥利奥的美味组合，让你忍不住一口接一口。

1. 强调兄弟情谊

从兄弟情谊到亲情到友情，奥利奥总是能在短时间内将其表达得淋漓尽致。张张发黄的照片体现无法替代的兄弟情谊，用一个母子手牵手的特写表现亲情，用张张调皮的笑脸展现友情，奥利奥总是能将镜头深入到每个情感瞬间，让幸福感在瞬间毫不做作地表达出来，真实具体，回味悠长。

2. 主角是儿童

广告的主角是儿童、老人和美女，容易达到传播效果。由于奥利奥产品的主要消费群体为儿童，而广告画面中可爱天真的儿童往往能吸引所有人的注意。无论是美版"兄弟篇"还是流传到中国的"兄弟篇"，抑或是而后延伸的广告，奥利奥的主人公无一例外是儿童，因为儿童是奥利奥的主要顾客。小孩子的模仿行为是驱使儿童消费的主要原因，广告中"扭一扭、舔一舔、泡一泡"的行为是驱使儿童购买奥利奥的主要原因。而儿童们天真无邪的动作配上温馨的音乐，也会给大人带来幸福感受，无形中让消费者认为吃奥利奥是幸福的、美好的，联想十分丰富。

3. 创意因地制宜

卡夫食品公司在中国市场尝试播出过两个从西方引进的广告片。一个是卡通片形式，几块饼干乘坐一辆赛车行驶在高速路上，每块饼干最终都被拿走吃掉了。另一个广告是让卡通饼干角色去参加一个生日派对，并问"蛋糕在哪儿？"一个画外音回答"你就是蛋糕"，然后饼干就被吃掉了。两个广告都很有意思，但第一个的效果不错，第二个则不行。原因何在？因为在亚洲这些市场，把客人吃掉可不是待客之道。我们的经验教训是：创意可以移植，但要因地制宜。

20.3 奥利奥广告成功原因

1. 注重实地调研，迎合受众需求

"扭一扭，舔一舔，泡一泡"，奥利奥饼干的一个创新吃法，虽然这种吃法并不高明，但却容易让人记住它。其实这款饼干除了稍甜之外，口味还是很不错的。而且新推出的酷味薄荷口味能减掉一点巧克力饼干的腻感。奥利奥无论是最初打入市场还是进军中国市场，都做了大量的调研。奥利奥早在 1912 年就在美国问市，但是直到 1996 年它才被卡夫食品带到中国消费者的视野中。为了打入中国大陆市场，奥利奥派出一个团队进行了一项漫长的市场调查，结果有不少有趣的发现。首先，传统奥利奥对中国人来说口味过甜；其次，14 片装的奥利奥定价为 5 元，价格太高了。为此，卡夫食品研发出 20 种糖含量减少的样品，并请中国消费者测试品尝，之后才确定了恰好符合中国消费者口味的配方。此外，卡夫食品还推出了小包装、售价仅为 2 元的奥利奥产品，满足中国低消费群体的需要。并随着时间的推移，奥利奥根据不断的调研，改变产品形象，适应消费者需求，跟上时代的步伐。

雀巢是全球收入最高的食品公司，它在 1998 年就在中国市场推出了巧克力威化饼干。卡夫食品也意识到，要想在中国饼干市场获得更大的份额，除了改变配方外，它需要做更多的事情。中国威化饼干市场的增长速度比传统饼干市场要快，因此卡夫食品走上了其主要竞争对手雀巢的发展路线。于是，奥利奥开始其改造之路，以迎合顾客需求。2006 年，卡夫食品在中国市场推出了一种新的奥利奥产品，它看上去和原来的奥利奥完全不同。这种新产品由四片薄脆的威化饼干组成，中间配以香草和巧克力奶油夹心，最外层包裹着巧克

力。为了确保这种巧克力产品能够经受得住在中国广袤的土地上长途运输的考验，卡夫食品还开发出一种专利处理技术，使它在经历了北方的严寒或者南方的炎热潮湿后还能入口即化，而不会沾手。

一分耕耘一分收获，卡夫食品推广奥利奥的努力最终有所回报。2006年，奥利奥威化饼干成为中国最畅销的饼干，超过了中国本土公司达利旗下的好吃点系列饼干。新奥利奥产品在中国的销量超过了传统的奥利奥夹心饼干，之后，卡夫食品还在中国市场推出了巧脆卷——管状的巧克力威化卷，它还可以作吸管来喝牛奶，与公司其他产品相配合，相互提携，相互推销。

2. 达到完美境界，努力促销产品

第一次买了奥利奥饼干，之前没买过，因为彬彬妈自己觉得这种食品太甜。彬彬吃东西嘴很刁，很多种零食尝一口就不吃了，或者看一眼连尝都免了。没想到，彬彬妈一打开饼干，彬彬就大呼"奥利奥"，好像彬彬妈没跟他说是奥利奥吧，难道彬彬从外观上就看出是奥利奥啦？彬彬很兴奋地拿起一块就吃，吃上几口，想起什么来，使劲要把饼干扭开，嘴里还说"扭一扭，舔一舔，只有奥利奥"。原来是广告词！一会儿又说"妈妈，我要蘸着吃"。彬彬妈端来一杯热奶，他蘸着牛奶津津有味地连吃四五块。彬彬妈不知是奥利奥真的好吃呢，还是广告的力量。管它是什么，彬彬妈现在又找到一款彬彬爱吃的饼干。

奥利奥的广告作品一直遵循情感诉求。奥利奥广告"含泪的微笑"唤起了人们内心的良知与美感，到达真善美的境界。许多广告商在实际操作过程中，往往缺乏或忽视对文化现状、伦理精神、民俗风尚的热切关注和对公众心理变化的普遍性与特殊性的细微观察，也没有把握职业道德规范的具体要求和精神实质，仅仅依据主观的善恶尺度与美丑标准来选择广告宣传的形式与内容。奥利奥广告将美定义在儿童们天真无邪的笑容、纯真无间的友谊、真挚感人的亲情等方面，场景（家和学校）总是轻松温馨的。倾诉人世间的亲情、友情，

是它在广告中借以取得消费者共鸣和好感的惯用手法，拉近了与消费者的距离，赢得他们对产品的忠诚度。

现今为了达到广告的诉求效果，“广告中在能指与所指、产品与意义之间的这种不负责任的任意联结，它常常具有了欺骗的性质”。这种现象在减肥广告和医疗广告中尤为突出。虚假广告能起到的促销作用只是暂时的，不可能长久，更不用谈树立品牌。奥利奥深知必须把真实反映生活、真实宣传产品作为广告之本。奥利奥饼干广告词：“扭一扭，舔一舔，泡一泡”，儿童可爱，人见人爱！儿童类食品广告最喜欢找可爱的孩子做主角，拍出来的作品既吸引人又非常生活化。它没有使用数码艺术，没有过分追求视觉享受，转而营造一个幸福温馨的氛围，让受众置身于家庭环境，享受品牌美食的甜美。

广告也是一门艺术，一门商业艺术，它的艺术价值依附于它的经济价值而存在，其艺术性表现在对信息的艺术化包装与处理，塑造符号化和个性化的商业形象。既达到其诉求意愿，又激发受众的心理共鸣。虽然奥利奥的所有广告不外乎“扭一扭，舔一舔，泡一泡”，它也能让人百看不厌，当然，它也努力在挖空心思来点小变化。就如3个刚学完芭蕾的小女孩都分到了牛奶和奥利奥，但由于每个人杯子里同样的牛奶都少了，无法让奥利奥浸泡牛奶，三个漂亮的孩子互相看看，随后露出开心的笑脸，她们把牛奶都倒入中间的杯子，这样就都可以泡到牛奶了，随之响起快乐舒缓的音乐。奥利奥找到了其艺术的突破口，将推销目的寓于广告的艺术唯美境界中，使受众百看不厌，身不由已购买其产品。

3. 探讨广告效果，扩展受众群体

长久以来，卡夫食品公司这家按收入排名全球第二的食品企业一直难以在全球人口最多的地区——亚太市场取得新进展。“以前，营业收入徘徊不前，利润受到挤压，更危急的是，我们缺乏一个整体的战略方向。”卡夫亚太区总裁布拉迪普·潘特说，“公司做过很多尝试和转变，但效果不大。”2001—2007 年，卡夫公司亚太区的营业利

润略有下降;但从 2008 年起,该地区营业利润的增长率达到了两位数。卡夫并未披露亚太区的经营业绩,但其 2009 年二季度的全球净利润跃升 11%,从 2008 年同期的 7.45 亿美元升至 8.27 亿美元,二季度的销售收入下跌 5.9%,为 101.6 亿美元。卡夫在亚太区的经营转好有几个重要因素,包括公司在 2007 年以 70 亿美元的价格收购法国达能公司的全球包装烘焙食品业务(2009 年 9 月初,卡夫又有大举扩张的意图,以 167.3 亿美元的价格竞购英国吉百利公司,但遭到拒绝。卡夫称其将继续推进这一收购。一旦成交,一个全球食品业巨头将应运而生)。另一个关键的"切入点"是"我们赋予接近市场前端的人更多的自主权"。在2008 年 1 月出任现职务的潘特说道。此外还有一个重要因素,即在内部营造出一种"勇于冒险的文化,鼓励人们尝试新的东西"。这种创新精神也体现在改变产品成分以适应当地口味上。举例而言,卡夫的研究显示,中国消费者觉得奥利奥太甜了。"于是我们把糖分含量调低,印尼市场的产品配方确实比中国市场的甜。"结果,奥利奥现在成为中国市场上最畅销的曲奇饼干。

在现今这个广告时代,出现了太多垃圾广告,使得现在许多人看到广告就恶心,却又无法抛弃广告。奥利奥是广告成功的典范,真正深入了受众,当然,因此它也得到了市场的回报。1984 年,奥利奥开始了对成人市场的开发。就在同一年,奥利奥展开了一场"谁是小孩子?"的广告战,其设计目的为授给成年人享用奥利奥饼干的"特权"。当时,奥利奥的策略就是"口味一流,情趣领先"。1986 年,广告战开始邀请名人加盟,以增加"成年人的特权"这一标语的可信度,并且希望取得轰动性新闻效应。许多名人都曾经在奥利奥的广告中露过面,如卢·小戈塞特、苏珊·圣·詹姆斯和迪娜·绍尔。1988 年,公司不再使用名人来打广告了。这之后的广告战表明了奥利奥饼干怎样释放了藏在每个人内心深处的童心,这一创意又增添了许多人情味儿。1989 年,新设计的广告对最初的广告策略做了进一步的演化,其目的在于通过以前的"特权"主题,再加上一个"往日的怀念"的主题,增强了这个广告的收视率。成功的广告产生于这样一个过程,它关注于从经验中学习而逐渐发展形成,优秀的创意并不是完完整整地一下子冒了出来。广告人员在合适的时机找出一个好点子,并且不断地发展完善,这时还要注意它在市场中的效果。优秀的广告要产生一个富有个性的品牌形象,并且不断加强它的魅力,另外还要提高品牌的公允价值,赢得受众的首肯。

参考文献

[1] 曾耀农.现代传播美学[M].北京:清华大学出版社,2008.

[2] 胡晓云.世界广告经典案例——经典广告作品评析[M].北京:高等教育出版社,2004.

[3] 肖芃.媒介素养导论[M].北京:中国经济出版社,2006.

[4] 姚林,方敏.变化的媒体广告市场[J].广告大观综合版,2009(01):38-40.

[5] 朱强.道德资本在广告传播中的应用研究[D].南京:南京师范大学,2008.

第21章

从符号学角度分析鹤舞白沙广告

白沙的品牌知名度的迅速提升及其品牌内涵、品牌文化的广为传播，都与其倡导的品牌概念与品牌主题息息相关，那就是一个“飞”字。对“飞翔”的渴望，成为品牌的核心诉求，也成为企业的理想，白沙的生存和发展空间随“飞翔”而拓展。“鹤舞白沙，我心飞翔”是我们在电视屏幕上看到的一个广告语，它是白沙集团香烟广告。从此，“白鹤”、“飞翔”成为白沙香烟甚至整个白沙集团的品牌标志。

白沙集团是一个跨行业、跨地区经营的大型多元化企业集团，涉足卷烟制造、文化传播、印刷房产等多个产业。其核心企业长沙卷烟厂始建于1947年，现有在岗员工4000多人，企业总资产达132亿元，卷烟年生产规模150万箱(750亿支)以上，是中国烟草行业四家“壮大一批”的大型骨干企业之一，主要产品为白沙系列。奥运冠军刘翔代言白沙文化不到两个月，鹤舞白沙广告即因涉嫌违法发布烟草广告而被北京市工商局责令停播。据报道，北京市工商局广告监测系统自开通以来，共监测广告58937条，涉嫌违法的有1457条，这其中就包括鹤舞白沙广告。

因白沙文化传播公司隶属于以烟草生产为主的

白沙集团,刘翔代言"白沙文化"从一开始就备受争议。其实人人都心知肚明,"鹤舞白沙,我心飞翔"虽然拍得美轮美奂,且不包含半点烟草信息,但此则广告显然打了法律的"擦边球",是一种经过精心包装的变相的烟草广告——无论怎样的辩解和粉饰都否认不了这个事实。从这个角度看,工商部门叫停"鹤舞白沙"当属合理合法之举。但是,这并不意味着此举无疑可问,反而值得我们深思。

21.1 白沙集团的品牌理念

"鹤舞白沙,我心飞翔"的品牌核心理念形成后,白沙集团开展了相应的整合传播。在电视上和平面广告中,那飞向天穹的鹤、追寻鹤的双手,在人们心里留下了深刻的记忆,勾起不少人的遐想。随着广告创意时代的来临,白沙确立的以"飞"为主题的主打广告画面,却洗净铅华,清丽优美——蔚蓝的天空,碧净的湖水,青葱的草苇,一群洁白如雪、傲骨如仙的白鹤一飞冲天,守卫着的是一双翩然的男人的双手。古老的白沙井旁,两只美丽的丹顶鹤翩然起舞,给人们以闲云野鹤的自在、以似仙如幻的情愫……。

在传播"我心飞翔"这个品牌理念时,白沙集团不惜投入巨资。在全国城市繁华区域,发布路牌灯箱广告,在各大媒体轮番播放"鹤舞白沙,我心飞翔"的广告片,造成集团冲锋的声势。尤其值得关注的,是他们通过积极参加与"飞"有关的主题活动,借重大的事件诠释品牌的内涵,达到营销的目的。

鹤舞白沙广告已经做了许多年,并非始于刘翔代言白沙文化。那么,明知此则广告涉嫌违法发布烟草广告,各地工商部门为何一直睁只眼闭只眼,长时间没有责令停播?莫非一有了大牌明星代言,这广告就不涉嫌违法了?刘翔为白沙代言,确实让鹤舞白沙的名气和影响力陡增,那么,判断一则广告是否违法以及是否予以叫停,难道应该依据某则广告的影响力大小吗?

21.2 刘翔广告的效果

宁静如镜的湖面，灰暗的天空，一个中年男子重重的脚步迈向湖边；远处，几只白鹤在浅水处嬉戏、助跑、腾空，振翅飞向蓝天；随着白鹤的腾空飞翔，画面逐渐明亮，色调逐渐辉煌……；男子凝望飞向远方的白鹤，双手并举舒展地做出飞翔的手势，伸向天空……，这时音效达到最高潮。画外音起："这一刻，我已经飞了起来。鹤舞白沙，我心飞翔。"

雅典奥运会，刘翔夺得110米跨栏金牌，历史性地成为了神话。他也随即成为了一种大众文化的富矿资源，自然也被白沙集团所重视，重金邀请他为产品代言。于是，刘翔代言的白沙广告传遍全国，甚至在世界许多地方也能看到，影响宽广。

据《北京娱乐信报》报道：北京市工商局广告监测中心认为刘翔代言的白沙广告因涉嫌违法发布烟草广告而被责令停播。广告监测中心认为，刘翔版白沙广告违反了《中华人民共和国广告法》的有关规定。显然，他们的评价尺度是国家制度性的、硬性的"法律话语"。不过，"法律话语"并非是唯一有效的分析视角。在各种媒体的大肆炒作下，刘翔版白沙广告事件迅速成为一个引人注目的大众文化事件。众所周知，广告是一种典型的大众文化文本。我们将从传播符号学的角度解析该广告的符号系统，力图弄清楚它到底建构出了一个怎样的符号系统？对于广告学具有什么借鉴意义？

21.3 符号学概述

符号学(semiotics，semiologie)于20世纪60年代以后由法国和意大利为中心重新兴盛至欧洲各国，它的源头不外乎胡塞尔的现象学、索绪尔的结构主义和皮尔斯的实用主义。如按理论形态也可分为：①卡西尔哲学符号学（新康德主义），以及皮尔斯哲学符号学。②索绪尔影响下的罗朗·巴尔特的语言结构主义符号学。再细分：一曰，以索绪尔所说"语言学只是符号学的一部分"为依据；二曰，前苏联学者劳特曼的历史符号学，正好是索绪尔共时研究的反对。③以巴尔特所言"符号学只是广义语言学的一部分"为依据，这种符号学是扩大意义的语言学，更准确地说是"元语言学"理论。李幼蒸认为，今日最为通行的一般符号学理论体系共有4家：美国皮尔斯理论系统、瑞士索绪尔理论系统、法国格雷马斯理论系统和意大利艾柯一般符号学。符号学作为一个跨越学科研究的方法的学科，当然少不了思想学术的革命性。

符号学是对各种符号以及它们作为文化意义运载工具的一般作用的一种研究或科学 。索绪尔指出，符号包括两个构成性元素：能指、所指。符号是指能指和所指相联结所产生的整体。一个符号具有三个基本特征：它必须有某种物质形式，它必须指自身之外的某种东西，它必须被人们作为某种符号使用与承认。巴尔特举玫瑰为例，通常情况下一朵玫瑰就是一支花，但如果某位年轻男子将它献给女朋友，那么它就成为一种符号，因为它代表浪漫激情，而她也承认玫瑰的这种意义。

在符号学里，能指和所指是成对出现的概念。索绪尔用下面这一模式来说明两者的关系："能指是我们通过自己的感官所把握的符号的物质形式。如一个词的发音或一张照片的外观。所指是符号使用者对符号指涉对象所形成的心理概念。"白沙洲上白鹤舞，是洞庭湖一带的美景，观鹤飞而心动也是正常人的心理反应。"白沙"将语义、情景、逻辑自然地串起，"我心飞翔"则在"鹤舞"的基础上升华了品牌。一句简单的导语，却有几重有机联系的深意。8个字的导语，虚实结合，有景有画、有诗有情，演绎出自然之美、人文之美。"鹤舞白沙，我心飞翔"是品牌导语中的上品，将能指和所指之间的关系演绎得自然而贴切，不会使人觉得牵强附会。

能指和所指之间的关系通常是并非一次性完成的，它们之间具有一种序列关系。在第一级序列中，由能指和所指联结成一个整体，即符号。在第二级序列中，前一级序列中的符号又变成了能指，与另外的所指共同组成第二级序列的符号。

白沙品牌的核心理念和定位是什么？在白沙金世纪《燃烧的背后》文化手册中，是这样描述的：香烟，只是一个符号，为人的思想蒙上一层雾而已。没有烟，人还是原本的人。只是透过香烟，我们更容易发掘人的本性——现实受困，思想无疆。这对现实的启迪是——心，永远要飞翔。也许有一天，香烟在地球上消失了，但精神、意志和思想永远向往飞翔。“飞翔”，就是白沙品牌的核心理念，也指产品意义的升华。在央视投放的“鹤舞白沙，我心飞翔”的创意广告，更是让人耳熟能详，奔跑的白鹤和飞翔的手势深深印在消费者的脑海中，也使得高速发展的白沙品牌形神兼具，富有情感的魅力。正是意指将能指和所指联结成了一个整体。巴尔特视意指为一个过程。同时，他将意指区分为直接意指和含蓄意指。其中，直接意指是单纯的、基础的、描述的层次，在那里存在着广泛的一致性，大多数人会认可其意义；而含蓄意指则不再是一种明确解释的描述层，在此我们开始根据社会意识形态——普遍信仰、概念结构以及社会价值体系等更广泛的领域，来解释各种完成了的符号。在含蓄意指那里，他深刻地看到了“神话”。

现在有人说，“白沙”已经超越了产品的范畴，传达的是一种生活的意境和感受。其实任何一个著名的品牌，不都是这样一种境界吗？白沙集团总裁卢平提出的“鹤为形，和为神，飞翔之道，简单管理”14字方针，正是将企业元素与社会价值最有效地对接。“鹤舞白沙”广告对符号学的运用是十分成功的，对产品营销也起了推动作用。

21.4 鹤舞白沙广告分析

格雷马斯认为，能指的视觉类包括面部表情、手势、文字、实物画、雕塑、交通信号等。依据法相唯识学，八识中的前五识（眼、耳、鼻、舌、身）都是接受能指的系统，如果眼识里的色分、相分是符号的第一次感知裁决，那么指示标识里的符号就是再一次裁决，这次裁决将会产生常见的三类共识性符号。

（1）相关符号

相关符号指与所代替现象有各种相关联系的符号。如风向旗表示风向，十字路口的路标，温度计的水银柱等。有的专家，譬如美国的皮尔斯把它称作索引式符号。所谓索引式符号就是通过相关联系推测符号的信息，无须解释，受众即能明白。

（2）规约符号

规约符号指与所传递的信息之间无任何联系的，仅靠约定俗成形成的符号。譬如，交通运输上用红色和黄色喻指警示之意。又如通信电码、斑马线之类，这方面用得最多的仍是运输领域。皮尔斯把它命名为象征符号，有些专家又称为指号符号。

（3）象似符号

象似符号指外部形式和内部结构与所代替的事物相似的符号。画五颗五角星代表五星级酒店；在画的香烟头上打"×"，表示禁止吸烟。这样的例子不胜枚举。有些是约定俗成的，如"×"；有些是相似的，如星星、香烟头。倘若两者完全一样，那还是符号吗？肯定不是。符号传递信息一看便知，绝不能模棱两可，让人捉摸不透。

类似于鹤舞白沙这样打法律"擦边球"的烟草广告，并非白沙文化一家。什么"天高云淡"、"天之骄子"、"爱我中华"、"红河雄风"、"福文化传播中心"等，我们每天都能从电视上看到。和白沙集团一样，做这些广告的企业，也都是边生产烟草边做其他生意，如果认定"鹤舞白沙"涉嫌发布烟草广告而违法，那么这些企业的广告也有着同样的问题。为何只叫停"鹤舞白沙"而对其他变相烟草广告不管不问？监测系统发现的1457条涉嫌违法广告，是否都将叫停或予以查处？这些都值得我们认真研究。

刘翔版广告调用了丰富的能指。其中，图像型的能指有白鹤、天空、手、刘翔、其他运动员等；文字型的能指有"鹤舞白沙，我心飞翔"、"亚洲"、"世界"、刘翔胸前的"中国"、阿拉伯数字的跑道"1、2、3、4、5、6、7、8"、"刘翔"个性化的签名、"白沙文化代言人"等。

这些能指很多都可以继续切分，例如，作为核心能指之一的刘翔，可以继续切分为：其一，图像型能指，包括刘翔的长相，奔跑中的表情、张开的臂膀、姿势以及肌肉的拉伸状况，运动服的款式与颜色、五星红旗图案；其二，文字型能指，包括“刘翔”的签名、胸前的CHINA。总之，所有这些能够被识别的物理形式就构成了该广告片的能指系统。

在刘翔版广告里，“白鹤飞翔”和“刘翔飞跑”是两条线索，通过剪辑技术，两条线在视觉上时而平行、时而交错、时而叠合，“白鹤飞翔”和“刘翔飞跑”之间也就建立起了相似性，两个自成系统的能指，即“白鹤飞翔”和“刘翔飞跑”也由此达成聚合，完成了宏观层次上的所指；白沙集团犹如刘翔一样所向披靡。刘翔版广告是利用拼贴手法建构起来的。一方面，它保留了老版本最核心的视觉元素——飞翔的白鹤；另一方面，它又加入了新的视觉元素——飞跑的刘翔。这原本是两个截然不同的语境，通过拼贴手法，广告制作者将刘翔雅典夺冠的原始语境纳入到老版白沙广告的语境之中，于是拼贴而成了刘翔版白沙广告。由此，该广告的所指也迎刃而解了。“白鹤”的所指是白沙文化集团，“白鹤的振翅飞翔”的所指是白沙文化集团的蒸蒸日上、不断前进的企业文化特征，“刘翔”的所指是奥运冠军、神话英雄，“刘翔的飞驰”的所指是舍我其谁、君临天下的恢弘气概与王者风范，寓示着白沙集团追求的目标。

在刘翔版广告中，广告制作者也运用换喻手法，对受众进行印象管理。尽管在广告文本中我们完全见不到“白沙香烟”的字样或者包装形象。原因有三：①广告中的“白沙文化集团”之“白沙”二字与白沙香烟的字体相同；②白沙香烟烟盒上的图案也是飞翔的白鹤；③老版广告的广告词“鹤舞白沙，我心飞翔”得以保留。这一广告词曾被用作白沙卷烟厂的烟草广告语。刘翔版广告运用了一种重要的视觉修辞手法——换喻。

因为有机地揉入了刘翔的夺冠传奇，所以白沙集团也由此分享了他在空间跨越和征服方面的精彩表现。在广告叙事层面上，白沙集团似乎已经开拓出了一片最广阔的生存空间：中国、亚洲、世界。刘翔版广告的传奇叙事不但借助了神话人物刘翔，而且借助空间转换关系放大了神话的效应范围。这是颇有深意的，它表达了刘翔对于空间的一种递进式的跨越和征服，扣合的恰恰就是我们再熟悉不过的那句雄心壮志——“冲出亚洲、走向世界”。最后，需要指出的是，刘翔版广告的意指虽然成功地调用了某些技巧，但挑剔地看，两套核心性的能指与所指之间却存在着表意模糊的缺陷。在老版广告中，能指“白鹤”不是一只，而是一群。成群结队的白鹤所指涉的，正是白沙集团的整个团队。其中，飞在最前面的那只白鹤起领头作用，这指涉的是整个企业团队在白沙集团最高领导的带领下不断前进。在这里，“一只”与“一群”之间的关系是合作而和谐的。而在刘翔版广告中，“鹤群”作为核心能指得以保留。但它与另一个核心能指之间却多多少少有些相冲突。

“白鹤”和“刘翔”的结合是一种非常和谐的结合，他们一起把“吸烟有害健康”这一负面信息完全给替换或遮蔽了。于是，广告呈现给观众的，只有纯洁纯净、阳光健康的视觉形象。总而言之，通过换喻，广告力图让观众看见白鹤就愉快地想起白沙香烟，并且，将对刘翔的佩服或崇拜之情也一并融入。换喻手法遮蔽了一个严峻的科学事实——吸烟有害健康。我国规定，任何品牌的香烟烟盒上都必须明确注明警告语“吸烟有害健康”。但是，刘翔版广告中却并未出现“白沙香烟”的文字或者包装形象，观众能够看到的核心性能指只是“白鹤”和“刘翔”。显然，正是这两个能指带来了独特的换喻效果：白鹤，因为拥有白色的羽毛而通常被赋予纯洁、纯净的象征意义；而作为奥运冠军，“刘翔”这个能指在人们的眼里既年轻又阳光、健康。这样，广告在不知不觉中替换了概念，似乎消除了香烟产品的负面形象。

西部牛仔将万宝路建构成了一个传奇品牌。同样，当观众目睹刘翔神话——他飞驰着完成了自我超越，并超越了各国劲敌，为中国田径实现了零的突破的时候，无不被他挥洒出来的男人味所折服。传奇叙事为刘翔版广告带来了极具诱惑性的男人味。在社会习俗看来，香烟经常是与男人味联系在一起的，即吸烟被认为是显示男人味的一种行为。万宝路就是经典案例。万宝路之所以被视为男人味的象征，很大程度上应归功于其广告的核心能指——粗犷、英俊、硬朗的西部牛仔。因此，当刘翔神话的经典瞬间被商业化，即将刘翔的传奇故事拼贴进白沙广告的时候，它也就自然而然地为该广告糅入了一种具有深刻认同性的男人味。观看了刘翔版广告，观众完全有可能如此推理：选择白沙香烟，就是选择男人味，就能像刘翔一样事业成功。

白沙文化为请刘翔代言并制作广告，投入了巨额资金，工商部门的一声叫停，就可能让这些投入打了水漂。从法律的角度看，这怪不得别人，因违法而遭受损失属于咎由自取；但是从情理角度看，"白沙文化"又确实有点"冤"。如果"鹤舞白沙"早些被认定为烟草广告而禁止发布，这个损失就可以避免；如果在叫停"鹤舞白沙"的同时，一视同仁地叫停其他涉嫌违法的变相烟草广告，也许更能够让人服气，白沙文化也许更能心平气和地面对这一切。更重要的是，叫停"鹤舞白沙"这件事表明，什么样的广告属于烟草广告、经营烟草的企业是否一律不准发布任何形式的广告等问题，需要法律法规给出一个明确而严格的界定，否则，就是法官也难以评判。

总而言之，符号越相像或越接近对象，就易于识别，凡是越抽象的或民族文化性的符号识别也就越难。譬如说，欧洲人常在杯子上缠绕蛇来代指医药，东方人难知其意。那些全世界能通用的，最好用相像或越接近对象的共识性符号。如果是文化类型，要根据能指或受指的思维去做。如果二者都无法达到目的，就必须使用强制性的规约符号。不过做广告设计也不需如此严格，用得巧妙是很需要灵感的，了解得越多产生灵感的机会就越多。故知识是创造灵感的触点，阅历是制作广告的基础。

参考文献

[1] 肖芃. 媒介素养导论[M]. 北京：中国经济出版社，2006.

[2] 李宗诚. 广告文化学[M]. 郑州：郑州大学出版社，2008.

[3] 张家平. 品牌广告评析[M]. 上海：学林出版社，2006.

[4] 斯图尔特霍尔编. 表征[M]. 北京：商务印书馆，2002.

[5] 费尔迪南德· 索绪尔. 普通语言学教程[M]. 北京：商务印书馆，1998.

[6] 柳军. 白沙香烟[J]. 广告导报，2001(09)：25-26.

[7] 余风. 刘翔不小心碰倒了一个栏杆[J]. 观察，2008(03)：65-68.

[8] 晏扬. 对叫停鹤舞白沙广告的追问[N]. 光明日报，2004-11-05(04).

[9] 黄顺铭. 一个大众文化文本的符号系统[J]. 新闻知识，2005(04)：56-59.

[10] 杨帆. 白沙品牌传播的结构主义和符号学分析[J]. 湖南大众传媒职业技术学院学报，2005(06)：54-58.

第22章

多乐士涂料广告策略分析

我们从“你能想象的颜色”系列广告为案例分析多乐士油漆涂料，并具体阐述多乐士的品牌发展历程和它的正确的市场策略及目标定位。同时，我们分析其以动物为品牌代言的主要优势，具体介绍“多乐士狗”的品牌作用和受众观感。此外，分析多乐士在中国的因地制宜的广告策略，以功能导向的实用主义为主题的中国攻势。

ICI 世界集团属下的 ICI 油漆集团是全球最大的油漆生产商之一，每年全球有 5000 万户家庭使用 ICI 油漆。如果把 ICI 油漆的罐子叠加起来将是珠穆朗玛峰的 13000 倍。ICI 油漆在全球 25 个国家开设了 49 间油漆生产厂，产品行销全球 120 个国家，并且在多个国家雄踞市场领导地位。ICI 油漆集团的核心业务主要为建筑装饰漆及包装涂料，旗下拥有多个世界驰名的建筑装饰漆品牌，包括 Dulux（多乐士），Glidden（利登）、Devoe（迪威耳）、Cuprinol（卡普林诺）、Maxilite Plus（幻色家）、Maxilite（美时丽）等。ICI 油漆集团以自己站在革新前沿而深感自豪，集团聘用了628 名专业人才在世界各地专门从事研究和开发油漆产品的工作，每年在各地研究开发上的费用支出就达 3500 万英镑。是世界上第一家做到所有油漆产品中不添加铅和汞的油漆公司，务求为全球的油漆用户提供高技术、高质量、安全环保的产品及一流的技术服务。

立邦和多乐士的竞争故事，再一次证明了抢先占据顾客心智的重要性。立邦率先打响乳胶漆品牌，成功占据了潜在顾客的心智，赢得了可持续竞争优势。多乐士一招落后，就招招落后，尽管投入巨大资源，由于缺乏与立邦针锋相对的战略定位，始终处于下风，依然屈居第二。立邦成功的核心原因，是它抢占了潜在用户心智中对乳胶漆品牌的认知空白。1993 年，立邦在上海投入了 3000 万元广告费，第一个在电视上做涂料广告，随后每年把销售额的 12%投入广告。由于当时在顾客心智中，乳胶漆品类还未有品牌占据定位，立邦的广告攻势使得立邦能迅速进入顾客心智，顾客在潜意识里面就把立邦和乳胶漆联系在一起。

22.1 多乐士广告进程

作为 ICI 表现最出色的品牌，多乐士已经成为世界上最有影响力的涂料品牌。在中国市场上，多乐士十年磨一剑，成为仅次于立邦的涂料霸主，占有了超过 10%的中国涂料市场。

索尼创始人盛田昭夫曾经说过："企业成功的所有秘诀都包含在两个词里面：发现和创造。发现别人发现不了的顾客需求，创造出让这种需求微笑的东西。顾客需求是市场的灵魂，企业必须准确地把握它。对于商品，顾客不仅存在着功效需求，还存在着其他的需求。企业要想赢得市场成功，必须要做好一件事——准确地建立起目标顾客的需求模型。"恰如有肯德基的地方就有麦当劳，几乎有立邦广告的地方就有多乐士广告。多乐士与立邦的竞争，最明显的体现就在广告上。如在电视广告、平面广告、街头路牌方面的宣传上，立邦每年投放在中国市场的广告费高达 2500 万美元，紧随其后的多乐士广告投入也有 1185 万美元。

对多乐士而言，这既是机遇也是挑战。从 1999 年开始，涂料正式取代墙纸，成为装修中进行房屋墙面处理的重要材料。彩色涂料变得越来越时尚，越来越多的人，特别是引领时尚的年轻人，将家居粉刷上大胆的色彩。“色彩当道”成为不可逆转的时代潮流，这也是彩色涂料成为有前途、大有利润的市场区域。涂料市场的发育，对于本身在市场占有较高声誉的多乐士而言，无疑是一个良好的发展机会。但多乐士保守的风格和在色彩方面的劣势，也意味着多乐士积累了多年的品牌优势地位可能消失殆尽。

说起涂料广告，我们非常容易想到立邦的“小屁股”：广告中各种色彩的油漆在一群天真可爱的、快乐的小天使的屁股上大放光彩。原本没有情绪的商品立刻变得极有趣又可爱，具有了强烈的记忆点，于是立邦品牌也具有了一定的情绪色彩，而且被牢牢地存储在公众的记忆里。作为该广告的创作者，路盛章教授却非常欣赏戛纳节上获金奖的另一涂料广告，即多乐士系列广告。它们主要表现多乐士的色彩丰富，可以提供任何一种消费者可以想到的色彩。例如多乐士彩色平面广告中的著名两张：一个神情沮丧的足球运动员，后面是伸手掏牌的裁判，右下方是红黄两色，你可以自由想象球员的宿命；一只黑人的手抚着一名白人孕妇的肚子，画面右下方是黑白两种肤色的色标，对比十分强烈，让受众看后难以忘怀。

就在立邦在中国推出“小屁股”广告的 1999 年，多乐士遭遇了前所未有的“色彩”考验，也开始意识到在全球蔓延的色彩浪潮中，该如何应对挑战，直接关系到多乐士品牌的生死存亡。于是，多乐士在广告公司的协助下，重新调整了自己的市场策略，扭转了被动的局面。

首先，将目标锁定在成熟女性身上，因为她们是涂料购买中的关键决策人。1999 年多乐士的电视广告播出，与以前广告的那种文雅、浪漫和艺术气质相比，新广告更加大胆，引人争论，也引起受众的关注，挑起了顾客的购买欲望。多乐士及时将广告主题定为“‘多乐士’，为你调配喜欢的色彩”，着重表现品牌的丰富色彩和色彩所解决的消费者需求问题。

其次，重新界定自己的目标对象：多乐士将重点转向 35 岁左右的青年顾客，其原因在于：①多乐士在此群体中的渗透率最低，而这一群体却拥有最大的增长机会；②第一次家庭购买者的购买兴趣和数量都在提高，这意味着这些家庭正在成为重要的细分市场；③他们代表了品牌的未来。多乐士意识到，如果不补充年轻消费者，从长远来看，品牌迟早会失去所有的市场份额，甚至会退出市场。

广告以摄像机镜头的角度，颇具趣味的描述系列特定的情节。例如，一位无礼的孩子，脚即将被门压住，画面提示红到黑的系列色彩；一条毛毛虫即将被汽车压扁，系列绿和黄的色板跳出；当然，最有意思、最有争议的是，处于剧痛中临产的白人妇女，正看着身边的黑人丈夫，一系列黑白色板展现，不禁让人想象“新生的婴儿会是什么肤色呢?”不同的情节都以不同的色板结尾，每个结尾都配有系列的色彩样本和一行字“你能想象的色彩”。广告推出后取得了巨大的成功，4 个月后的调查发现，认为多乐士“有最多色彩”的人提高了 13%，认为多乐士“能为你调配最适合的色彩”的人提高了 15%。当全年广告传播结束后，能记得多乐士广告的受众中，有将近 83%能准确回忆；而且，多乐士销售额增加了 1850 万英镑，其市场份额由 35%提高到 39%，并且不断增长。

22.2 多乐士广告形象

待到多乐士上市时，立邦早已经在顾客心智中占据了乳胶漆的定位。尽管多乐士只落后立邦一年时间，却由此错过了最为宝贵的战略时机。顾客心智一旦形成认知，就难以改变，因此尽管多乐士在广告上的投入也很大，却难以撼动立邦乳胶漆在顾客心智中的地位。立邦在顾客心智中成为乳胶漆品类的领导品牌，其中的好处不言而喻，当顾客想到购买乳胶漆时，就会首先想到立邦，并且把立邦作为最优购买选择。

多乐士也不甘落后，早在 1963 年就推出了“多乐士狗”，使其成为名副其实的“品牌代言狗”。动物或者虚拟生物作为品牌代言的主要优势表现在：①业界一直流传着广告表现的 3B 原则，即动物、婴儿和美女。其根本原因在于动物非常容易得到大家的怜爱,如同自家宠物,日久生情,视为亲人。②动物的报酬可以非常之低廉,或许是一根骨头或几根竹子,不像影视明星动辄要几十万美元。③作为品牌代言人,动物不会给你带来任何麻烦。即使有也不过是些"招蜂引蝶"的小事,这也只会强化受众对它的喜爱。

不过,"多乐士狗"能成为品牌代言狗,是多乐士多年运作的结果。30多年来,"多乐士狗"一直出现在广告中,在前面提到的"调配你喜欢的色彩"系列广告中,那条英式牧羊犬就协同漂亮的女模特,提着各色涂料,前往各大媒体的办公室,给他们的头发染上疯狂的色彩。

在澳大利亚,"多乐士狗"还学会了另一项技能。广告的故事发生在一个刚刚刷过涂料的客厅,一位漂亮的女主人打开门叫狗进来。听到呼唤,狗跳过篱笆奔向家门,但它突然停在门口,被家中色彩的改变惊呆了,下意识地在门口擦了擦脚,才进客厅。这条广告十分有趣,使受众记忆深刻,进而购买这种产品。

多乐士是第一家能够做到所有油漆产品中不添加铅和汞的油漆公司,并且始终将环保理念贯穿于所有的研发、制造环节,来保障产品的环保指标。采用科学化管理,在产品的设计、开发、原料选购、生产、市场和销售、储存、运输及最终处理各个阶段,致力于减少产品潜在的不利于安全、健康及环保的各种因素。此外,多乐士在原有漆优良功效的基础上,全面加强了配方,特别是产品的超级耐洗擦性,墙面可用水或洗洁剂洗擦,各种油渍、污迹及蜡笔画痕均可轻松从墙面擦去;干后墙面不留洗擦痕迹,漆膜完美平滑如新,光泽均匀,色彩不改变。加入全新配方,色彩更加多样,选择的空间更多。多乐士打了场漂亮的色彩战和环保战,顺应了市场的变化需求,成功地将自己塑造成为色彩最丰富的涂料品牌。这正是营销策略弹性的体现,因地制宜、随时而变。另一方面,策划商业行为该保持某种稳定,即延续性,贯穿整个品牌的发展历程,成为品牌内核的有机脉络。这在多乐士的品牌代言人策略上得到了充分体现。

22.3 多乐士进军中国的广告策略

目前，中国是世界第三大涂料油漆生产及消费国，年消费量超过200万吨，并以每年20%～30%的速度增长。巨大的市场吸引了众多企业，竞争程度可谓盛况空前。继多乐士皓朗系列这一高科技新品的成功上市之后，多乐士超高档墙面漆家族再添全新成员——多乐士抗甲醛全效墙面漆。该产品在秉承全效系列优质墙面表现的同时更具备创新的空气净化功能，不仅自身不含甲醛，更能有效吸收室内甲醛，显著降低空气中的甲醛含量。

针对近年来消费者对于居室空气环境越发重视的需求，多乐士的技术专家将创新技术——微孔净化科技运用于多乐士抗甲醛全效墙面漆中，其中特别添加具有多孔性结构的珍贵植物纤维及矿物提取物，能有效主动吸收房间内的新家具等装修建材所散发的甲醛等有害物质，并将其牢牢锁定，促使其在水和氧分子的作用下转化成非挥发性的无害物质。该产品也已经率先获得了国家专业认证。经专业检测机构检测表明，涂刷多乐士抗甲醛全效墙面漆的甲醛浓度的下降相对普通房间高出近80%。由于其材料的非损耗性，更能做到长期有效地持续净化空气。

用了多乐士抗甲醛全效墙面漆的家，就像安装了一台空气净化器，出色的空气净化功能结合全新的净味科技，为您改善家中空气质量，营造清新健康的居家环境。

多乐士没有放弃这个好机会，但与其他品牌不同，多乐士在中国的广告推广并没有照抄其在国外推出的“你想象的色彩”，而是全新的“功能导向”系列。实用主义是多乐士对中国市场特点的理解，以及在此阶段品牌运作规律的把握。多乐士清醒地意识到，亚洲市场的增长是其发展的好机会，从它的广告投放来看，多乐士中国公司花费最高。

立邦与多乐士是建筑涂料市场的两个主导品牌。随着市场竞争的加剧，一场两年的电视广告对决终于在它们之间爆发了。多乐士的广告是以产品功效诉求为主题，通过一个城市新生代家庭的场景，运用轻松诙谐的表现手法，淋漓尽致地展现了多乐士五合一墙面。电视广告里，两只壁虎爬进了刚刷完墙漆的房间，带观众亲身体验了五大特点。在地铁广告中，多乐士更突破了一般油漆广告的模式，以女性优美动人的脸表现功能：睫毛上的水珠——防水，鲜红的嘴唇——色泽持久，光滑的皮肤——纯洁无瑕。其中，多乐士特别强调其产品的防水、防裂纹功能。防水、防霉、防剥落、色泽持久、纯洁无瑕五大功能特点是多乐士在中国市场上反复表现的主要内容。在最近的电视广告中，一个爸爸正兴致勃勃地观看足球比赛，孩子与狗在家里玩起了足球。结果，孩子踢翻了墨汁，弄得满墙球印。怎么办？没关系，刷过多乐士的墙面，让你一擦即可。妈妈回来了，家里还是既干净又美观。多乐士广告大打家庭牌，适合中国人的生活习惯和价值理念。

立邦和多乐士两个涂料品牌在消费者心中的支持率分别为51.64%和44.24%；而在销售方面，立邦漆的市场占有率是40.51%，多乐士是38.23%，其他品牌总共才21.26%。可以说，在涂料领域，立邦与多乐士已呈明显双寡头竞争之势。从多乐士在中国拉开色彩战序幕直到今天，广告一直保持着多乐士的传统。在ICI看来，内墙涂料正在从纯粹的墙面保护材料，演变成一种文化、一种时尚；中国的消费市场已经开始成熟，其色彩需求与日俱增，ICI则极力推动这种需求，多乐士将在色彩领域有更多精彩表现。2003年10月13—17日，ICI公司在粤沪京举办2004年“色彩之旅”发布会，预测“瑜伽”为2004年流行健身方式，多乐士用这样一个东方词汇来描述色彩显然表示了对亚洲的重视。立邦强调生活情调，宣传了其品牌的人性化，但对于品牌的时尚元素宣传相对较弱。相对于国产品牌，消费者习惯性地认为国外产品就是高端产品，而本土品牌只面向低端市场，多乐士抓住时尚这一元素塑造与立邦等品牌不同的形象，宣传时尚可以给消费者带来非同一般的乐趣，吸引追求时尚色彩的消费群使用本品牌，创造巨大的销售利润。

参考文献

[1] 王晓明.涂料业竞争焦点从功能转向色彩[OL].中国包装网,2003-11-04.
[2] 营收突破5亿,ICI"涂"霸中国[OL]. http://www.gzii.gov.com.
[3] 消除消费误区,目前中外涂料对决[N].中华建筑报,2003-03-21.
[4] 王同筱.中国涂料市场现状透视[OL].中国营销传播网,2003-09-25.
[5] 胡晓云.世界广告经典案例[M].北京:高等教育出版社,2004.
[6] 王新业.立邦漆VS多乐士:色彩的博弈[J].中国品牌,2009(09):54-58.

第23章 哈根达斯广告案例分析

在中国市场，哈根达斯一如既往地贯彻了其矜贵策略。虽然从来没有大张旗鼓地做过广告，但是每一个小资的中国人没有不知道它的大名的。为什么哈根达斯能够把一个简单的冰淇淋产品做到如此出神入化的境界呢？

哈根达斯是冰淇淋品牌的一个神话，它的诞生套用一句时下流行的话来说，就是纯属偶然。哈根达斯之父是一个叫鲁本·马特斯的波兰人，靠销售水果冰起家，积累了自己的第一桶金。在其他冰品制造商以降低产品价格进行竞争时，例如在冰品中加入安定剂、防腐剂及增加空气含量的同时，马塔斯决心制造最好的冰淇淋，而坚持使用纯净、最天然的原料。马特斯为他的冰淇淋取了一个丹麦名字Häagen-Dazs，他认为这个斯堪的纳维亚的名字可以唤起人们对新鲜、天然、健康及高品质的追求。而最早的哈根达斯冰淇淋只有香草、巧克力和咖啡 3 种口味，草莓是第 4 种。现今，哈根达斯已经被视为冰淇淋品牌中的贵族，除此之外，它还成为现今世俗男女爱情的象征。“爱她，就请她吃哈根达斯”成为一句家喻户晓的广告词，也成为都市青年男女的一种生活时尚。

23.1 哈根达斯产品介绍

哈根达斯作为美国冰淇淋品牌,1921 年由鲁本·马特斯研制成功,并于 1961 在美国纽约布朗克斯命名并上市。不久,它成立了连锁雪糕专门店,在世界各国销售其品牌雪糕,在 54 个国家或地区共开设超过 700 间分店。另外,在市场占有率上:美国 6.1%,英国 3.5%,法国 1.4%,新加坡 4.3%,日本 4.6%,香港 5.1%,韩国 3.2%。哈根达斯生产的产品包括雪糕、雪糕条、雪葩及冰冻奶酪等。

哈根达斯的名称很欧洲化,但其实并不来自欧洲,只是由两个合成的字所组成,它甚至在北欧没有任何分店。其创办人则是来自波兰的欧洲移民。哈根达斯的冰淇淋有多种不同味道,亦被称为超级品牌,因为其冰淇淋密度较高,在生产时混合的空气比较少,亦有较高的牛油脂肪。20 世纪 50 年代,由于冷冻技术和科技的发展而导致很多冰淇淋制造商在产品中加入更多的稳定剂和防腐剂以延长产品的保质期限和降低经营成本。因而使冰淇淋的质量大不如前,鲁本·马特斯当时便立下宏愿要生产纯天然的、风味绝佳的冰淇淋产品,让世人享受真正高品质的冰淇淋美味。经过不断努力,他的理想已经在全世界得以实现。

正如许多顶尖奢侈品牌,哈根达斯走的是曲高和寡的经营路线,它必须凸显自己矜贵的品牌个性。马塔斯在创立哈根达斯之初,便明确地喊出了自己的宣言——制造最好的冰淇淋,在其后的发展历程中,无论是制作选料、产品定价,还是专卖店设立、宣传策略等,哈根达斯都尽善尽美,体现出对矜贵傲人品质的孜孜以求,使品尝哈根达斯冰淇淋成为一种难忘的体验。

哈根达斯在已经成熟的冰淇淋市场取得了高档次消费者的认可与欢迎,其奢侈品营销手段成为业内经典案例。哈根达斯的品牌现在由通用磨坊集团持有。在美国和加拿大,产品为雀巢旗下品牌。哈根达斯通过独特的营销策略,在中国已经成为了顶级冰淇淋品牌,其月饼冰淇淋口味深入人心——甚至成为某种生活标志,城市市民都知道它的大名。高端的消费阶层固然是它的忠实顾客,中、低端的消费者也被它所吸引,一旦有了闲钱,也会奢侈一把,享受哈根达斯的风味,体验来自北美的美食。

23.2 哈根达斯广告策略

哈根达斯提倡"尽情尽享,尽善尽美"的生活方式,鼓励人们追求高品质的生活享受。在提供冰淇淋的同时,哈根达斯非常注重营造一种氛围,使品尝哈根达斯冰淇淋成为一种难忘的体验。哈根达斯几乎不做有广大受众群的电视广告,他们认为这不仅是一种资源浪费,还有损哈根达斯苦心经营的矜贵形象。所以在广告宣传上,哈根达斯相对而言显得吝啬,它的广告大部分是极富视觉冲击力的平面广告。当然,顾客们无数的口头宣传也是哈根达斯的有力武器。矢志走曲高和寡路线的哈根达斯还是赢来了广大顾客的追随,准确的市场定位、执着的品牌目标和对梦想恰到好处的市场运用,才是它成功的真正秘诀。哈根达斯另外一大撒手锏是将产品贴上爱情标签,一句"爱她,就请她吃哈根达斯"的广告词,几乎令所有的女生对哈根达斯衍生出对冰淇淋以外的诸多美好遐想。哈根达斯俨然成为情人们的爱情信物和感情见证,成为青年时尚消费产品。

哈根达斯的口味,是特别适于情侣共享的滋味。爱情的滋味和哈根达斯的味道混合在一起,此"滋味"亦是彼"滋味",最终引起人们无限美好的想象。在品牌的广告设计上,如何强调哈根达斯冰淇淋口感的纯正爽滑呢?根据消费者调查结果显示,多数人形容哈根达斯冰淇淋是一种带着"慵懒的柔情"、给人一些"情欲"与"梦幻"感觉的食品。消费者之所以会有这种联想,一方面是来自哈根达斯本身浓郁香醇的口味,另一方面是来自哈根达斯这个奇特的名字。这一发现,给了广告代理商灵感。于是,哈根达斯特意在广告中营造一种亲昵温馨的氛围,让哈根达斯冰淇淋的味道变得可以感觉和可以想象得到。比如1991年推出的一款哈根达斯广告,画面上一对亲昵的情侣正在分享美味的哈根达斯冰淇淋,黑白照片里年轻优美的身体,营造出性感迷人的氛围,文案编排上也突出了"浓郁的"和"新鲜的"字样,这既指代哈根达斯冰淇淋的滋味,也暗示成年男女之间甜美的爱情感觉,显得温馨浪漫。这则广告明白无误地表明了哈根达斯的目标对象是成年人。这种风格的冰淇淋广告,给人们展示出一个与以往冰淇淋感觉完全不同的冰淇淋产品,引起人们极大的兴趣,尤其是那些20岁以上的单身男女。他们在还没有完全弄清楚哈根达斯是什么含义的时候,就开始狂热地迷恋起这种冰淇淋,这就是成功广告的强大魔力。

广告不仅要呈现高水平的画面给消费者看,还要表达出创意中隐含的思想,这一点是比较困难的。所以,哈根达斯广告的图片一般都超乎寻常的精美。由于哈根达斯的消费定位,使得其目标消费群体较小。因为电视覆盖面太广、太散,哈根达斯没有大张旗鼓地做电视广告,而是主要选择了平面广告。色彩感更好、品质感更强的平面广告既能节省广告费,也增强了广告效果,特别是大幅面的广告,能更方便锁定消费者,吸引了他们去购买。

哈根达斯聘请知名的摄影师为广告拍摄精美的图片。哈根达斯冰淇淋的广告一直沿用这种创意路线:无论画面还是语言文字,都能暗含双机,既是在说冰淇淋,也是在说两性间的感觉。比如"爱她就请她吃哈根达斯"、"瞬间的激情与亲昵的喜悦",等,给人无限遐想。性感迷人的冰淇淋广告,启发人们对冰淇淋的消费动力,使哈根达斯成为热恋中男女之间浓情蜜意的最佳表达。1991年,由于广告的魅力,哈根达斯在英国的销售量比1990年增长了400%,创造了一个又一个的销售奇迹。

23.3 哈根达斯广告创意

在专卖店设立上,1976年鲁本·马特斯的女儿多丽丝·马特斯在美国开了第一家哈根达斯专卖店,其高雅的设计获得巨大的成功,随后，哈根达斯专卖店如雨后春笋般在世界各地出现。哈根达斯为了维护其矜贵形象，专卖店绝不会设立在嘈杂的超市或杂货店里与廉价冰淇淋为伍，其专卖店均设于时尚繁华路段，由设计师精心设计。有时，哈根达斯一间旗舰店的投资会超过数百万美元。

1995年，为了扩大销售，哈根达斯开始拍摄电视广告。电视广告的目的与平面广告一致，重在强调哈根达斯的天然、高贵、精致的品质。一则哈根达斯广告说"有些思想就是言多意少"，画面上是被束缚的雨伞在张开，当雨滴坠落时旁白说："优雅就是简单，而简单就是一种优美。"经过广告效果的追踪测试，哈根达斯这一类型的广告得到较多正面评价。比较出人意料的是，和女性(18%)相比，更多男性(24%)比较喜欢这些广告。哈根达斯后来的广告代理公司古柏·西弗斯特恩及其伙伴公司(Goodby Sliverstein & Partners)的杰夫·古柏说："有时，电视广告的前10秒保持安静的效果会很好，就像鸣钟的回响……，我们拍摄的这则广告就是建立在一种静谧的氛围上，展现哈根达斯对冰淇淋原料品质的自信。"比如，一则电视广告表现的是一只五彩的鸟飞过一座热带雨林，那儿正有一位女性在采摘香草，香草像雪花飘落。屏幕上显示："我们的冰淇淋是从世界上最好的香草开始。我们只往里面添加冰寒。"哈根达斯营销副总裁戴维·里特布什说，事实上几乎有同样多的男性，和女性一样痴迷冰淇淋，而这些广告就是为了吸引那些酷爱冰淇淋的人设计的。广告播出后，销售数字呈两位数增长。面对雪片般飞来的订单，连哈根达斯高管也始料未及。

哈根达斯的矜贵是举世闻名的，动辄上百元的价位让普通冰淇淋自惭形秽，也让它享有"冰淇淋中的劳斯莱斯"的美称。经历了40多年的风雨兼程，哈根达斯已在全球55个国家开设了700多家专卖店和几万家零售点，从西方到东方，从蓝眼睛到黄皮肤，它跨越了地域和种族的限制，成为追求高雅时尚生活人士的共同语言。在许多人心里，哈根达斯卖的不是冰淇淋，而是对高尚生活的文化追求。根据《梅普斯与罗斯效果案例研究》(*Mapes and Ross Effectiveness Case Study*)，文中对冰淇淋广告效果的研究结果表明：哈根达斯平面广告的广告ROI值(即投资回报值)是818,相比之下一般平面广告的平均广告ROI值是100。显然这意味着如果哈根达斯在媒介上投入10万美元,它可能在建立品牌持久印象方面获得81.8万美元的回报。毫无疑问,哈根达斯的这种广告策略取得了成功,在所有的冰淇淋品牌中牢牢建立了自己的领导者地位。哈根达斯的平面广告,同样引起了目标对象的关注。大凡期望让广告的核心目标群感到惊奇或者印象深刻的广告,多半会遭到核心目标群以外的消费者不同程度的反对。但他们的反对排斥往往变成对广告宣传的有力工具,反而能够使令广告商感到头疼的核心对象群成为这些品牌的忠实消费者,在全球范围扩大其影响。

如今,哈根达斯的产品已经遍及欧美及东南亚,在美国、法国、日本等地设立了生产基地,连锁店则遍布纽约、东京、伦敦、巴黎、蒙特卡罗、首尔等地,生产的冰淇淋畅销46个国家,当之无愧地成为世界上最受欢迎的冰淇淋品牌。经过几十年的积累,哈根达斯目前年销售额在20亿美元左右,并且已经在冰淇淋市场称雄多年。现在,它也面临激烈的竞争和越来越多健康饮食消费者们的抵制。关于哈根达斯冰淇淋广告,人们的评价褒贬不一。有人从专业的角度对它的做法予以肯定,认为它突破了冰淇淋广告惯用的范式,没有大声鲁莽地叫卖,而是用柔软的音乐、动人的画面和富有诗意的语言来温柔地打动消费者;也有人认为多吃冰淇淋会导致肥胖,对人健康无益,哈根达斯冰淇淋的广告诱惑人们过多使用冰淇淋是不负责任的误导。里特布什认为,说到底冰淇淋还是一种让消费者通过个人放纵才能从中得到回报的产品。美国整体冰淇淋市场销售都在下降,但其中全脂冰淇淋依然占据80%的销售,这一现象足以说明人们对冰淇淋产品的心理依赖。哈根达斯坚持广告没有误导消费者。现在,消费者可以通过外包装查明每克冰淇淋含有多少脂肪,哈根达斯产品也要求自己在营养成分方面必须符合相关的要求。哈根达斯在广告上的巨大成功使得哈根达斯成为市场销售中最成功的高档冰淇淋品牌。然而,1995年,新品牌的陆续进入,对哈根达斯的霸主地位构成了一些威胁。哈根达斯早期令人震惊的广告宣传业绩似乎已经成为过去,它的广告作品不再显得那么反传统,已经到了需要更新其广告创意的时候了,否则,也会影响它的全球推广计划。

23.4 哈根达斯在中国的广告之旅

1996 年,哈根达斯以顶级冰淇淋品牌的形象成功进入中国市场,给中国消费者带来了一流的视觉体验和甜蜜享受,马上成为中国收入较高且追求生活品质的一群年轻人的追捧对象。2001 年 12 月,雀巢公司买下了哈根达斯美国商标的使用权,并计划坚持原来的产品设计和广告风格外,还相当注意对当地文化的融合。比如在中国,哈根达斯专门设计了中秋节团圆系列的中国传统月饼,蕴含传统文化元素。脆皮巧克力外壳和冰淇淋馅心,再次秉承了哈根达斯一贯的品牌和创意。

最初在切入上海市场的时候,哈根达斯认真地考察分析了上海年轻人的心态。当时上海人认为,时尚生活的代言人是那些出入高档办公场所的公司白领、高级主管和金发碧眼的老外。哈根达斯就邀请那些人士参加特别组织的活动,吸引电视台做了一个"流行风景线"的节目,一下子把自己定义成流行的同义词,引起了一场小小的轰动。哈根达斯的中国广告策略完全沿袭了欧洲的传统,是极品的冰淇淋。产品定位是追求高贵的消费心态的群体,如哈根达斯最初进入上海市场之前就认真分析了上海消费者的心态。为了让消费者觉得物有所值,哈根达斯走的是情感路线。哈根达斯的广告把自己装扮成"高贵时尚生活方式"代言人,重金礼聘不少明星为哈根达斯捧场。随着第一批过完"高贵时尚生活"的人的口碑宣传,很快会有更多人趋之若鹜,蜂拥而至。利用口碑的乘数效应,达到引爆点从而领导流行,拉动销售。

哈根达斯采用纯天然材料,不含任何防腐剂、人造香料、稳定剂和色素。脱脂奶的选用更将美味与健康绝妙融合。纽约时代杂志曾赋予哈根达斯"冰淇淋中的劳斯莱斯"的美名。哈根达斯月饼宣传品质和口碑，在央视的广告和媒体的投入很大，最近火爆场面很厉害，由于是客户自取必须排队，很多时候要排1个小时才能领到，尽管增加了很多临时提货点，还是不能满足客户的需求。

哈根达斯是个异国品牌，当许多人对圣诞节和情人节等舶来品热情追捧时，哈根达斯却将自己的西方浪漫风情融入传统的东方情结中，牢牢抓住了中国消费者的心。1996年，哈根达斯进入中国，在上海南京路开设了中国第一家专卖店，随后，哈根达斯在北京、广州、杭州、深圳、青岛、武汉、长沙等10多个城市闪亮登场，目前已经在中国内地开设了80多家专卖店，零售点达到1300多个，引得千万顾客关注的目光。

2000千禧年之际，哈根达斯为中国消费者推出了匠心独具的冬日狂欢精选系列，包括哈根达斯冰淇淋火锅、3款冬日精选菜式和专为新千年倾情奉献的“千禧之约”冰淇淋蛋糕。特别是哈根达斯冰淇淋火锅将西方的冰淇淋同中国的传统火锅融为一体，十分具有创意，给中国消费者带来美好新奇的体验，尤其被爱好新潮的都市白领追捧。

中国青年喜欢品茶，哈根达斯深谙中国人品茶之道，特意将同属东方的日本抹茶融入冰淇淋中，让你在浓郁的茶香中体会到一种别样的冰淇淋甜蜜。哈根达斯2001年4月推出的抹茶冰淇淋包括茶的物语和抹茶手卷。茶的物语融合鲜奶、炼乳及蜜红豆，而抹茶手卷将清香的抹茶冰淇淋融入奶昔中。哈根达斯将东方茶文化融入西方的冰淇淋中，掀起了一场绿色风暴。为了推广这两款产品，哈根达斯大做广告，宣扬东方文化，赢得中国受众的青睐。

2001年中秋节前，哈根达斯又推出独具创意的月饼冰淇淋，将时尚食品与中国文化结合得更加紧密。在设计精美的月饼礼盒中，4款不同口味的月饼冰淇淋异彩纷呈，有以芒果雪芭为馅、以巧克力为皮的月饼冰淇淋，还有由草莓和芒果搭配而成的月饼冰淇淋……。当你中秋佳节举头赏月，品尝着清滑香浓、莹润剔透的月饼冰淇淋时，怎能不深切地感受到哈根达斯“一切都值得回味”呢？欣赏这些广告，就如同欣赏唐诗宋词，感受“明月几时有，把酒问青天，不知天上宫阙，今夕是何年”的迷茫与空蒙。

在情人节，哈根达斯把店里店外布置得柔情蜜意，不但特别推出由情人分享的冰淇淋产品，而且还给来此消费的情侣们免费拍合影照，让他们从此对哈根达斯情有独钟。"总是在不经意的时候，给你带来一份最细致体贴的关怀"这样的广告词，也总是在想到哈根达斯的时候悄然地浮现在心际。从"时尚生活品质"到"爱她，就请她吃哈根达斯"，哈根达斯总是采取恰当的传播策略来吸引目标客户的注意力，成功地塑造了难以撼动的品牌形象。

哈根达斯为了使消费者感觉物超所值，重金聘请了不少歌星来为其捧场和助威。通过名人的效应使其具备高贵生活的象征。通过举办各种沙龙、俱乐部，或是联系电视台举办"流行风景线"等系列活动，无一不是围绕哈根达斯高贵生活的主题在宣传和造势，良好的口碑和形象，以及蜂拥而至的小资和情侣就这样成了哈根达斯的准顾客，定期不定期地奉献自己的薪酬的一部分。炒完了高贵生活，再炒爱情甜蜜，反正美好的东西加在一起往往都能兼容。于是哈根达斯很自信地给自己贴上爱情的使者的红签，大胆喊出"爱她，就请她吃哈根达斯"，让迷恋爱情的女孩神往，迷恋女孩的男孩慷慨。于是情人节哈根达斯的任何活动总是人满为患，为情侣照相、发贺卡、欢喜摇奖，让人倍感罗曼蒂克的背后是哈根达斯的巨大成功和喜悦。哈根达斯凭借这些广告营销手法攻城略地，取得了骄人的销售业绩。

参考文献

[1] 钟静.广告学[M].北京：经济管理出版社，2007.

[2] 蔡骅.哈根达斯——奢侈品的制胜之道[J].财富智慧，2005(04)：65-68.

[3] 黄江伟.星巴克 VS 哈根达斯：从小众向普及的渗透[J].财经，2007(04)：21-25.

[4] 李海龙.渗透营销造就哈根达斯"病毒"[J].经营者，2006(18)：65-68.

[5] 郭霞丽.哈根达斯——个国际名牌的前世今生[J].品周刊，2006(02)：12-16.

[6] 杨兴国.哈根达斯：卖的不是冰淇淋，而是文化[J].企业文化，2008(06)：43-47.

第24章 播牌女装广告的艺术内涵

2007年8月，时尚界传来好消息：由资深广告策划人杨君武先生创作，台湾知名的“鬼才”导演、金曲奖导演吴晁璋先生执导的中国首部时尚女装影片——播牌女装《梦想篇》TVC顺利闯过当今世界上最顶尖的15位华文广告大师和28位权威评审的鬼门关，获得华文广告奖“奥斯卡”——第十四届世界华文广告奖优秀影片奖，成为全世界最优秀的华文广告影片之一。据悉，播牌女装是本届世界华文广告奖唯一获奖的时尚品牌，同时获奖的服装品牌只有耐克。世界华文广告奖评审十分严格，由世界华文广告界赫赫有名的大师们轮流把关，分别从策划、创意、美术、剪辑、文案、摄影、音乐等环节进行严格的打分评审。本届评审有包括意识形态广告执行创意总监许舜英、麦肯光明中华区创意总监黄光锐、上海JWT智威汤逊中乔广告东北亚执行创意总监劳双恩在内的15位顶级大师。播牌女装作为一个本土品牌能够获得世界华文广告优秀影片奖，说明播牌女装的品牌形象获得了充分肯定。

优秀的文化具有强大的感染力与影响力，它可以超越时空的限制，记载和传播人生最美好的点点滴滴。“播”的知性唯美，及对一切美好事物的坚持，正改变着我们对生活的态度，并逐渐影响着这个时代的女性。此时，"播"已经不仅是一个服装品牌，而是一种文化现象了。文化，让时尚更优雅。播牌女装将文化的精神力量融入到品牌中，让播牌不只是衣服、不只是流行元素、不只是潮流风格，而拥有浪漫、优雅、生动的气质。浅薄不再是时尚的代名词，文化才是时尚千变万化的本质。播牌的自我文化使播牌女装广告脱离了表面化、市场化的流行风格，而代表着一种有影响力的生活态度。

24.1 播牌女装及其广告

2005 年日播服饰有限公司总部由广州迁至上海，表明日播公司正式启动了以上海为中心的国际化品牌策略，播牌也就是在这个时候经历了对她来说至关重要的一次转型：由田园风情的休闲女装成功转型为知性、优雅的时尚女装，并且因为对文化的独特理解和坚持，而成为了中国女装界的文化现象。诗人、画家、音乐人、设计师、编辑、模特……，播牌女装的身份总是在这些文化时尚人士间穿梭，她沉静、优雅的性格里由内而外地散发着浓郁的文化气息，深刻地感染着身边的每一个人。

作为一个坚守信念和追求理想的服饰品牌，如今的"播"已经跻身中国女装品牌的第一方阵，并成为引领中国知性女装的知名品牌。播牌女装是上海日播实业有限公司下的主打品牌，"播"引自中国史上最早的诗歌总集《诗经》："播厥百谷，实函斯活"，意为播下多种禾谷，颗颗活力函藏。"播"是个凸显创意与多元文化的女装品牌，"她"源于年轻生命对生活艺术的无限憧憬。自其诞生之日起就秉承"坚持一切美好事物"的品牌文化理念和用心关爱中国知性女性的人文关怀。其消费族群锁定于 25～35 岁之间的都市工作女性。得益于文化及艺术的铺垫，"播"在创牌之后便迅速得到了众多消费者的青睐。非常国际化的设计创新理念、优雅的西方流行元素与浓郁的东方气质巧妙而经典地融合，大牌品质加之具有亲和力的消费文化令

"播"赢得了大批都市女性消费者。

"现在正在经历一个极度娱乐化、物质化的时代,人们只追求眼前的利益,只在乎价格的高低,但是我们相信这只是社会转型期的特定阶段,大众文化一定会由物质消费向文化消费转型。而且特别是服装产业,必将成为人们精神层面的需求,因此我们一直以此为方向,做着各种文化与时尚的尝试。"杨君武说道。的确,放眼目前国内的女装成衣市场,各品牌竞相做着个性的比拼,要么传统、要么另类、要么休闲,单纯追求表象特征,始终跳不出俗套的框框。而播牌女装从创立伊始便进入到探索品牌文化的阶段,以其品牌风骨里的精神力量和文化理念打造其独特性和风格化,以心灵的力量与大众沟通,产生深层的号召力。播牌女装因此而成为了业界一种独有的文化品牌现象。正因对文化与艺术的追求,使得日播公司像磁石般不断将许多才华横溢的寻梦者牢牢地吸引。通过与旅英设计师王陶的牵手,"播"成功实现了国际主流时尚与东方本土文化的融合;作为日播服饰有限公司的副总经理,诗人郑征的加盟,使"播"在众多女装品牌的激烈竞争中稳步发展,独领风骚;而与知名广告人杨君武的携手,又令"播"在纷繁复杂的时尚国度里创意不断,脱颖而出。正是在这样一个拥有艺术家梦想的品牌管理公司的带领下,勇敢地追求时尚,保持对文化的坚持,才孕育出播牌这个富有独特气质的女装品牌。并且在不久的将来,上海日播服饰有限公司还将为业界带来不同品牌文化的尝试和惊喜。目前,"播"在全国拥有400多家加盟连锁店和40多家直营店,进驻了包括北京中友、北京SOGO、北京东方广场、广州天河城、深圳茂业、长沙王府井、哈尔滨远大、长春卓展、长春国商、沈阳中兴、石家庄北国、郑州丹尼斯、扬州金鹰等在内的著名商场,与国外服饰品牌一决高下。

《梦想篇》为上海日播实业有限公司所拍的一系列广告之一。为了展现多重的意念与形象,本片邀请到两位具有国际水准的女模特担任演出,既丰富了人物的角色,同时也扩充了演出的层次。两位模特在拍摄过程中相当敬业,并表现出一流的演出水准,展现出播牌女装国际化的品牌形象,尤其是首届深圳小姐墨莉莉,获得导演的称赞以及播牌公司的肯定，也获得广大受众的认同。

24.2 播牌女装广告形象解读

岁月磨不去播牌女性的个性和真诚，梦想贵在坚持，美丽也才得以保留，于是“梦想 · 坚持”成为新时代女性成长、成熟的符号。这是一部唯美、兼具思想和情感的时尚广告影片。透过大胆的视觉与独特的创意，以集锦式的概念为出发点，以意识形态化的旁白，充分传递出播牌独有的品牌精神和外在形象。影片运用独特、冷静、准确的镜头语言，讲述现代都市女性在生活磨砺中的梦想。广告影片在舒缓的镜头语言和音乐中，娓娓地诉说着曾经的梦想和现在的坚持，使得品牌内涵因女主人公的思考而延伸，并相互包容、相互体贴、相互理解，最后达到相互升华。很显然，播牌要为忙碌中的都市女性找回未被磨灭的精神憧憬和内心自由，极具浪漫氛围。

从雅各布森提出的隐喻和转喻是两种传播意义的基本模式来说，隐喻把未知的东西嵌入一种新的联想关系，未知的东西由此获得部分新的意义；转喻则是用事物的某个部分或要素来代表整体。与很多服装广告故意肢解女性符号不同，播牌并没有把女性的身体当作被观看的客体，在欣赏女性美的同时，没有把男性放在主导地位，尊重了女性的独立人格以及社会地位等，强化了现代女性孜孜追求的男女平等观念。隐喻要求受众有一种积极的解码行为，即受众自己去发现广告主所赋予的意义，从而让消费者更容易受到产品广告的影响。画外音更说明女性也可以作为社会上的任何人存在，比如诗人、艺术家等，而更重要的是广告中所体现的现代都市女性追求独立，“坚持和他保持距离”引起了大多数具有独立意识的知性女人的情感共鸣，她们在生活和工作中都有自己完全独立的生活，她们不依靠男人，她们有思想有内涵，她们低调地应对工作，高调地面对生活，并自始至终地坚持着一切美好的事物，不被五彩缤纷的外界所诱惑。

需要注意的是，大多数女装品牌要么停留在对不同年龄群女性的表面理解上，要么扎堆只盯住 20～30 岁年龄段的女性。而对消费者生活方式细分的应用，让许多优秀的女装品牌开始更深入地了解细分市场，从而合理地采取多品牌策略，以回应不同细分市场的需求。根据索绪尔的符号学观点，符号由能指和所指构成。能指是我们通过自己的感官所把握的物质形式，就如同一个词的发音或一张相片的外观；而所指是符号使用者对符号指涉对象所形成的心理概念。罗兰巴特发展了索绪尔的论述。他认为，符号至少具有两层的含义。广告是一种视觉文化符号，它不仅是对现实的仿像，同时也构成了现实本身，成为一种观念的代表，一种生活方式的代表。广告的基本能指要素是语言文字和图像。在播牌《梦想篇》的广告中，符号系统包括了图像：打字机上飞舞的手指、飞扬的纸片、提琴、扬起的剑、送给母亲的画、白床单上刷出的红色分割线等，也包括了文字："你曾经是艺术家"、"你曾经是诗人"、"现在，你在哪里"、"坚持和他保持距离"、"坚持收藏自己喜欢的衣服"、"坚持一切美好的事物"以及女模特把手合在一起时的"我还在播"等。所有的这些符号构成了这部广告片的能指系统，同时也分别指向特定的所指。打字机上飞舞的手指、飞扬的纸片、提琴、扬起的剑、送给母亲的画、白床单上刷出的红色分割线分别代表着诗人和曾经想成为的任何一种人，代表着梦想和坚持，代表着自由和独立，最后女主角"坚持收藏自己喜欢的衣服"所拿着的播牌女装，升华到穿上播牌服饰的知性女性，在各种社会角色中游刃有余，赋予了播牌一种知性的文化内涵。记得王安忆曾说："优雅的女人在闺房里才存在。穿着高跟鞋笃笃笃跑到大街上抛头露面已是很可怕，很粗俗了，怎么谈得上优雅呢?"王安忆对待优雅很认真，似乎独立与优雅二者不可兼得。然而，这似乎对我们的白领女性们太过苛刻了。每个时代赋予每个时代女性新的定义。现代女性工作的时候，或许电话多了些、祈使句多了些、匆忙多了些；但是，她们的个子依旧娇小，曲线依旧圆润，气味依旧芬芳，最重要的是，心底里依旧柔软和浪漫。她们终归是一群女人，独立并且优雅的女人，对时装具有特殊的感情。通勤装、小礼服，优雅的职场女性随时都要做好的两手准备，就像左手的电话和右手的香槟，需要来回切换。也就是说，播牌女装＝时尚＝知性＝文化。很显然，播牌女装广告要为忙碌中的都市女性找回未被磨灭的精神憧憬和内心自省，找回优雅与时尚，找回女人的独立与自信。

这个广告的成功，离不开播牌背后一个强大的艺术团队，最关键的还是它所体现出的人文关怀和文化气质，在这个极度娱乐化、极度物质化的时代，只有真正有内涵的品牌才会深入人心。“每个女人都有过自己的纯真时代，都在不同的成长阶段有过不同的希望与梦想，都曾经向往过浪漫美丽的爱情，都曾经拥有艺术家般的敏锐，但随着年龄的增长，她们变得越来越现实……。而播就是要让她们在扑朔迷离的时尚国度里找到自己。如果说播牌是一个人，那她一定是一个知性的女人，她拥有知识与品位，她含蓄而优雅、知性而浪漫，她不接受夸张的时尚，却喜欢个性化的风格；她充满幻想，却又脚踏实地；她身陷时尚，却从不迷失自己……”。杨君武这样解释他心中的“播”。正是抓住了这一点，播牌广告的隐喻意义不知不觉深入人心，成为女性理所当然的共识。《梦想篇》广告以知性作为核心意象，为广大女性消费者构造出这样的逻辑，即播牌女装代表了一种优雅的气质、深刻的文化底蕴，以及知性时尚、自信独立的生活态度。播牌女装就是岁月中曾经的梦想，就是生活中现在的坚持。只有穿上播牌服饰，才会是一个真正的都市知性女人，也就是它告诉消费者这样一种意义——穿上播牌女装，你就是知性、独立、时尚的都市白领；穿上播牌女装就有了梦想，就有了坚持，有了自信。在这里，能指和所指的意义在广告中被人们不自觉地联系到一起，即梦想与坚持、自信与独立就是这些符号所指代的意义，也是广告价值的体现。

24.3 广告文案高雅冷峻

女装企业除了针对某年龄段青春时尚或者成功女性的客户群定位外，还有什么方法能够更为深入、清晰、准确地了解自己希望聚焦的女装客户特征呢？如何在今后的十几年中，不但能保持原来坚持多年的核心品牌价值，而且能设计出更具时代特征的女装，变得更现代、更贴近消费者呢？播牌女装广告透过大胆的视觉与独特的创意，以集锦式的概念为出发点，以意识形态化的旁白，充分传递出播牌女装独有的品牌精神和外在形象。广告影片风格强烈大胆但具有美感，营造出融合本土色彩的国际潮流时尚感。伴随着悠扬舒缓的曲调，身着播牌知性女装的模特踏着舒适自然的平底鞋，蒙太奇式地出现在镜头前，变幻着自己不同的生活标签——诗人、艺术家、明星等角色，字幕娓娓地诉说着曾经的梦想和现在的坚持，使得品牌内涵因女主人公的思考而延伸，并相互包容、相互体贴、相互理解，最后达到相互升华。作为情感交融型广告文案，几个“坚持”尤其是“坚持和他保持距离”是女模特划出的分界线，不仅是实质的一条线，而且也是生活中、社会中、工作中的一种独立，更能引起都市女性的共鸣，获得她们的青睐，赢得她们的关注。

虽然播牌服饰创建尚不足 10 年，但却以国际大牌的姿态，运用其擅长的美学手法，将一款款融合了东西方文化独特设计语言的服装，呈现给都市女性。2008 年春夏季的播牌服饰，依然承袭“坚持着一切美好的事物”的品牌理念：无论是宽大而舒适的长裙和长裤、线条简洁的新经典式倒挂钟袖、柔软且不失精致的工装系列，抑或是高腰蝴蝶结的帝政风格，配以不同色系的运用、柔美的线条剪裁，加之雕塑般硬挺的优雅皱褶，衬托出播女郎特有的优雅与温婉。广告运用独特、冷静、准确的镜头语言，讲述现代都市女性在生活磨砺中的梦想。岁月磨不去播牌女性的个性和真诚，梦想贵在坚持，美丽也才得以保留，于是“梦想·坚持”成为新时代女性成长、成熟的符号。整个广告拍摄过程一共 12 个场景，出动了 8 辆工作车和 72 位工作人员，动用了 481 件播牌女性服装。广告在场景设置上以实景搭配道具陈设，营造出具有超现实氛围的舞台，神秘而梦幻，颠覆了原有场景的既定意义。在美术表现上使用装置艺术的概念，充分表现出本片的意蕴与丰富的画面元素，体现出广告的文化底蕴。

现在 你在哪里

坚持收藏自己喜欢的衣服

我还在
播

繁重的生活和工作，将都市白领女性的各种梦想深深束缚，而在国际潮流中实现“华丽转身”的播牌服饰，则以知性女装自由的设计空间，赋予了她们一个美丽的梦想世界——秉承着“坚持一切美好事物”的品牌理念，成功地在国际潮流与中国本土文化间创造出极富东方气质的时尚女装品牌——播，2008年1月在其上海总部上演了一场融知性、时尚、优雅于一身的时尚大秀。透过一款款缤纷夺目的时尚设计，2008春夏季的播牌服饰，令无数正穿梭于茫茫人海中的白领女性，驻足于播牌服饰最纯粹的文化风景之中。而“播”的知性之美，亦正润物细无声地影响着中国新一代的知识女性，成为她们生活中难以割舍的部分。

对照女装销售终端呈现的特点，对女性着装习惯和态度进行观察、研究，可以看出，市场表现良好的服装品牌都有其明确定位的顾客群。对一些代表性女装品牌进行访谈，访谈结果同样表明，市场表现良好的女装品牌，它们市场定位明确，而且能够在自己选定的细分市场上不懈地耕耘。有这样一群女性，她们始终向往着内心的自由，始终与外界保持着一定距离，即使错过繁华，也要坚守着自己的生活方式。她们，就是播牌女性。在时尚界，播牌女装的广告大片一向备受关注，一向以风格独特与脱俗著称。2008 年 6 月中旬，继春夏大片携手加拿大摄影师 TODD 之后，为更加能够突显本次品牌推广主题和广告创意，播牌女装企划团队此次又携手台湾著名摄影师许熙正，并浩浩荡荡远赴青海完成了秋冬大片的拍摄。播牌 2008 年秋冬大片创意从城市和奥运的题材中跳脱出来，以 I'm not there 为主题，以浪漫、意境化、富有想象力的创意，表现播牌女性的美好、纯净的内心世界。她们不在城市的喧嚣里，在浪漫的自我世界里；她们不在那场全球的盛会里，在自己与自己的约会里；对她们来说，那些路上的风景、那些梦、那些想象才是生命里最珍贵的蒙太奇——旷野上风筝随风远去，白色行李箱在公路边静静地等待，草原上上演一个人的电影，手风琴音从铁轨的方向传来，漂流瓶带走曾经的梦想……。播牌 2008 年秋冬广告大片通过能够反应内心世界的场景陈设与空旷的环境产生碰撞，运用浪漫、唯美的视觉语言，传达出播牌女装"坚持一切美好的事物"的品牌精神和态度，独树一帜，标新立异。

参考文献

[1] 王一川. 大众文化导论[M]. 北京：高等教育出版社，2004.

[2] 肖芃. 媒介素养导论[M]. 北京：中国经济出版社，2006.

[3] 薛莲. 从广告中女性形象窥探中国女性社会价值的嬗变[J]. 科教文汇，2007(07)：23-26.

[4] 曾耀农.现代传播美学[M].北京:清华大学出版社,2008.

[5] 陈培爱.广告学原理[M].上海:复旦大学出版社,2007.

[6] 卞向阳.论国际女装品牌的强势手段[J].江苏纺织,2003(09):21-25.

[7] 刘卫.女装品牌为先[J].中国防伪,2000(05):43-47.

[8] 沈永芳,仲建春,贾扬,等.2007深圳高端女装品牌魅力访[J].北京服装纺织(时尚北京),2007(08):34-36.

[9] 云智超,朱春红.中国女装品牌走向国际还需哪几把“火”[J].中国制衣,2007(07):32-37.

第25章 绝对伏特加广告的创意及其功能

今天，广告不仅是传统意义上的传播商品信息，而是产品增加文化附加价值的一种符号。广告创意的主要意义就是让商品超越实用价值的简单含义，赋予日趋同质化的产品更多的意义，使之与人类的精神发生更显著的联系。在某种意义上说，广告创意是一种将产品升华为文化符号的努力，正是这一升华的过程使商品的价值产生了飞跃。绝对伏特加品牌在其平面广告中所体现出来的创意，一直为业界所推崇。

《福布斯》杂志凭借每年对世界与中国富翁的排名，在商界颇有权威性。此次，《福布斯》的奢侈品牌的排名是基于四种不同标准的评分来确定的：一是，媒体曝光率；二是，品牌对购物选择的影响力；三是，市场营销效率；四是，控制销售渠道的能力。国际顶级烈酒品牌绝对伏特加（Absolut Vodka）在排行榜中独占鳌头。绝对伏特加的优势主要集中在后两项标准。绝对伏特加的广告和市场推广活动屡获大奖，它不断采取富有创意而又高雅、幽默的方式诠释该品牌的核心价值：纯净、简单和完美。至今全世界已有500多位画家都为绝对伏特加的广告创作了自己的作品，然而依旧还有上百位画家在等候为绝对伏特加创作的机会。

25.1 伏特加酒系列招贴广告背景

根据文献的记载，伏特加主要发源于俄国。它从俄语"水"一词派生而来，是俄国具有代表性的白酒，流行于北欧寒冷国家，已跻身于世界十大名酒行列，现如今有许多国家如波兰、德国、美国、英国、日本等都有生产出相近品质的伏特加酒来。此种酒无色、口味烈、劲大刺鼻，但由于酒中所含杂质极少，口感纯净，可与任何浓度的其他饮品混合饮用，也可以作为调制鸡尾酒的基酒，酒精度为40～50度，属于烈性酒的范畴。

绝对伏特加的品牌于1879年在瑞典创建，并很快跻身世界顶级伏特加酒的行列。Absolut具有双重意思：瑞典文"绝对"是品牌名称；英文"绝对"是十足和全然的意思。它的成功不仅是由于工艺精湛、口味纯正，更得益于其特殊的颈长肩宽的酒瓶外形。此外，在其透明的瓶子上直接印刷取代当时普遍流行的用纸标签的做法，显然是与市场的整体发展趋势是相悖而行的，而后1978年美国Carillon公司在为这一品牌做进口代理进行的市场调查中，得出的结论是：绝对失败。原因是外形的丑陋加上透明的玻璃上印上文字，使原本量感不足的玻璃容器更显得无足轻重，让人丝毫感觉不到它的存在。但由于公司决策者的坚持，使绝对伏特加的独特形象保存下来，成为其独特的标志。

当时，人们都认定绝对伏特加"绝对"失败，因为，伏特加历来都是俄国的"囊中之物"。市场调查也显示，人们对绝对伏特加持否定态度，觉得该品牌的名称太哗众取宠，而且觉得绝对伏特瓶子的形状比较丑陋，瓶颈太短，难以倒取，瓶贴也很单一，使整个瓶子显得过于透明。然而，伏特加的美国代理公司Carillon公司却坚信，只要有正确的策略就可以把绝对伏特加做成一个成功的品牌。

1983年,Carillon公司总裁Michel Roux结识了一位名叫Andy Warhol的老艺术家。在交谈中,Andy告诉Michel:"我十分喜爱Absolut Vodka的酒瓶,只可惜我并不喜欢喝酒。但我十分热爱将Absolut作为香水。我能为你画一幅图吗?" Michel听后,十分高兴地答应邀请Andy Warhol为Absolut Vodka伏特加酒画一幅油画。于是一幅只有黑色Absolut Vodka伏特加酒瓶和Absolut Vodka字样的油画引起了Michel的注意,并第一次将它作为广告创意在媒体上发表。令Michel不解的是,广告一发布,销售骤然上升,仅用两年时间Absolut Vodka就成为美国市场第一伏特加酒品牌。这时的Michel Roux看到了艺术价值与酒文化价值的互动效应,便将Absolut Vodka伏特加酒的传播切入点定位为艺术家、影星、富豪、社会名流,加快Absolut Vodka伏特加品牌的时尚化、个性化、价值化的传播进程。于是一种定位于时尚、尊贵的Absolut Vodka伏特加酒品牌个性,通过极具个性化的传播创意和传播手段清晰地表现出来了,占有了巨大的市场份额。

Carillon公司委托TBWA广告公司为绝对伏特加做广告,TBWA意识到,品牌要成功,广告不能随波逐流,必须冲破一般酒广告的传统模式,必须创造它的附加价值,把绝对品牌塑造成时尚的、人人都想喝的形象,他们决定在"绝对"二字上寻找突破,用名字和酒瓶的形状的独特来表现质量和时尚。TBWA提出的广告概念是揭示绝对伏特加与市场上其他品牌的差异点,但创意的发想完全是创意总监5分钟内的灵感闪现。最初的平面广告创意都是以"绝对(Absolut)"为首字,并以一个表示品质的词居次,例如"绝对清澈"、"绝对完美"、"绝对创意",画面则以特写的瓶子为中心,视觉效果非常突出,该产品的独特性由广告产生的独特性准确地反映出来,但更为重要的是与视觉关联的标题措辞与引发的奇想赋予了广告无穷的魅力,使受众情不自禁地去寻找其中的奥妙。

25.2 绝对伏特加广告的创意

绝对伏特加的系列招贴广告不仅涉及到服装、电影、音乐、摄影、工业产品、文学、时事新闻等各个领域,同时又将此造型元素跟销售国文化之间相联系,创造出了很多既突出这些国家地方特色的建筑、特产等特有的文化,又使绝对伏特加的瓶子外形与其巧妙地融为一体的成功案例。十多年来,TBWA 坚持在平面广告中采用这种"标准格式",制作了 500 多张平面广告,虽然格式不变,但表现总是千变万化,广告运用的主题多达 12 类之多——绝对城市、绝对艺术、绝对节日、绝对产品、绝对口味、绝对文学、绝对服装、绝对新闻……,尤其是"绝对城市"更是精彩绝伦,这组创意的元素全部选自世界著名城市最脸谱化的标志,然后,把绝对伏特加的瓶形巧妙地置换或添加在这些著名的标志物上,就形成了一幅令人叫绝的"艺术品"。

广告的创意就如同人的灵魂一样,有了灵魂人才有生机,有了创意,才能赋予广告以生命。绝对伏特加的广告正是从一个创意点出发——以一个当时并不被市场专家预测能成功的伏特加瓶子外形为设计元素,展开联想。为了能让杰出的广告概念完美地表达出来,TBWA 十分重视创意的执行力,他们聘请高水平的摄影师对酒瓶做完美的摄影,做到感觉荡漾,产生视觉上和感觉上的震撼力。精良的制作就犹如一件艺术品,还集中传达出产品的品质,似乎还暗示消费者,要想得到更好的质量,就必须多付一些钱,不论是作品还是产品。正是这些既具有广度又具有深度的创意广告系列,让此品牌在世界上享受无上的殊荣,无论是喝酒的还是不喝酒的,都认为它是"绝对完美"。而在这些所有的招贴广告中,最主要的是从自然中找寻灵感,从自然中激发创意,抛开商品化的概念,追求一种最本真的自然物象美。下面我们以几个类别的广告为具体研究对象,深入地去分析它所体现的"绝对"创意。

1. 广告与人物的融合

广告的创意离不开对生活的了解和感悟，而美又是存在于生活的各个角落的。生活中的美是没经过加工的、完全处在自然的状态下被设计师的慧眼辨识的。而绝对伏特加酒系列广告素材完全是来源于生活的，一所房子、一支树枝、几块石子甚至是一个头饰，都可能是宣传商品品牌的最佳创意切入点。正是这些生活中毫不起眼、经常会被人们忽略的元素，满足了我们新的视觉需求——创意。脸谱艺术是中国传统文化中的一个典型，下图是一张代表忠勇之士的红色脸谱，采用脸谱艺术中常见的勾脸形式使一个从额头经眼窝再到鼻窝所组成的伏特加酒瓶的形状浮现出来。这种起源于原始图腾的脸谱艺术，已经成为能代表善、恶、美、丑的符号深埋于国人心中。颜色的不同决定了人物性格的趋向，就如同设计师赋予伏特加酒以红色，代表此种酒是人们的忠义之友一样。伏特加酒瓶外形在中国京剧脸谱艺术中的体现，不仅仅是形式上的体现，设计师要从这种形式中来达到获得

大家认可的目的，就如同京剧脸谱艺术深受人们的喜爱一样。

下图中的戴安娜作为英国王妃，是全世界共同瞩目的人物，而更能彰显戴安娜地位和富贵的是她头上的皇冠，这在画面中也处于视觉中心的位置。很明显，设计师运用了这一点，在这个耀眼的皇冠上做文章，使观者一眼就能辨认出这个镶满钻的伏特加。尽管这两幅广告只是借助了人物形象中很少的一部分或人物头上的配饰来宣传产品的品牌，没有营造大的场面阵势，但正是通过这一个个小小的画面，反映了贴近生活的文化——京剧脸谱的平民文化和皇室贵族文化。从此可以看出，伏特加酒是为大众、为全世界而酿制的精品。

这种方式的表达，表现了物象本身的形式美感，更提供给了消费者返璞归真的心理感受。我们的设计离不开生活，需要从生活的点滴中找寻灵感，迸发出创意的火花；同时生活也离不开设计，需要用设计的新成果来装点，使我们的生活变得更加美好。

2. 广告与植物的结合

伏特加广告招贴的这一最大特点是：没有把产品作为主要突出的对象，没有把产品的质量作为宣传的重点，也没有采用与产品相关的信息作为主要内容，只是把一个颈短肩圆的瓶外形赋予一双想象的翅膀，给消费者一个极其广阔的联想空间。由此，伏特加的瓶子外形成为它的招贴中一个特定的符号，并由这个特定的符号来指示所要宣传的信息。下图把酒瓶作为香木缘的高光部分处理，使画面精神十足，而典型的伏特加瓶形在画面中独特的地位也就不言而喻。设计师很巧妙地对柠檬的高光部分作了更改，将两者完全融合在一起，既延续了以瓶子外形作为创意出发点的一贯风格又把一个光亮新鲜将要喷射出果汁的柠檬呈现出来，似乎大家已经品尝到伏特加中那股清新香醇的柠檬味道，感受到大自然的无私奉献。

3. 广告与建筑的嫁接

伏特加酒广告总是会采用“大胆借势,巧妙传名”的招数来扩大它的品牌知名度。下图为美国纽约的布鲁克林大桥,原本中间是两个拱形的桥洞,经过设计师的妙笔改动,矗立在桥上的是一对伏特加酒瓶的外形。布鲁克林大桥是第一座横跨曼克顿市和布鲁克林区的老建筑,它的建成为人们的生活提供了很多的便利,同时作为纽约市的著名地标,是一个最吸引人的城市亮点,代表了城市文化的一部分。布鲁克林大桥承载的不仅仅是它自身的重量和道路的重量,更担负着方便两岸人们来往的重任,因此它的历史意义和现实意义都是极其深远的。与伏特加酒瓶的置换,不完全是视觉上的冲击,给观者留下能与天际接壤的画面印象,更能体现广告创意的切入点是伏特加酒也像布鲁克林大桥一样能改善人们的生活,提高生活品质,从而给观者一个遐想的空间:尽情地品味伏特加,尽量地满足自己的味觉,尽快地提高生活的品位。

下图被伏特加酒替换掉的是被称作"布鲁塞尔第一公民"的于连雕像,古代传说中一个用尿液浇灭导火索保卫布鲁塞尔城池的卷毛小子。这种置换的表现技法很容易能让人把这个民族英雄同伏特加酒在本国市场所处的重要位置做相同层次上的比较,从而提升在布鲁塞尔公民心中的地位。更值得一提的是,酒瓶的喷水构想,既保留了原作中小孩喷洒尿液的场景画面,又赋予了酒广告更多幽默感的视觉形式,同时又使整个画面富有动感,以向外喷洒源源不断的绝对佳酿来抓住消费者的视线。的确,通过这些广告作品,不仅可以领略到绝对伏特加独树一帜的创意哲学,还可以从中增长不少相关知识。在《绝对布鲁塞尔篇》中,我们可以看到绝对伏特加酒瓶撒尿的景观,寓意不言自明,象征那个在关键时刻拯救布鲁塞尔的小男孩用自己的尿浇灭导火索的这一著名雕塑;背后的佛兰德斯式的欧洲建筑风格,也是向人们传递了伏特加酒在欧洲市场做宣传的广告特点。这种置换,使伏特加成为世界各地的"绝对建筑",想到这些建筑就想到伏特加酒。

4. 广告与机械的联姻

在《绝对瑞士篇》中，瓶子的形状嵌进手表的零件中，十分有趣，不仅突出瑞士钟表王国的特征，而且又巧妙地将自己最形象化的特征融入其中，堪称经典。总之，绝对伏特加总是能通过瓶子的形状和精彩的标题创造出许多人们意想不到的内容。

长期的广告积累，培养了一大批“绝对”的忠诚者，当然首先是指其产品的忠诚者，但也同样还有一批迷恋与收集绝对伏特加广告的忠诚者，由于广告备受欢迎，最终，所有的绝对伏特加广告被专家结集成书，于 1996 年正式出版，售价高达 60 美元，销售的火爆并不亚于绝对伏特加。

25.3 绝对伏特加广告功能

伏特加酒是一种地缘概念极强的产品，在人们的印象中只有俄罗斯生产的伏特加才是正宗的。在美国市场上，甚至许多本地生产的伏特加也冠上俄国的名称。在这种情形下，当产自瑞典的绝对伏特加 1979 年进入美国市场时，人们纷纷预言其最多只能支撑 3 个月，然而绝对伏特加不仅在激烈的市场竞争中存活下来，还创造了一系列市场奇迹，到如今则稳居世界第三大烈酒品牌的位置，这与它独特的广告营销有着密切的关系。可以说广告作为一种劝服性符号，表现最明显的是指令功能。当然，一则好的广告光有指令功能还是不够的，还需要其他功能的参与，才能发挥其最大的作用。在获奖广告和一系列的市场活动中，绝对伏特加持之以恒，不断地向消费者传递着 Absolut Vodka 的核心价值——纯净、简单和完美。1999 年，绝对伏特加广告被《广告时代》列入世纪十佳广告的行列。总之，广告作为一种符号系统，在我们的生活中扮演越来越重要的角色，它通过其强大的指令等功能影响着我们的消费理念和消费行为。广告中所指的淡化、内涵意义的扩展，往往使人们忽视了作为所指意义的产品，而重视产品作为能指所代表的品位、身份、理想等内涵意义。

《国际先驱导报》报道，在纽约曼哈顿一条稀松平常的街上，有座很普通的建筑物，在它的8楼一间恒温的房间里，却有着令众多名流和艺术收藏家垂涎的藏品，这些作品从地板一直堆到天花板，它的内容独一无二，全是关于国际著名的伏特加酒品牌“绝对伏特加”的广告艺术品，这些珍贵的艺术品现在已经达到了700件。在这些广告中，符号的这些功能体现的有强有弱，其中突出的主要有以下4种。

1. 美学功能

这种功能确定的是信息与其自身的关系。在这里，信息已不再是传播的工具，而变成了被人欣赏的对象。广告虽然主要是为了宣传产品，但有些广告呈现给我们的却是超出介绍商品以外的效果。绝对牌伏特加酒系列广告，在当今无疑已成为一种经典的演绎。绝对伏特加酒的价值通过商品的包装体现出来，通过一系列的广告，始终如一的传播品牌精髓来树立品牌。它的产品始终与时尚和艺术氛围紧密相连，广告突出的视觉效果离不开光影美学效应的环境氛围营造。绝对伏特加的广告不论是其自然事物还是人文景观都能给人一种美的享受。如在上文提到的把酒瓶作为香木缘的高光部分处理，使画面精神十足；再如布鲁克林大桥，不但具有物象美，还具有人文美。绝对伏特加广告通过向受众呈现的很多具有创意的极具观赏性的广告使人们在潜移默化中认可并接受这个品牌。

2. 情感功能

它确立的是信息与发送者之间的关系，表明发送者对对象的态度。以情动人是广告的一个策略，要打动消费者，广告商必须在广告中投入感情。如被誉为创意经典的用伏特加酒替换掉的被称作“布鲁塞尔第一公民”的于连雕像，具有很强的幽默感，其中卷毛小子形象更是给受众一种亲近感，以此来达到其打动目标受众的目的。

3. 指令功能

绝对伏特加新奇的创意，加之其广告主要在各种公众场合（如大桥），使绝对伏特加深入人心，取得良好的销售成果。可以说，广告作为一种促销手段，主要是通过其强大的指令功能达到目的的。指令功能确定的是信息和接收者之间的关系，简言之也就是以言行事，要求人们有所行动。指令功能可以指向接收者的才智，也可指向其情感。作为美学符号的广告属于后一种情况。在广告中，符号或是通过重复来对接收者加以限制，或是通过开启下意识情感反应来指向接收者的动机，以达到打动受众的目的。

4. 艺术功能

在著名的《美国艺术》等杂志里，经常能看到绝对伏特加的广告，这些广告和其他印着艺术家作品的彩页混杂在一起，有时让人很难区分哪些是艺术品，哪些是广告。实际上，绝对伏特加大多数的广告作品，已经模糊了传统意义上的广告和艺术的界限。至今全世界已有五六百位画家为绝对伏特加的广告创作了自己的作品，这一切也许都是从波普艺术大师安迪·沃霍尔开始的。

最近，不少美国人被瑞典一家酒商“分裂美国领土”的广告惹得怒气冲天，起因是商标为绝对伏特加的瑞典酒商，为吸引墨西哥消费者，推出了一个以1848年美墨战争前两国边界地图作背景的广告，将当年被美国巧取豪夺的加州、得州、亚利桑那州及新墨西哥州通通“归还”给墨西哥。据报道，这张北美地图广告，是绝对伏特加酒商推出的一系列命名为“在绝对理想世界里”的一则广告。它在墨西哥人眼中当然“绝对完美”，但不少对主权敏感的美国人，看到这广告后都大为光火，感到受辱，纷纷在网上留言指责酒厂“煽风点火”挑拨敏感的政治神经，又称酒厂是在鼓励墨西哥人不必拿合法文件偷渡到美国。该瑞典酒商在压力下急忙在网站上发表声明道歉，强调“绝对没有大家揣测的那些意图”，只是想让墨西哥人民回忆起昔日时光，可能会产生比较理想的感受。报道还称，美国目前的历史教科书“教育”学生说，加州、得州等西南部领土是1848年美墨战争结束后“合法”由墨西哥购买得来，但相当数量的墨西哥人都一直认为那根本是明偷暗抢。这场媒体纷争，客观上为绝对伏特加做了免费广告，扩大了影响，增加了销售。

参考文献

[1] 曾耀农.现代传播美学[M].北京：清华大学出版社，2008.

[2] 肖芃.媒介素养导论[M].北京：中国经济出版社，2006.

[3] 王一川.大众文化导论[M].北京：高等教育出版社，2004.

[4] 郭建斌，吴飞.中外传播学名著导读[M].杭州：浙江大学出版社，2005.

[5] 胡晓云.世界广告经典案例[M].北京：高等教育出版社，2004.

[6] 曾耀农.艺术与传播[M].北京：清华大学出版社，2007.

[7] 曾耀农.现代影视美学[M].长沙：中南大学出版社，2005.

[8] 张连兄，田秀坤.伏特加酒与俄罗斯的命运[J].俄罗斯中亚东欧市场，2005(09)：11-14.

[9] 陈睿.绝对牌伏特加——用创意整合营销[J].管理与财富，2007(01)：31-36.

[10] 贾丽军.瑞典籍伏特加的神话[J].广告大观(综合版)，2005(04)：54-58.

[11] 王建坤.绝对伏特加的极致想象力[J].21世纪商业评论，2008(01)：42-46.

[12] 王冰冰.创意中的自然美——浅析绝对伏特加酒系列招贴广告的物象美特征[J].美术大观，2007(06)：77-79.

第26章 三菱汽车在台湾广告中的情感营销

广告能够成功占领人们的日常生活，很多情况下并不是靠赤裸裸自我吹嘘；相反，它常常要把自己的商业动机乃至商业性质巧妙地掩藏起来，给人的感觉仿佛不是在做广告，而是在传递一种情感，即采用广告中的情感营销策略。我们通过分析三菱汽车在台湾做的以"回家"为主题的广告，论述了广告中的情感营销以及怎样在广告中实现情感诉求，达到与受众共鸣，最终实现广告的目的。

广告营造了一个人为的情感世界，并且显得那样的情深意切。广告中的情感只是一个单项的过程，它只是制作者煞费苦心地还原人的欲望的结果。概言之，现代社会的情感广告，抓住受众的接受心理，让广告的冲击力、干预力在一种富有情感的心理渗透下，以情动人、以情感人，这才能使得广告在从感觉→知觉→注意→记忆→联想的认知过程中，将受众从被动接受转变到主动思维。换言之，广告为达到一种观念上的成功，除诉之于听觉和视觉这两个认知的初级阶段，还要不遗余力地寻求人们心灵中最温情的那块地方予以触动，使人们由认知的比较被动的阶段尽快地对人的主观意识产生影响。这就是著名的AIDMA（指attention（注意）、interest

(兴趣)、desire(欲望)、memory(记忆)、action(行动))原理。尽管如此,通过分析三菱汽车在台湾做的以“回家”为主题的广告,我们还可以发现广告对情感进行编码的规律,这与艺术表现的情感所具有的独一无二的属性大相径庭。

26.1 广告中的情感营销理论

“情感”一词的英文在广告与营销中用 emotion,而在心理学中则用 affect 或 feeling ,可见不同的学科有着不同的理解与认识。其实有时很难加以区分,其意义有更多的重叠。这里虽讨论的是在广告与营销环境下情感概念的意义,同时又要依据心理学的解释,这样才能较为深入地理解情感因素在品牌建设中的意义。广告与营销中所说的人类具有情感作用是指人在广告与营销环境下表现出有某种情感上的倾向,这种情感上的倾向有利于提高人的情感体验。因而人们对“刺激”情感的东西(如广告)总会产生有情感性的倾向。如果这一倾向在人们生活中具有意义,特别是有象征性意义,这时情感体验就被唤起,影响消费者的决策与行为。

从理论上讲,所谓情感营销,是指通过心理的沟通和情感的交流,赢得消费者的信赖和偏爱,进而扩大市场份额,取得竞争优势的一种营销方式。物质产品极大丰富的今天,竞争激烈,生活常常让人感到茫然无措。为了舒缓紧张的情绪和疲惫的身心,人们注重情感的需要与表达。在这种情况下,以情动人、在广告创意中融入浓浓的情感因素,让消费者觉得自己参与其中并且深受感染,才会让广告具有无限的生机,最终才会实现广告的商业目的。注重人的情感需求,在广告中运用情感营销的策略,可以弱化广告的商业味道,使人更容易接受,在不知不觉中产生购买行为。很多成功的广告都善于挖掘生活中的美好的情感,亲情、友情、爱情、乡情以及对过去的怀念、对未来的憧憬等。这就是现代广告中的情感营销策略。它倾向于诉求购买产品带来的独特情感体验,从情感的层面挖掘商品与消费品的连接点，与消费者进行深度的沟通，而不是通过介绍产品的品质或功能来实现产品的差异化，从而达到扩大销售的目的。

在广告营销中，“情感”常作为一种体验，用来概括人们在对一些真实或想象的事件、行为或品质的高度肯定或否定的评价以及由此而引起的各种精神状态或生理、心理反应。在英文中 emotion（情感）一词是由 exit 和 motion 两个词缩合而来的，其词意是源于古希腊人相信情感是灵魂暂时离开身体。如今认为情感包含着一个人的核心真实，所谓情感性就是表现真实的自我。从某个意义上说，这一情感性是真实的，因为人们对什么所要表露出的情感显然与他们关心什么有着密切联系。心理学认为，人的情感心理过程受生理、自然与社会环境刺激的影响，所以情感由可被激发状态的连续体组成，情感从平静到激动的过程随主体与外部诱因的交互影响而变化，并随时调换，不断反复。

如果广告只注重介绍产品功效的理性诉求，很容易使人产生“王婆卖瓜，自卖自夸”的印象和逆反心理。而富有情感诉求的广告，则通过激发消费者积极的情感体验，可以有效地克服消费者的心理抗拒，使其在潜移默化中接受广告，达到满意的销售效果。

26.2 三菱汽车台湾广告的情感营销

在中国这个“情为上”的国度里，亲情显得尤为重要，许多成功的广告创意都是在消费者的亲情方面大做文章。三菱汽车台湾广告即是一个运用情感营销达到广告目的的成功案例。亲情的融入，不仅让广告和产品拥有了生命力，更重要的是让消费者从中找到了自己的过去、现在或将来的影子，激起了产品和消费者之间的共鸣，并由此建立起了一个产品或品牌的重要价值——顾客忠诚度。

三菱汽车在台湾做的这则广告是以“回家”为主题的，采用文学作品中倒叙的方式向观众讲述了一个亲情故事，让人回味家的温暖，感悟亲情的可贵。

对于在外工作的人来说，父母是他们最大的牵挂。故事主人公所经历的一切，也许是很多观众都感同身受的。广告的故事情节通过现实与回忆穿插完成，看到那些画面，也会唤起观众自己的故事，触动情感之弦，从而达到共鸣。

第一段：特写篇

广告以一特写镜头开始，在女儿的办公室里，她一边忙碌工作，一边和父亲通电话，因为这个礼拜她没有办法回家。从办公室的环境看，女儿应该是白领中的高层人物，她穿着正式的行政套装，办公桌旁是巨大的落地玻璃窗，桌面放了许多物品，打电话的时候还同时敲打键盘，说明事务繁多。

在现实生活中，这样的例子应该不算少。父母把子女培养成材，等子女长大成人了，有了工作，因为忙于事业，陪父母的时间越来越少，不能回家的时候只能打个电话，心底的无奈、心里的思念都随着这个似曾相识的画面涌上来。三菱汽车广告的情感开始得到回应，逐渐实现其营销的目的。

第二段：回忆篇

女儿和父亲的谈话还在继续，音乐响起，画面切到女儿的回忆：学习年代爸爸接她回家的情景，那个他们回家必经的福利社、福利社里的冰棒味儿、爸爸汽车的背影还有曾经等她的那个男孩儿……。在淡淡的抒情英文曲中，画面切换着，展现一个父亲在子女的成长中扮演的角色。

广告要抓住人的注意力，抓住人心靠的就是心理上的影响。小时候，我们都被家人呵护着，在他们的庇护中成长。不管是载我们上学，接我们回家，还是无意中充当了我们恋爱时的阻碍，总之，一切都是为了子女。可能当年的我们抱怨过，父母没有给自己空间，但是长大后总会明白父母的用心，并且怀念儿时的生活。谁都有这么一段记忆，这段回忆时常会在脑海中涌现。广告的情感效应开始升华，受众开始期盼有种交通工具可以载自己回家。

第三段：现实篇

办公室内的全景镜头，女儿又在给父亲打电话，这个礼拜她要回家了。从她的话可以听出，父亲又想去接她，但她拒绝了，因为自己已经买车。广告进行到这里已经一半，才出现汽车，车在路上走的画面中也没有明显可以识别的三菱品牌标识，观众可能还未能了解广告的最终目的，却更引起看下去的兴趣：女儿买了车父亲会有什么表现？结果头发已经花白的父亲还是坚持骑着那部老式自行车来接女儿，等在他们回家必经的那家福利社前。

最后，父亲骑车走在前面，女儿开车跟在后面，父亲不时地回头看女儿，车里的她已经热泪盈眶，感性的观众，跟着眼睛湿润起来。女儿内心独白再次出现："我想，他是怕我忘了回家的路吧。"同时，她看到了童年的自己坐在父亲自行车后座，转过头微笑。故事到这里讲完，广告语才最后出现："三菱汽车全省 164 个家，欢迎你随时回家。"从头到尾都没有直接地说自己服务多么周到，更没有说"家一样的感觉"，广告成功地完成了"家"的概念的强化与转移，观众终于明白，这是三菱汽车服务站的广告，而且三菱的服务就如家一样温馨周到。广告的情感营销得以实现，使受众产生买车的冲动。

情感是人类的永恒主题。营销是做商品的商场行为，但其本质却是做人的工作，尤其在商品供大于求的背景下，应该说主要是做人的情感工作。现代营销已经从量的需求阶段、质的需求阶段转向了情感需求阶段。使"情"的投射穿过消费者的情感障碍，再赋予广告、包装、服务、设计等有关精神方面的内涵和灵性，会使消费者强烈地受到感染或被冲击，激发消费者潜在的购买意识。

在一个高度成熟的社会里，消费者的消费意识日益成熟。消费者已不再纯粹地追求物质满足，他们追求的是一种与自己内心深处的情绪和情感相一致的感性消费。广告以情感为卖点，但并不是要脱离产品去煽情，而是将产品与情感结合起来，通过感情的宣泄让人形成对产品的认知。三菱汽车的这则广告语言不多，而且都是很平常的话，但其中带有的回家情节让人自然联想到汽车，作为一种交通工具，它载我们回到儿时的记忆之处，回到温馨的家园。

广告虽然是传递信息的，但是以情感诉求为目的的广告并不能用硬邦邦的广告语去告诉受众什么，而是通过抓住受众的情感达到吸引受众注意力的目的。看三菱汽车的广告脚本，它似乎不像在做广告，而是在静静地讲一个故事。也许我们很多人都有类似的经历，因此在看的过程中，会忘掉对广告的反感，而是跟随故事的主角去回忆，并引起情感的共鸣，情不自禁地去购买三菱汽车。

情感诉求是最具人情味的广告，它让消费者在感情上产生共鸣，从而在产品与消费者之间建起一种好感，使消费者乐于接受该产品。现在的消费者的需要正从量和质的满足上升到情感的满足，在广告创意中，有效运用情感诉求，以老实诚恳的广告诉求、亲切温馨的广告画面、自然流畅的广告语言去打动消费者的情感，刺激其欲望与需求，从而使购物与消费成为可能。但在运用这种广告诉求方式的同时，也需要注意其他相关的问题。

26.3 广告情感营销的基本原则

情感营销在传统消费时代的理解是情感广告、情感包装、情感促销、情感设计、情感口碑等。情感消费时代的情感营销除了继承传统时代的概念外，更应该创造品牌信息产品，情感营销已经不再是单纯地找一句广告语进行情感诉求，引起群体的心理共鸣，情感营销贯穿于整个经营的全过程。大到品牌建设，中到产品设计，小到服务过程，都涉及到情感营销的点点滴滴。

三菱汽车广告能够达到情感营销的目的，就在于它遵循了广告中进行情感营销的原则。广告的情感营销没有固定的模式，它或靠广告语言、或靠音乐、或靠画面、或靠主题……。选准一个点进行创意就能完成广告。但是广告要靠情感取得成功，必须遵循一些基本的准则。

1. 广告感情应真挚

真情的来源往往是现实的生活与自然的画面，不要为了突出情感而去制造某些情节或者去强调某些语句，这样只会让人觉得虚情假意。像三菱汽车的这则广告，故事情节平凡而简单，语言朴实无常，而正是这样才让人觉得亲切，一切都那么自然，观众不会去想这是不是真的，因为他们有相同的体会，也便产生了相同的感受。广告要有说服力，必须要让人觉得真实，而以情动人的广告如果没有抓住这个"真"字就更会产生反效果，达不到营销的目的。

2. 广告语境的本土化

俗话说："天老情不老"，情感是人类永远不老的话题，也是维系人与人之间关系的基础。真实温暖的情感不仅能够感动自己，他人见之闻之亦会动容。在地理选择上，广告也要掌握好定位。不同民族有不同的传统文化和信仰，因此在做广告的时候一定要了解当地的风土人情，避免跟当地的文化产生冲突。三菱汽车的广告有两个我们印象深刻的地方：①福利社。在台湾的孩子心中，福利社有特殊的含义，那是他们童年里共同拥有的欢乐记忆。这也是因为广告的目标市场是台湾，如果放在其他地方，人们可能根本体会不到福利社的意义。②父亲的闽南语。不论是女主角小时候还是她长大了，父亲的话始终没变过，都是比较低沉的闽南话。虽然我们听不懂，但是由于广告针对台湾市场，自然赢得了观众的好感。在进行广告的情感营销时，广告创意人员一定要先彻底了解当地的风俗人情，不要做出一个被消费者唾弃的广告，否则，不仅损害广告主的利益，也伤害了消费者的情感。

根据传播学原理，正常情况下，人们都希望自己的观点同社会群体的大多数一致。从接受心理学的角度，受众总是有意或无意地选择性地接触和记忆那些与他们的观点、兴趣、态度相一致的大众传播内容。最理想、最省力的广告是利用文化和已经具有的象征，将商品本身变成一种象征。孔府家酒《回家篇》的经典广告语"孔府家酒，叫人想家"的成功就是一例。中国传统文化中有浓重的游子思乡情结，从李白的"举头望明月，低头思故乡"到余光中的"乡愁是一枚小小的邮票，我在这头，母亲在那头……”，无不渗透着思乡怀亲的惆怅。孔府家酒的广告就是想通过赋予酒一种象征的意味来赢得消费者的好感。选取具有本土性的文化作为后盾，难怪情感广告无往不胜！

3. 选择进行情感营销的元素

中华民族是人情味特别浓厚的民族，这与千百年来儒家思想的统治密不可分，儒家讲究的忠孝仁、礼义廉耻，深刻地嵌入了中国人乃至东方人的骨髓。营销是人跟人沟通的社会活动，市场中不只存在产品、功效、价格等硬性元素，更是处处渗透着感情。长久以来理性营销方式当然与市场初期营销水平和消费者成熟度有关，但是随着市场成熟度的提高，消费者在狂轰滥炸中日渐理性，商品再以产地、卖点、功效等进行理性营销，必然让消费者产生疲倦甚至抵制，达不到广告的目标。

以情感为诉求重点来寻求广告创意，将成为当今广告发展的主要趋势。创意源于生活，要做出好创意首先要研究目标消费者的心理，尤其是情感需求，然后将产品或品牌跟情感联系起来。一般来说，广告创意的情感元素有两大类：一类是人类的四大情感，包括爱情、亲情、友情和对社会或者民族的大爱；另一类是人生中的三大悲事和四大喜事，三大悲事为少年丧父，中年丧妻，老年丧子。四大喜事为洞房花烛夜，金榜题名时，久旱逢甘露，他乡遇故知。这些都容易打开受众的情感闸门。广告创意要做的就是如何将这些元素与商品、品牌联系起来，并且能让消费者看到广告的时候产生一种情感共鸣，从而产生购买这种产品的欲望。三菱汽车的购买者大都是一些有一定经济能力的白领，他们的日常生活非常忙碌，能够回家的时间特别少，对父母的感情深藏内心。通过这则广告，观众的情感被激发出来，产生共鸣，同时广告主在无形之中能够将父母子女之间的关爱与三菱对顾客的关爱联系起来，达成了符号的嫁接，让两种情感进行碰撞，最终实现了三菱的品牌销售。

目前，市场营销已不再是简单地开发、推销和分销产品，而是更加关注与顾客建立并维持相互满意的长期关系。情感营销正是基于这种顾客导向而产生并得以发展。越来越多的广告主开始采用情感营销，通过释放品牌的情感能量，辅以产品的功能性及概念性诉求，不着痕迹地打动消费者，培养忠实的消费群体。

参考文献

[1] 曾思燕.情感营销浅析[J].现代技能开发，2003(11)，46-48.

[2] 冯丽云.经典广告案例新编[M].北京：经济管理出版社，2007.

[3] 万文丽.成功企业的情感营销[J].企业管理，2005(04)：41-44.

[4] 尚铁忠.情感营销天地宽[J].中国城市金融，2002(07)：63-68.

[5] 丁家永.广告语营销中情感心理机制与品牌策略[J].江苏商论，2005(12)：12-16.

[6] 赵凯，王海涛.广告诉求的三大主题[J].企业研究，1998(12)：81-85.

[7] 景进安，颜皓.浅析情感营销[J].经济师，2005(03)：54-58.

[8] 韦新.情感营销——商战新武器[J].商业研究，2002(03)：51-55.

[9] 赵泉.情感营销中的广告诉求[J].企业改革与管理，2006(09)：12-16.

[10] 东方晓.情感营销的三句"情话"[J].价格与市场，2004(10)：24-28.

第27章 百年润发品牌广告案例分析

30多年来，中国广告取得了令世人瞩目的成就，然而在数不胜数的广告中，百年润发电视广告品牌形象的独特定位、商业性和文化气质的完美结合，以及给人心灵的震撼，堪称是具有中国特色的经典之作。“青丝秀发，缘系百年”这不仅是“百年润发”的一句广告语，更是一种意境、一种美好情感的凝聚，温情中展示着要树百年品牌的决心。百年润发是重庆奥妮系列产品中的一个，目前在市场已上市的有奥妮皂角、奥妮首乌和百年润发。在百年润发广告里，文化气和商业气在这里天衣无缝地结合，融汇成中国情感的、中国式词汇的民族品牌，这与国产商品的洋名风、霸气风形成鲜明的对比，有助于记忆度的加强、辨识率的提高。

20世纪90年代，中国内地的观众在电视广告里看到了周润发，在这之前，周润发作为香港巨星，一直是电影电视中才能看到的身影。广告里的周润发在为一个女孩子洗头，这与银幕中双枪扫射的周润发大相径庭，这个在广告中温情脉脉的男子并没有名字，甚至一句话都没有，但观众惊呆了，他们看到了一个从未见过的广告，只靠演技，不要台词，这样的广告却大获成功。广告曲别出心裁地采用了京剧唱腔。“串串相思,藏在心里,相爱永不渝,忘不了你。”女声听来有丝淡淡的忧伤。“百年润发”是周润发为数不多的广告中的精品,不仅他人无法企及,甚至自己都难以超越。

当年周润发版“百年润发”广告创造了重庆奥妮年销售收入8亿元的史上辉煌,两年的销声匿迹后,纳爱斯能否通过刘德华的代言让百年润发重振雄风?百年润发要继续续写华章,则必须坚持以下4个原则:一要抓住中档消费市场,抢占住中国洗发水最大的市场;二要传承品牌性格,含蓄婉约的调性要得到表达;三要代表中国传统洗发水,本草型特点要获得张扬;四要研究传播规律,钻研广告技巧。如此,在高度竞争同质化的洗发水市场中,百年润发才能走出差异化的道路,站稳自己的脚跟,实现品牌复兴的使命,重新创造自己的传奇。

27.1 百年润发广告扫描

一条深巷里弄的草台班子,一个眉目传情的清丽戏子,一个偶然驻足的旅人过客,一出忧伤绚烂的折子戏;一场顾盼之间留下的一刹那心动,一生间浅缘。铿锵的锣鼓配上哀婉的京胡,将一段美丽而悲伤的恋情诠释得优雅而动人。人的一辈子会遇见很多人,也会心动很多次。所谓聚散如风,亦如水中游走的漂萍。难得有一次刻骨铭心,难得有一次让你魂牵梦萦。广告中的主人公可以在物事斑驳沧海桑田之后,邂逅梦中的情人,抚摸一汪秋水般倾泻的长发,把来世的因缘提前到今生上演,而更多的心动最后不会变成爱恋,飞鸿亲吻过的雪泥的唇印,倏忽间又被轻轻遮掩。广告里,周润发的演技可谓是出神入化:年轻相恋时的柔情似水,恋人离去后的怅惘凄凉,再游故地时的物是人非,与故人重逢时的如梦如幻。这一切,都在他举重若轻的眼神与举止中表现得淋漓尽致。尤其是最后那逐渐绽开的笑容,以无可比拟的魅力征服了世界。“串串相思,藏在心里,相爱永不渝,忘不了你。”这是京剧《百花赠剑》选段,意扬韵味的一段曲调正是

“百年润发”广告情味悠长的女声，凄美柔似水，那一份痴情，那一幕婉约，都在京韵中呈现。值得一提的是，此广告荣获了第五届全国影视广告金奖。片中的女主角叫江美仪，著名的影视演员。

在京剧的音乐背景下，周润发“百年润发”广告篇给观众讲述了一个青梅竹马、白头偕老的爱情故事：男女主人公从相识、相恋、分别和结合都借助于周润发丰富的面部表情表现了出来：爱慕状、微笑状、焦灼状、欣喜状。而白头偕老的情愫是借助于男主人公周润发一往情深地给“发妻”洗头浇水的镜头表现出来，显得情真意切。白头偕老的结发夫妻，满头飘逸的长发，这在中国历史上本身就有着深沉的文化内涵，此时配以画外音：“青丝秀发，缘系百年”，然后推出产品：“100年润发，重庆奥妮！”——把中国夫妻从一而终，从青丝到白发、相好百年、相伴终身的山盟海誓都融入了“100年润发”的洗发水中，显得自然而浪漫。

27.2 百年润发广告创意

1. 创意的独到之处

百年润发的创意是新颖独到的，它别具匠心地赋予了百年润发中华民族文化下的美好联想，借古抒情，这是大胆创新，也是民族文化的继承和发扬。据当时一项调查显示，广告产生的所有感动几乎都来自这个情节，这支广告为企业创造了近8亿元的销售收入。在国货当自强的良缘下，人名、品名、真情浑然一体、天造地设、相得益彰，明星的晕光效应酣畅淋漓，百年润发的知名度得以极大的提升，在产品的优质保证下，早早地迎来了成长期。“百年润发”的创意将时空的变换、浪漫的爱情、温馨的家庭生活与一点淡淡的惆怅、深深的怀念和优美的音乐融合在一起，而焦点就是洗发水这个主体产品，一系列完美的创意让人拍案击节，使受众回味无穷。

2. 创意的具体方式

百年润发的出色创意，优美的视听觉语言，精良的制作，使得品牌形象在重复中加深，在加深中难忘，它荣获第五届全国影视广告金奖是当之无愧的。广告情节有助于消费者对品牌的记忆，绝大多数广告过段时间会被遗忘，但人们会借助那些感人、有趣的故事情节，加深对品牌的记忆，提升对产品的忠诚度。

百年润发——这是一个近乎完美的经典创意。百年，时间概念，将品牌悠远的历史表露无遗，增加了品牌的时间厚重感；润发，将品牌的产品属性以及品类特点很好地体现出来，一语中的！百年润发电视广告品牌形象的独特定位，商业性和文化气质的完美结合，以及给人心灵的震撼，堪称是具有中国特色的经典之作。洗发液一般是女人买给男人用，生活中通常也都是女人照顾男人。而在这个广告里，男女进行了角色互换：让周润发给女人洗头发。百年润发的品名和周润发的名字巧妙吻合，周润发的年龄和外形气质与百年润发品牌本身所散发的亲和力相吻合。这个创意，由于点破了女性内心深处的渴求，符合女性主义的诉求，而把周润发的魅力用到极致，也把品牌与明星有机地结合在一起。百年润发联合在一起，产品名称传递的品牌信息准确而生动！电视广告使用周润发来充当形象代言人，内容与形式都十分恰当，更是策划者的神来之笔。

广告创意在英语中的表达为 idea & creative。广告创意是指广告中有创造力地表达出品牌的销售信息，以迎合或引导消费者的心理，并促成其产生购买行为的思想。广告创意由两大部分组成：一是广告诉求；二是广告表现。广告创意是对广告专家能力的挑战，它要求广告专家要认真思考而不能乞求于灵感，要遵循一定的创意原则。现代传播学和市场营销理论的发展，为广告创意注入了新鲜的血液，增加了时尚的元素。

27.3 百年润发广告定位

广告定位理论的创始人艾·里斯和杰·特劳特曾指出：定位是一种观念，它改变了广告的本质。定位从产品开始，可以是一种商品、一项服务、一家公司、一个机构，甚至于是一个人，也许可能是你自己。但定位并不是要你对产品做什么事。定位是你对未来的潜在顾客心智所下的工夫，也就是把产品定位在你未来潜在顾客的心中。所以，你如把这个观念叫做产品定位是不对的。你对产品本身，实际上并没有做什么重要的事情。可见，广告定位是现代广告理论和实践中极为重要的观念，是广告主与广告公司根据社会既定群体对某种产品属性的重视程度；把自己的广告产品确定于某一市场位置，使其在特定的时间和地点，对某一阶层的目标消费者出售，以利于与其他厂家产品竞争。它的目的就是要在广告宣传中为企业和产品创造、培养一定的特色，树立独特的市场形象，从而满足目标消费者的某种需要和偏爱，为促进企业产品销售服务。

1. 与中国传统文化的结合

在文化气质方面，赋予产品以丰富的联想，更能增强广告作品的震撼力和感染力。今天的广告传播容量是繁忙与超负荷的，同类产品的与日俱增更加剧了竞争的激烈，产品同质化现象使得产品不光要满足消费者的使用功能，更要有深刻的内涵和精神上的慰藉。在保证品牌具有强大竞争力的前提下，弘扬民族文化，实现广告的教育功能，这是中国广告的特色，值得发扬光大。百年润发是国产洗发水品牌最优秀的品牌策划，百年润发广告不仅注重奥妮品牌的植物一派的功能表达，还更多地注入了情感因素，将品牌定位从一般的功能性描述上升到感性高度。更为难能可贵的是，“百年润发”的情感传递是通过传播生动的生活形态来完成的。当红影星周润发的倾情表演，将"百年润发"的情感世界表露无遗，显得真挚生动。

古老的艺术形式现代化，这是大胆创新，也是民族文化的继承和发扬。广告的气质是形象透露出内在的气韵和格调，是充盈内涵的韵律和风格，广告气质是民族文化心理的承传，这种承传具有较强的历史惯性和社会渗透力。"百年润发"杰出地驾驭了这一理论，在别人已诉求的利益上，它不能再跟其后附和，而是别具匠心地赋予了"百年润发"中华民族文化下的美好联想。京剧、二胡等国粹在近年来有所失落，可广告中铿锵的锣鼓、委婉的京胡，使这一古老形式大放异彩，借古抒情，宣传的是现代的洗涤产品。由于情感趣味以及潜意识中文化心理的趋同，消费者对广告中的中华传统文化自然会产生喜爱和执着，会潜移默化地影响他们的行为，从这一方面来说，百年润发广告的文化诉求，有助于提高国民素质。巧妙的借用"百年"，洗发的浓浓深情，"青丝秀发，缘系百年"的美好境界，足以给人强烈的震撼，这股力量是直白利益诉求的广告所无法表达的。

2. 知己知彼的广告定位

广告要定位，要指向某一类特别消费群体，而不是所有的消费者。在广告定位中要时刻牢记："用步枪瞄准最佳潜在顾客来射击的方法，远比用猎枪散弹希望打几个市场的方法要好得多。计划者一定要知道谁是目标市场并直接和他们说话"。"试图用一个策略去传达给太多的人或向太多的人说话实在是一项风险。试图对一个更广大的市场夸张一项利益，希望借以吸引更多的人士几乎永远是一种错误"。目标一定要选准，定位一定要明确。

"知己知彼，百战不殆"，这是《孙子兵法》中的谋略，也是商战中的策略。"彼"在中国洗发用品市场上，洋品牌占统治地位，宝洁、丽花丝宝、联合利华、脱普等，其中宝洁系列在近几年地毯式广告的轰炸下，更是独领风骚，占据浩大的市场份额。在对手已诉求的利益网络之外，寻找新的具有强大竞争力的利益显然很难，但"百年润发"独辟蹊径，寻找到一块属于自己的新大陆，而且是比对手更精彩、更长远的制高点——植物一派，从而与化学洗发水相对抗，创造一片新天地，打造属于自己的根据地。

3. 包装的独特定位

植物、自然、绿色将和人类的联系越来越紧密，所以百年润发，或者说是奥妮的材料大量使用中草药，其立足点比对手更高远，它不光立足于现代，更放眼于未来，就是时过百年仍不失为潮流；"植物"又是竞争品牌的弱点、广告诉求上的空白点，挖掘到别人没有开采的"金矿"，这本身就有广告制作者发挥的空间，也使产品包装更能体现自己的特色。

百年润发摆脱了宝洁的阴影，找到了自己的卖点，弘扬了中华民族美德，推广了中草药的使用范围，这一切使百年润发在同类产品竞争中取得了相当的消费者和市场份额。而它的包装也与其品牌市场定位紧密联系。在瓶形上，百年润发采用了奥妮的端庄、严肃，追求地角方圆、天庭饱满。除去奥妮高贵的外包装，在字体上，奥妮与百年润发也很好地体现出品牌思想，使用书法作品，更显民族风格，更具文化内涵。

4. 巧用名人牌

名人广告是一种很普通的广告形式，广告界褒贬不一。对商家来说，如果名人高度的知名度和美誉度能巧妙地被借用，这将使观众因喜爱和崇拜广告中的名人而连带喜欢广告的产品，从某种角度讲这是一条捷径，可以缩短产品的导入期。百年润发运用名人做广告十分成功，堪称广告界的经典之作。

(1) 百年润发的品名和周润发的名字巧妙吻合。周润发的年龄和外形气质与百年润发品牌本身所散发的温和感相吻合。

(2) 广告中的周润发没有一句台词，重游旧地的复杂情绪、时势变迁的悲欢离合全靠精湛的表演，加上女演员自然的配合，使得爱情故事真正地融进“百年润发”品牌中去，广告主题在视觉上更加完美，在空间中更加优雅。

(3) 周润发的人品口碑好。素以选片挑剔而著称的周润发，无论在生活上还是工作上，都恪守中国传统，爱护妻子、敬业乐业、谦和待人，符合产品的特点。在拍片前有好几家广告商同时请他拍广告，但他始终坚持自己的原则严格挑选广告商，他要求保证制作班底和拍摄质量，同时带了两箱洗发水回港亲自体验，确信产品质量后才开拍。

(4) 这是周润发第一次在大陆拍产品广告。明星做广告推销产品，第一次很重要，效果也最佳。广告拍得太多太滥，影响明星的形象。

在洗发水市场，以宝洁为首的洋品牌走的是化学洗发的路线，而奥妮则运用传统中医理论，延续国人用中草药洗发传统的植物一派，并由此启动了中国日化的植物一派概念与产业。甚至今天，宝洁、联合利华等跨国日化企业的市场战略中还明确表示：奥妮余威不减，需要纵深防御，因为这个品牌挑战的不只是一个产品，而是一个体系。这个体系的威力我们可以从霸王身上看到，也可以从众多国际品牌推出的汉方洗发水产品中看出。中药洗发水市场是奥妮百年润发当年能够成功的关键，也是现在霸王能够在众多国际品牌的打压之下大行其道的关键。但是纳爱斯的决策者们，似乎忽略了这点，这个令国际品牌时刻警惕的优点，这个令国际品牌想方设法在盗用的优点，没有被他们牢牢抓住，而是轻易地将它拱手相送。最终没有延续百年润发的生命线，把百年润发打造成一个中国本草洗发水、传统洗发水的形象。相反在新的广告片里，将中国人百年以来传承的洗发水精华抛弃了，让我们看到的都是走向西化的新百年润发，品牌的风格和包装的风格，已经脱离了百年润发骨子里的那股中国气质，抛弃了中国传统文化内涵，其所阐述的调理概念与中国的养生概念背道而驰，失去了自己的营销优势，失去了自己的市场份额。

参考文献

[1] 覃卓燕.纳爱斯如何重塑"百年润发"[J].市场观察，2008(01)：41-46.

[2] 邓水莲,石章强.纳爱斯：百年润发之牌如何出？[J].市场观察，2008(01)：71-76.

[3] 冯建军.纳爱斯要将百年润发带向哪里？[J].中国品牌与防伪,2008(03)：31-36.

[4] 谷俊.百年润发能否缘系百年？[J]. 市场观察,2008(01)：24-26.

[5] 冯建军.百年润发　前路难卜[J].光彩，2008(02)：35-37.

[6] 叶茂中.重推百年润发,先回答几个问题[J].市场观察,2008(01)：51-55.

[7] 冯建军.央视广告引擎,能否助推百年神话[J].市场观察,2008(01)：23-25.

[8] 邹文武.广告硬伤"扼喉"奥妮[J].理财杂志，2008(12)：31-36.

[9] 程永红.纳爱斯的"大日化"之梦[J].中国中小企业，2008(09)：32-35.

[10] 小兵.立白 PK 纳爱斯 逐鹿"大日化"[J].中国化妆品(行业),2008(09)：71-74.

第28章 从立邦漆广告事件看受众的接受差异

在中华文化中，龙有着极高的地位。在7000多年前的新石器时代先民们就有了对原始龙的图腾崇拜。立邦漆广告"龙"发布后引起了社会的强烈抗议，人们纷纷发布消息强烈的指责立邦漆公司。从广告本身的3个因素考虑，这个创意没有问题。我们通过文化、心理和符号学的视觉角度对这些广告文本进行分析，分析这则广告惹起广泛争议的原因。

立邦漆，一个在中国涂料界赫赫有名的日本品牌。从1992年开始进入中国，15年间拥有4家独资工厂、一家合资企业和30个代表处，经营领域涉及乳胶漆、木器漆、工业漆、汽车漆、汽车修补漆、船舶漆、辅料等。自1997年至今，立邦漆以年增长50%以上的成长速度迅猛发展，连续8年蝉联国内涂料市场产销量的冠军宝座。2004年，立邦的年销售额突破30亿元，占到中国涂料市场份额的10%。有数据表明，从1995年开始，立邦年均在广告上投入2500万美元。巨大的广告投入使立邦成为普通大众心目中的知名涂料品牌，在中国某些城市，立邦漆甚至成为装饰用乳胶漆的代名词，极高的知名度由此可窥一斑。然而，2004—2005年，相继发生两件令立邦难堪的事件，使其品牌毁誉参半。一件是

《立邦漆涉嫌企业行贿高额回扣“收买”油漆工》的报道被各大媒体相继转载，另外一件就是《北京晨报》刊出《立邦漆广告网上起争议》一文，引起轩然大波，值得我们深思和分析。

28.1 立邦漆《龙篇》广告事件

《国际广告》杂志在2004年9月刊登了一则名为《龙篇》的立邦漆广告作品，画面上有一个中国古典式的亭子，亭子的两根立柱各盘着一条龙，左立柱色彩黯淡，但龙紧紧攀附在柱子上；右立柱色彩光鲜，龙却跌落到地上。画面旁附有对作品的介绍，大致内容是：右立柱因为涂抹了立邦漆，把盘龙都滑了下来。评价称“创意非常棒，戏剧化地表现了产品的特点……，结合周围环境进行贴切的广告创意，这个例子非常完美。”这个广告发表后，引起了中国受众的指责。网民小江在接受记者采访时说：“我乍一看还觉得挺有意思，可仔细一想就觉得别扭了。龙是中国的象征，怎么能遭到这样的戏弄！这个创意应该赶快改掉。”更多的网民则认为，“发布广告者别有用心”，而且“恶劣程度比‘霸道广告’有过之而无不及”。广告专家认为，从广告本身的3个因素考虑，这个创意没有问题。但是，广告设计和发布者显然忽略了一个重要问题，就是广告与文化的联系。北京工商大学传播与艺术学院副院长张翔在接受采访时说：“龙是中国的图腾，在一定意义上是中华民族的象征。每个国家对传统文化的理解不同，在我国的文化中，龙的内涵非常丰富。广告一旦忽略了与文化的联系，就会使受众感到不舒服甚至产生厌恶。”

这则广告希望借用夸张手法来表现产品的功能，但立邦漆这则广告的画面确有问题，它至少损害了中国人的民族情感。立邦漆的广告虽然通过夸张的手法，让龙从柱子上“滑”下来，戏剧性的强化了立邦漆的“滑”这一特性，不过，“滑”的优点并没有引起中国受众太多的共鸣，反而引发了另外一种不安的联想：龙是中国传统文化的图腾式的标志，古老的中国龙被日本的立邦漆刷得油亮油亮的，却失去了腾云本色，成为盘在地上的一条类蛇龙，这似乎意味着中国传统文化要向日本的商业文明俯首称臣，成为商业文明豢养下的一条金光闪闪却软弱无力的装饰品。网友们严正要求“立邦公司向中国人民道歉”！很多网友对此进行了跟帖和转帖，绝大多数网友表现出了同样的愤慨。对于广告中关于中日意识形态冲突问题在遇到类似霸道的戏剧化“讲述”时，我们需要冷静的分析与甄别，要避免刻意的“误读”，用理性的态度平息网民的愤怒，以免引起国际争端。

2004 年 9 月 23 日，《北京晨报》刊出《立邦漆广告网上起争议》一文。报道了《国际广告》杂志刊登的李奥贝纳广告公司作品《龙篇》，由于采用了“立邦漆滑倒盘龙”的创意，在网上引起争议一事。24 日，《国际广告》杂志社就“立邦漆广告作品事件”给《北京晨报》发来声明，表示希望通过媒体向广大读者道歉。《国际广告》杂志社在声明中说，对于由作品《龙篇》引起一些读者的批评、质询等“我社表示歉意”。声明中解释说，《龙篇》并非杂志刊登的商业广告，而只是被杂志中的一篇文章提及，发表的初衷仅仅是希望业界能够参考和评价。《国际广告》杂志社表示：“我刊绝不会有意做出任何伤害读者情感的事。”希望通过媒体向广大读者致歉，并表示将会适时组织专家对此进行深入讨论。

28.2 从接受美学角度解读立邦漆广告

《龙篇》广告设计和发布者忽略了广告与文化的联系，画面损害中国人民的情感，忽略了龙已渗入中国社会的各个方面，成为民族的一种文化的凝聚和积淀。李奥贝纳中国总公司有关人士说，公司的创意队伍全是中国人，为立邦漆提供此创意展示，是公司在媒体上为了推广自身形象而发表的，仅仅是一个创意概念的交流，从来没有在任何主流媒体上作为广告发布过，将来也不会发布。对此创意展示，立邦漆客户对此并不知情。同时，立邦漆对此创意展现意料外的广泛公开，深表歉意。

认知过程、情绪过程和意志过程是消费者围绕购买行为的3个心理活动过程，只有正确地把握运用广告的心理功能，才能有效地诉之于消费者的心理，满足消费者的心理需要，使广告达到良好的诉求效果。侮辱性广告事件为何近来屡屡发生？中国传媒大学广告系黄升民教授认为，在不同文化背景下就会产生不同的想法，因广告引起争议是常有的事情。其实商家的本意也并不想伤害消费者，但是在不经意间表现出的文化上的差异，产生了不好的结果。耐克广告事件根本原因是文化上的冲突，确实有些文化歧视在里面。也有专家认为：开放领域的持续扩大促使外资对中国经济活动的介入程度与日俱增，外资的商品、服务、理念的推销广度和深度必将继续增大。在洋广告越来越多的大趋势下，问题洋广告必然随之增加。如果监管部门不能更有效地进行监管，问题洋广告还会出现。还有专家认为，在广告业自身的策划和经营理念始终没有得到很好的解决，盲目创意、过度创意的弊端仍很突出的情况下，问题洋广告的再度出现也就不足为奇了。目前，外资广告业大举入侵，中国广告业必将面临更加激烈的竞争局面。广告业协会应完善现有的资质认证体系，实行跟踪和监督制度，引入黄牌和红牌机制，从行业内部促使广告业良性运行，尽量避免违法违规的广告行为。

广告设计中的情感接受涉及到接受美学的问题，接受美学即是以观众的接受为考察的重点。也就是说接受美学的视点，是在被动接受与积极理解、标准经验的形成和新的生产之间进行调节，引起观众的注意，诱发消费者的兴趣和欲望，促成消费行为的产生，是现代广告的主要心理功能。广告是信息交流和社会心理沟通的产物，通过瞄准消费者的心理需要，适应其心理过程，才能达到心理沟通的目的，产生扩大营销的效果。

一则成功的广告不仅要有新颖奇特的创意和精心的制作，还要注意对民族情感的尊重和对民族文化的准确理解和把握。只有这样才能使受众接受。由于没有尊重中国的民族文化，《龙篇》广告影响公司在受众心中的形象，它的优点并没有引起受众太多的共鸣，反而引发了不安的联想。产生一种抵触情绪，甚至发展到抵触公司的产品。那么广告就产生了与所期待的适得其反的效果，就失去了广告的意义，甚至起了负面作用。情感在广告中，特别是现代广告中很重要，起到了生产者与消费者之间纽带的作用。可是，情感在广告中的应用应该是有感而发、水到渠成的，是一种真情流露，不能为了达到自己的目的而生搬硬套，甚至无病呻吟，不该抒情的时候乱抒情，不该感慨的时候乱感慨，结果既让观众看了很不自然，也损坏了自己的品牌形象。广告煽情太过，结果是弄巧成拙，吃力不讨好，损害了自己的声誉，以至于陷入了对产品产生抵触情绪、影响产品销售的误区。

28.3 用符号学解读冲突缘由

再来看一下 2003 年的丰田霸道广告事件。事件的起因是一汽丰田销售公司的两则刊登在《汽车之友》2003 年第 12 期、由盛世长城广告公司制作的广告：一辆霸道汽车停在两只石狮子之前，一只石狮子向下俯首，另一只石狮子抬起右爪做敬礼状，背景为高楼大厦，配图广告语为“霸道，你不得不尊敬”；同时，“丰田陆地巡洋舰”在雪山高原上以钢索拖拉一辆绿色国产大卡车，拍摄地址在可可西里。这期广告同样是在一篇责骂声中以道歉收场。“霸道广告——石狮敬礼”在国人的一片指责声中，虽然销声匿迹了，但给我们精神上所造成的损害却是一时难以消除的。我们看到，在立邦漆这幅广告中，象征中华民族的龙掉落在地上，人们首先想到的就是其有什么别的用意，而不是其创意。事实上，广告的形式多种多样，完全可以避开这些容易引起人们联想的东西，用一种别的设想或者别的东西来代替，如果不是这家创意公司的设计人员无知，而是特意拿作为中华民族象征的龙来嘲弄，就是真正的别有用意了。这是一位中国媒体工作者的意见，也代表了许多中国受众的心声。

广告设计和发布者忽略了这一重要问题，没有让广告所传达的信息和观众的情感相契合、相交流，使观众与之产生共鸣，这也是观众所期待的。所以广告只有达到观众对广告能主动地配合接受、积极地理解，才能满足观众的期待视野。这样，才会从观众的心底产生一种新的印象，即对产品的美好的印象。当然广告之中蕴含的情感能得到观众的认可和共鸣，正是观众也就是人本身对于真善美的追求和理解，是一种美好的积淀。有了这种积淀，观众自然在观看广告时，会和广告中所传达的信息相沟通并能够产生共鸣，而且会进行自身理解，产生出具有自己特点和情绪的新信息，加深对品牌的记忆。

事件发生后，广告的设计单位李奥贝纳广告公司广州分公司很快给记者发来了关于此事的声明，并表示希望通过媒体向公众做一个解释。声明说，这个广告是为立邦涂料广东有限公司生产的“木器清漆”设计的。这种油漆的最大特点就是保持木器表面光滑，防止产生小刺。广告希望借用夸张手法来表现产品功能。“在创作过程中，我们曾经征询过公司以外人士的意见，均认为创意具有相当高的吸引力。因而忽略了在部分人心中衍生的其他意义和联想。”对立邦品牌和公众人士所产生的影响，该广告公司表示“始料不及，深感遗憾”。

在跨越千年的劳动实践中，我们祖辈赋予物品以符号意义，并代代相传，使得在同一种文化中，符号的意义稳定并固定下来。符号是同样文化背景下的人们用来指代特殊意义的任何东西。索绪尔符号学理论的提出为人们解读现代社会的各种现象提供了全新视角，并激发了罗兰·巴特、费斯克等人研究符号学的热情。鲍德里亚继承了罗兰·巴特"物的符号化"的概念，并在考察现代资本主义社会后指出，我们正生活在一个充满符号的世界里。"社会的华丽外衣，社会新闻、照片、广告、日常活动都是符号。"然而，符号只是被解读的对象，我们还需要通过解读符号以获得符号的意义。文化便是解读符号意义的钥匙。一个社会团体必须构建自己的话语体系。在相同的话语体系下才能相互交流。人们为符号赋予了意义，并在文化中沉淀下来；反过来，文化又引导着我们如何解读符号。巴特认为符号有两层含义：明示义和隐含义，第二层是符号在其所依托的社会文化背景之中引申的意义。对这则广告的解读涉及到跨文化传播的问题。这则广告是在李奥贝纳公司"全球广告评审会"上展出而没有引起争议的话，那是因为在西方文化中，"龙"是暴力、邪恶的象征。然而在中华文化中，龙有着极高的地位。"龙的传人"这个称谓，将每一个炎黄子孙紧紧地联系在一起。在几千年的历史积淀中，龙成了中国的象征、中华民族的象征、中国文化的象征。

有些网民认为，从赵薇军旗事件，到丰田越野车广告，再到如今的立邦漆广告，实在搞不懂中国人为何变得如此敏感。说到底，也不过是一条裤子，两条广告而已。就算日本人真的心怀不轨，就这点鸡毛蒜皮的东西，能把中国怎样？如果广告创意人员只重视创作灵感，缺乏较全面的人文和社会知识，往往会天马行空，反而误导广告主，最终损害广告的利益。广告是一种文化，是文化的传播者和塑造者。广告文化虽然有其自身的独特表现，但作为当代文化整体中的一部分，必然有其民族性和融合性的特征。2003 年，闹得沸沸扬扬的美国耐克公司篮球鞋广告片"恐惧斗室"最终被国家广电总局叫停，耐克公司通过媒体向消费者正式道歉。在近几年，类似的刊播—争议—道歉的问题洋广告并不少。"恐惧斗室"镜头一：詹姆斯用杂耍般的动作，摆脱一位形似中国老人的武林高手，从背后将篮球扔出，经柱子反弹将老者击倒。"恐惧斗室"镜头二：形似中国飞天的女子暧昧地向詹姆斯展开双臂，随着詹姆斯扣碎篮板，飞天也随之破碎。“恐惧斗室”镜头三：篮板前出现的两条中国龙变成口吐烟雾阻碍詹姆斯的妖怪，詹姆斯晃过所有障碍后投篮得分。任何民族的广告文化都受其本民族传统文化、习俗与民族心理的影响，在中国，这一点更应得到理解与尊重。

忽视文化差别的广告，不能算作成功的作品，只会招致受众的反感，产品的推广必将受到阻碍，也必然会给企业的形象塑造带来负面影响。在以上所取的几则问题广告中，广告的主体显然忘记了对广告产品进行预测。以为只要有创意、能够吸引足够多的眼球就可以，而没有充分考虑广告所在范围内受众的想法。在比较敏感的事件上，不可忽视心理效果和社会效果。广告的宣传无非两个目的：促进产品的销售和美化企业形象。因此，广告是一种智力投资行为，对企业和产品起到的是正面作用还是负面作用，企业一定要进行效果预测。在广告发布前先进行效果预测，使人产生歧义联想的广告就不能发布了。

参考文献

[1] 中国龙“滑”倒在立邦漆下，国人“咆哮”要求立邦漆道歉[N]. 金陵晚报，2004-09-21.

[2] 谢许瑒. 对立邦漆广告《龙》的跨文化解读[J]. 时代金融，2007(8)：23-26.

[3] 张国良. 20世纪传播学经典文本[M]. 上海：复旦大学出版社，2003.

[4] 汤喜辉. 从立邦漆广告事件论广告设计中的民族情感接受[J]，美与时代，2005(10)：24-26.

[5] 涉嫌侮辱民族文化禁忌 立邦漆广告风波[OL]. 南方网讯，2004-09-29.

[6] 杨丽丽. 立邦漆广告事件：杂志社向读者致歉[N]. 北京晨报，2004-9-25.

[7] 马小森. 洋广告为何老出事儿[N]. 浙江工人日报，2004-12-13.

第29章 娃哈哈纯净水系列广告分析

娃哈哈纯净水近年来在产品上市广告片中都以爱情为表现主题，坚持以爱情的主题进行内容诉求，以流行歌曲为载体，启用明星为产品形象代言人，走明星歌曲路线。此类广告言青年之声、抒青年之情、想青年所想，走了一条传播捷径。

娃哈哈于 1996 年一举开设纯净水生产线 5 条，成为当时生产能力最强的企业，准备对这一市场进行大举进攻，这是魄力，自然也是冒险，若要毕其功于一役，则要依靠营销的力量。1996 年夏，娃哈哈纯净水的成功上市策划，使得这一品牌在短短几个月的时间里荣登市场份额冠军的宝座，并保持至今。它的意义不仅止于一个成功的营销事件，而且揭开了一个长期的国产品牌广告策略的序幕。据中国饮料工业协会的统计，娃哈哈纯净水在全国瓶装水市场中的占有率达 30%左右。这其中成功的广告运作对娃哈哈纯净水的成长与发展有着巨大而不可替代的作用，值得我们认真思考与分析。广告传播好像是一种极其不符合常规的方式，然而，所谓创意无定法，只要有益于销售，只要有益于品牌建设，任何策略上的创新、推广方式上的创新，都应该大胆地尝试，认真地实践。

29.1 娃哈哈纯净水广告历程

乐百氏与娃哈哈两个企业曾经连续多年齐头并进，在中国市场上好不热闹。直到1996年两家企业所走的路子也大致相同，在果奶这个主导产品之外，又开始生产瓶装纯净水。纯净水的市场在当时还刚刚开始上升，五花八门的各种品牌纷至沓来，这两家具有影响性的企业进入这个市场无疑十分受人关注。但是在进入市场之初他们的广告招数也还比较杂乱，那时大家也不只生产纯净水，还有矿泉水什么的。其他形形色色的生产厂家，也各显身手在市场上割据一方。娃哈哈生产纯净水略迟于乐百氏，最初其广告是遵循着它一贯的路子，好像很有功能感的样子，强调水来自地下多少米深处、含有什么矿物质等。不久，娃哈哈纯净水广告改变了策略，开始走上自己的品牌道路，其步骤与措施值得我们认真分析。

(1) 启用景岗山为产品形象代言人，以广告歌的华彩片断贯彻始终，并以广告歌名为广告语。娃哈哈纯净水以“爱情”小试牛刀，在《我的眼里只有你》播放的1996、1997两年，娃哈哈纯净水已经占据了国内市场的头把交椅，俨然成为中国瓶装水的第一品牌。在娃哈哈纯净水上市的1996年4—9月内，景岗山作为其产品形象代言人前往杭州、上海、南京、武汉、无锡、苏州、西安、南宁、北京、温州、宁波、济南、昆明、衡阳、合肥、石家庄、乌鲁木齐、长春、兰州、宁夏、成都、银川等22个城市进行签售活动。买4瓶娃哈哈纯净水可获赠由景岗山现场签名的专辑《我的眼里只有你》。单纯的促销活动可以推动销售，但难以对塑造品牌形象做出贡献。因此行销活动虽以销售产品为形式，其更主要的目的和效果是借此事件，加大宣传力度，并使产品形象代言人和广告歌得到更为广泛和深入的宣传，引起了人们的关注。

爱情是中外文学作品中永恒的主题，广告中就讲述了一对恋人相互寻找和等待的故事。富于动感的镜头运用、红色跑车的布景、香车美女的氛围都激发了消费者对各自爱情生活的联想。特别是那首名为《我的眼里只有你》的广告歌，具有先天浓郁的流行味道，歌名兼广告语《我的眼里只有你》一句更是朗朗上口、简洁有力，加上缠绵浪漫的歌词，这一切使娃哈哈纯净水的“爱情”品牌内涵开始形成，并延续至今。

（2）作为娃哈哈纯净水的形象代言人，景岗山的影响力已经难以和第一品牌相匹配，而且经过两年的高频率播放，消费者对这则广告已经家喻户晓，甚至麻木，产生了审美疲劳，因此娃哈哈纯净水开始寻找新的代言人，以便使产品营销更上一级台阶。

在选择产品新的代言人方面，娃哈哈集团已经定好了两个标准：爱情与歌曲，前者是内容表现，后者是形式表现。为此，广告主创人员特意邀请台湾知名词曲作家厉曼婷和伍思凯为娃哈哈纯净水量身打造全新情歌——《心中只有你》。由于这首歌的意境更适合男女对唱，于是选择了荣登歌王评比“四大天王”之首宝座的毛宁和大陆著名女歌手陈明。众所周知，娃哈哈纯净水面市，在当时众多瓶装水纷纷以纯净、健康、卫生为诉求的情况下，娃哈哈独辟蹊径，走出了一条情感诉求的路线，在广告片中，我们可以看到高楼大厦、名车美女、温婉动人的歌曲和浪漫温馨的情侣，虽然看起来并不新鲜，但这无疑迎合了众多消费者追求浪漫时尚的心态。广告所使用的主题歌曲《心中只有你》也随着广告片高密度的连续播出唱遍大江南北，收录此歌的专辑发行量高达60余万盒。广告中毛宁与陈明的深情演绎使娃哈哈纯净水的形象再次提升，在爱情主题表达方面也更加真切，已经从《我的眼里只有你》进入到《心中只有你》，并在全世界华语媒体反复播放，使娃哈哈纯净水品牌的“爱情”内涵得到扩展和延伸，更加深入人心。

（3）从景岗山的《我的眼里只有你》到毛宁、陈明的《心中只有你》，娃哈哈纯净水已经把爱情主题表达到了较深的层次，使产品营销达到较高的境界。娃哈哈集团并不满足于已有的成就，而是有更大、更远的目标，想拍更新、更吸引人的广告，他们的眼光已经不仅仅局限在内地，而要想在整个华人圈寻找最适合自己的代言人。于是在台湾有“优质偶像”之称的王力宏进入了他们的视线，他演唱的《公转自转》等歌曲在歌迷中有非常大的影响，其外形俊朗、潇洒而沉稳，在帅哥云集的台湾歌坛亦属顶尖之列，尤其特别的是他具有其他歌手所不具备的创作才华，自己作词自己演唱，这些都非常适合娃哈哈纯净水新一代形象代言人的要求。随着王力宏天籁之音般的歌声，新的爱情主题在童话般的故事中得以表露——“爱你等于爱自己”，这是爱情的至高境界和完美状态，符合当今青年的爱情观念。这则广告无论是从歌曲的选择、明星的气质，还是画面的表现都属上乘之作。王力宏对自己拍摄的第一则内地的广告相当的满意，那么这则万众瞩目的广告究竟是怎样的情节呢？听听王力宏怎么说：这则广告的创意真的蛮有意思的，是讲我在一个大房间里，房间墙上挂着很多女主角的大照片，我就在房间里想尽办法，出尽怪招想吸引照片中的女主角的注意，当然最后是娃哈哈纯净水使漂亮的女主角从照片上来到了我身边，然后我就会说广告词：“健康纯净，爱你等于爱自己，不可能错过你，娃哈哈纯净水。”这最后的广告语“爱你等于爱自己”（不可能错过你）也正是王力宏的娃哈哈纯净水广告歌的歌名。由于这支广告片在传播效果上的良好表现，娃哈哈集团连续使用几年后依然是王力宏作为代言人的情况下推出了新的广告片。新广告片的广告语仍然没有离开爱情主旨——“爱的就是你，不用再怀疑”，实质是对前三个广告语的总结，但更直接干脆，充满一种品牌霸气。娃哈哈纯净水系列广告片真正做到了将爱情进行到底，使爱情的表现主题完美始终，并企图打进国际纯净水市场，走产品高端化道路，实现全球营销的梦想。

29.2 娃哈哈纯净水广告分析

1. 坚持明星道路

娃哈哈纯净水系列广告走明星歌曲的流行路线，是建立在青年一代对偶像明星的熟悉与敏感上，是建立在流行音乐的易于模仿和普及上。“健康与青春”是娃哈哈纯净水永远坚持不变的行动纲领。因此，在选择广告代言人时，也要与这一品牌的定位相符合。娃哈哈纯净水系列广告 6 年来坚持采取“明星＋歌曲”的形式进行表现，通过偶像明星和流行歌曲的聚会来增强以年轻人为主的消费者对娃哈哈纯净水的亲近感和认同感，取得良好的销售效果。

偶像明星和流行歌曲几乎是每一个年轻人都关心的话题。景岗山形象健康、青春，略带成熟色彩，充满活力。他虽不是大红大紫的一线歌手，但也同时具有相应的优势；因不是万众瞩目的焦点，出镜率相对较少，他的形象也没有特别的定型，故可以经由广告的再创作，以适应产品形象需要，同时避免了对一线歌手固有的“反感人群”。而以英俊、健康的形象著称的毛宁自 1997 年加盟世界最大的唱片公司——索尼唱片集团以后，在深具国际歌星推广经验的索尼音乐人的包装下，毛宁成熟、稳重而又不失潇洒的风格也逐步定型，成为许多女孩的“梦中情人”。当然，王力宏的纯净、年轻、诚恳、都市感和时尚感正是娃哈哈纯净水所要表达的产品特质和形象，更符合品牌建构的需要。

2. 走流行歌曲形式

从景岗山到毛宁再到王力宏，娃哈哈纯净水不断变换的代言人一个比一个影响大，所变换的歌曲一个比一个更有现代感，以代言人和流行歌曲的不断变换来营造一种永不停止、永不落后时代的流行，以此获得消费者对娃哈哈纯净水进一步的认识。《我的眼里只有你》这首歌是专为广告而创作的流行歌曲，因而具有先天的浓郁的流行味道，其影响力经久不衰，以至在两年后广告已改朝换代之后，仍是许多歌厅的必备曲，流行十分广泛。

《爱的就是你》是由娃哈哈命名、命题，由广告公司与唱片公司作词，王力宏谱曲，为娃哈哈纯净水在国内推广量身打造的一支广告歌。这支歌收录于王力宏最新专辑中作为主打歌发行了，娃哈哈纯净水在公开发行前使用广告版本，更好地为产品营销服务。曲风将围绕“爱的就是你”这一主题，以清新、柔美的风格作为主旨，展现了产品的特色，进入到受众的内心。

3. 主打爱情牌

爱情是一个恒久弥新的话题，也永远是人类生命中的一个亮点。同时，爱情本身就是一个广阔的舞台，这个舞台为广告创意提供了无限的空间，爱情中的方方面面都可以成为创意的切入点，与产品的特点相吻合。一个广告不管出于怎样的策略目的，总归都要依附于其中的内容来表现，以信息传播的形式来表达。然而现代社会中的信息众多而繁杂，受众长期被迫接受这些信息全方位、立体式的轰炸，在视觉、听觉和感觉上已经麻木与疲惫，对信息的敏感程度下降。而一个优秀的广告要求能吸引消费者、打动消费者，引起消费者在情感上的共鸣，在此基础上促成购买行为。要达到这一目的，广告表现一定要贴近生活、贴近受众，让消费者所想的、所经历的、所渴望的就出现在自己所接触的广告中。基于这样一种考虑，娃哈哈纯净水的系列广告想到了用人类最普通而又最特别的情感——爱情来加以表现，并取得了可观的经济效益。

在娃哈哈系列广告出现之前，也有一些比较优秀的以爱情来表现的作品，比如戴比尔斯钻石的“钻石恒久远，一颗永流传”与Posy铂金饰品的“铭刻心声，为爱作证”等。但这两个产品本身就是爱情的附属物，因此，这两个品牌的广告用“爱情”来表现可谓是情理之中的事。以“爱情”来做为广告信息的载体可以最大程度上打动几乎所有的消费者，且不说正在热恋的年轻人。对于少年，爱情是朦胧的期待；对于中老年人，爱情也永远是美好的回忆。她在每个人心里的地位几乎都是至高无上和无法替代的。从这个角度来讲，以爱情为主题塑造成功娃哈哈纯净水这样一个大众性消费品牌，则更具有研究的意义。从1996年到现在，娃哈哈纯净水系列广告坚持以爱情为主题进行内容诉求，以美丽的爱情故事来打动每一个消费者。并且这些广告片之间不是无序和杂乱的，它们在相互独立的同时又有清晰和条理性的关系。从“我的眼里只有你”，到“心中只有你”，再到“爱你等于爱自己”，最后，“爱的就是你，不用再怀疑”，前三句步步相连，层层递进，逐步深化了“爱”的程度，而最后一句则是对前三句的总结和概括，显示出从爱情到婚姻的几个阶段，绵长的追求之路，真挚而浪漫，使人产生无限遐想。

就广告策略而言，品牌概念的核心必须建立在人们永远追求、永不厌倦的理想上，而非一时的大众情绪。娃哈哈纯净水的“爱情、健康、青春”就是这样一个坚持不变的路线纲领。而围绕它、体现它的则是不断变幻的广告表象。例如新的广告、新的歌曲、新的明星、新的促销活动，一直在不断为消费者提供新的兴奋点，通过这些不断变化着的因素，消费者感到那唯一不变的，即是娃哈哈纯净水的品牌精神，也是它孜孜以求的企业文化。

29.3 娃哈哈纯净水广告启示

对广告的效果衡量，都不能脱离注意、记忆、认同等要素，以及最根本的对市场的促动效果。继毛宁、陈明之后，台湾歌星首度成为娃哈哈纯净水广告的代言人。从以前的景岗山的《我的眼里只有你》到毛宁、陈明的《心中只有你》，娃哈哈别出心裁的“明星＋歌曲”的广告运作模式在成功地使自己的品牌深入人心的同时，也为歌迷们带来了两首脍炙人口的流行佳作，而景岗山、毛宁、陈明的歌唱事业也因为这两则成功的广告和这两首热门的广告歌而攀升到了新的高峰。对娃哈哈纯净水来说，正面、健康的品牌形象和“明星＋歌曲”的广告形式已被认同，代言人王力宏的形象被广泛认可。娃哈哈纯净水最大的问题在于品牌和产品形象存在老化的迹象，求新求异的消费者选择我们的品牌已成为一种习惯而非我们所期望的具有排他性的忠诚。另外，几年来一直所坚持的情感诉求方式有待深化，娃哈哈纯净水青春、时尚的品牌个性有待以更加有效、深入和全方位的整合方式加以强调。

娃哈哈在竞争品牌不断变换策略，纷纷启用明星的形势下，坚持策略核心的一贯性，在消费者心目中刻画出鲜明而清晰的品牌界限，成为民族品牌的宝贵财富。至1998年，是娃哈哈纯净水进入市场的第三年头，娃哈哈制定的销售目标是1996年的10倍。为完成这一目标，娃哈哈选定新的形象代言人，就是同样广受欢迎并与景岗山有着不同风格的歌手——毛宁，广告语上升为“心中只有你”。新的合作效果同样惊喜！1999年，台湾歌星王力宏接着成了娃哈哈纯净水新的产品代言人。随着大范围的现场推广、广播电视报纸广告大密度传播以及媒介对歌星的跟踪采访、歌迷的歌曲点播，一时间，王力宏这首《爱你等于爱自己》娃哈哈广告歌曲的优美动听的旋律传遍了大街小巷。忽如一夜春风来，令人耳目一新。创意中坚持未变的就是娃哈哈纯净水广告中从未改变的明星元素、歌曲元素、爱情作为情节纽带的联系元素。因此，受众可以从众多的广告中一眼认出那就是娃哈哈纯净水的广告，同时，由于歌曲不同了，人物的角色性格不同，情节不同，新鲜感和了解的欲望仍然存在，品牌和广告的累积效应由此而达成，并占据惊人的市场份额。

市场经济发展到今天，在中国这片土地上，早已是品牌林立，国际知名品牌的强势影响力更是与日俱增。市场竞争，无情亦有情。企业的立身之本就是要在竞争中求生存，品牌征战之路更是漫漫而修远。所谓沧海横流，方显真英雄本色。而最终能够独步天下，并走向一种境界，却并非是所谓的独家秘籍及所谓的一招一式可以达到的。为追求品牌形象的丰满，娃哈哈纯净水的广告不断追求手段的创新和执行的完美，对目标市场的调研，对明星前瞻性的选择，不断考察与结合新热点、新时尚和新元素，不断追求广告制作的优良品质，不断迈上新的台阶。

参考文献

[1] 王一川.大众文化导论[M].高等教育出版社,2004.

[2] 李彬彬.现代广告心理学[M].南京:江苏教育出版社,1998.

[3] 栗莉,魏丽新,邓丹真.靠产品质量打开饮品市场——华药纯净水有限公司开拓市场侧记[J].经济工作导刊,1999(05):61-65.

[4] 今年起实施纯净水国家标准[J].北京经济瞭望,1999(02):12-16.

[5] 罗新国.现代广告发展趋势浅谈[J].湖南包装,2001(01):21-26.

[6] 孙巍.消费心理与广告[J].辽宁经济,2006(04):71-76.

[7] 孙丰国.将“爱情”进行到底[J].广告大观,2002(11):87-90.

[8] 卫军英.乐百氏与娃哈哈:回眸纯净水广告战[J].中国品牌,2009(01):43-46.

[9] 周解波.娃哈哈何以能突破品牌延伸的陷阱[J].中国广告,1999(02):32-36.

[10] 曾耀农.现代影视美学[M].长沙:中南大学出版社,2005.

第30章 后现代广告的特点与价值

后现代广告的运作常常会借助、利用意识形态的力量,以期对消费者个人、一定的消费群体甚至整个社会产生深刻的影响。在不同目标和策略的指导下,广告对意识形态信息的传播会采取不同的方式,或是直接传递观念信息,或是采用暗示、比喻等方法使意识形态从广告的特定情境、氛围与形象中自然流泻出来,让消费者体味、咀嚼和思考。

感觉与知觉是指人们通过感觉器官对产品的个别属性或整体属性的认知。知觉是感觉的延伸,它受到各种主观、客观因素的影响。人们通过接触后现代广告,面对事物会产生一种不同的认识方式,人的思想可能会因为处在后现代的氛围中而发生改变。后现代广告的游戏性,可以舒缓当代社会生活的压力。人们可以随意调侃,逃避拘束,在思想上得到暂时的解放。这种自由性加上通过拼贴构成的与众不同的画面,首先在消费者心里打开一个窗口。通过这个窗口,这类广告可以影响到消费者的认知,使其对该品牌产生好感。消费者自身的兴趣、爱好和个性,对品牌的偏爱以及自我形象是知觉的先决条件;产品形象、企业形象的吸引力是知觉的基本条件;广告宣传和销售人员的销售行为则是促成消费者对产品知觉的关键因素。当人们接受了后现代广告这种广告类型之后，可能会更深入地去了解其内容以及文化，而这个了解的过程我们称之为消费者的学习。广告代表的并不是广告本身，而是它所宣传的产品。后现代广告建立起的应该是一种品牌文化，并通过这种文化去感染消费者，使他们参与到这种文化之中。另一方面，那些反叛气息浓郁的后现代广告可能对消费者的心理带来消极的影响，产生负面作用，影响销售效果。

30.1 后现代广告概述

广告的运作常常会借助、利用意识形态的力量，以期对消费者个人、一定的消费群体甚至整个社会产生深刻的影响。美国学者戴安娜·克兰在研究媒介文化范式时，曾说过这样一段话："广告是最能说明内容的呈现影响意义以及感染受众的方式。"

后现代主义作为现代主义的极端扩张而导致的文化霸权局面，具有杰姆逊所归纳的平面感(深度模式削平)、断裂感(历史意识消失)、零散化(主体消失)、复制(距离感消失)的美学特征。人们可以合乎情理地称它为通俗的未来主义、大众文化的现代主义、怀旧的晚期现代主义等。伊哈布·哈桑则将其归结为"不连续性，非确定性，内在性"。这些特征在台湾广告大师许舜英的广告创意中表露无遗。例如，他所获得的1998年龙玺大奖的中兴百货春装上市《书店篇》中的广告语为："有了胸部之后你还需要什么？脑袋！到服装店培养气质，到书店展示服装。"再如中兴百货1998秋装上市"服装就是一种高明的政治，政治就是一种高明的服装"中的广告语为："衣服是性别。衣服是空间。衣服是阶层。衣服是权力。衣服是表演。衣服是手段。衣服是展现。衣服就是一种高明的政治，政治就是一种高明的服装。"广告所传播并不是完整的商品信息，而体现出模糊性、散漫性、反叛、变形等不确定性因素，体现出对一切秩序和构成进行消解的后现代主义精神，使广告处于一种动荡的否定和怀疑之中，根本抛弃逻辑叙事而展现出令人眼花缭乱的关联偏差的可能性。这种可能性的表现风格、情境、画面与广告主题松散相连，使广告成为消费者主体不确定意识的张扬，成为自我的象征。

从本质上说，广告是从赢利的目的出发，传达有关商品的信息。但是，为了有效地传达商品信息，为了对消费者产生一定的影响，广告又不能仅仅只是将目光和焦点局限在商品自身，它还必须针对消费者的观念以及生活方式进行有的放矢的诉说。台湾中兴百货在1997年周年庆《奉茶篇》中，广告话语又体现出对不确定世界的环境、现实、创造的内在性适应："服装和化妆品的价值很可能不只是外貌肤浅的美好，真正爱流行的人自然找得到他存在的理由"。中兴百货1999年春装上市中："经济不景气不会令我不安，银行倒闭不会令我不安……，缺乏购物欲才会令我不安"。东芝家电"DVD的Best Buy"："高消费时代，享受世上昂贵的爱好，重要的不是很有钱，而很懂得使用金钱"。广告话语不直接对4P、4C感兴趣，不直接对精神价值、人文关怀感兴趣，而在零散性、非原则性、无深度性、卑琐性的情境中沉醉于形而下的物质愉悦中，使广告成为仪式化的大众的"狂欢"(巴赫金)，是流行文化自我复制与衍生的令人眼花缭乱的、眩晕的、喧哗的"狂欢"，体现出在消费文化盛行的世纪末个人主体意识与崇拜物间相互膨胀和挤压的紧张关系，是部分丧失主体性的消费者在抵制物化而又内在适应的过程中的精神呓语，显得个性张扬与夸张。

贝纳通的广告痛快地反映这个时代的问题，刺激人们采取行动，以关注社会、关照人性的襟怀，严肃而又真实地描绘世界的本真面目，并以悲悯之心阐明其自身的立场和态度，加深人们对种族、伦理和环境等多方面的认识。广告并不只是出售幸福，广告应根源于社会、根植生活。一个时装品牌，以真实的镜头，纪录现时代的悲哀与感动、表达人类困顿中的希冀。这样不仅为改善人们的生存环境贡献了自己的一份力量，也为其品牌的塑造增添了一抹亮色。意大利服装品牌贝纳通抛弃在摄影棚中摆拍、进行广告制作的传统，而是从摄影记者、图片社等独家买断有关战争、灾难和环境生存的照片，甚至派专门的摄影师亲赴现场，拍摄真实的、具有冲击力的画面，直接作为广告图片。贝纳通广告看似与品牌毫无瓜葛，却匠心独运。在关注社会、关爱人性等更大范围内，为其赢得了更多的尊重。帮助贝纳通走向成功的前创意总监托斯卡尼表示，“在广告中展示我们所认知的人类世界最现实和无奈的一面，是贝纳通的与众不同之处，也是我们成功的根本。”托斯卡尼一手打造了一个颠覆性的贝纳通广告世界，并反思和批判当代的广告。他认为很多企业的广告行为与犯罪无异，也给社会造成了许多伤害，尤其助长了年轻人的虚荣和势利。他一针见血地表示“过去的广告只是出售幸福，但这反而使人们变得贪婪。”将发生在广告之外但又与人们生活密切相关的事情都拉进广告中，颠覆了广告回避现实、回避现在、只畅想未来的习惯，凸现出生活的艰难与社会的无助。

30.2　后现代广告的特点

后现代广告去中心、不确定、多元化的特点引起受众的疑惑，而它的文化精神在放逐中却越发彰显。理所当然地，后现代广告越来越成为一种个人化的东西。司迪麦《面具篇》中，一位设计部的经理，将他手中的企划案甩得满地都是，然后怒吼道：“不干了，每天戴假面具，太可笑了。”这时传来画外音：“唉，老公，这个月的薪水呢?”“儿子，不要再三心二意了”。“大设计师，你到底在追求什么?”画面呈现出这位经理戴着一张只有轮廓而“没有脸”的面具冲出办公室……。广告针对上班族的压抑心理，反映他们的叛逆情怀。从全球范围内广告发展的趋势来看，广告的诉求对象一直在由大众向小众转变，由此而产生的现象之一就是广告越来越难理解。司迪麦“梦的解析家篇”中，第一部分是铜铸的神话动物——头上长角的马；第二部分是蛇与苹果；第三部分是风吹落叶飘落到少女的床上；第四部分是少女合上正在阅读的书本走到窗前……。没有连贯的画面，没有逻辑发展的情节，整条广告主要靠断裂画面的拼贴来引起视觉结合，借由符号的形与色象征性地塑造一种青少年亚文化的标记。在广告上，理性诉求到感性诉求是一个质的飞跃，个性化诉求在此基础上又向前迈进了一步。而现在，个性化诉求正在被个人化诉求所代替，成为创造者的自恋对象，成为广告界的自言自语。

在后现代主义情境下，广告呈现出一种物质化、个人化和时尚化的审美意趣。广告设计者巧妙看到消费者注重自我的需要、自我的感受和自我的体验，将自我看作是唯一的"真实"，对传统的以产品为核心的传播方式加以解构，无限扩大产品以外的范围，传播的不再是完整的产品信息，而是宣扬代表着某种生存状态和性格特征的符号形象。贝纳通广告运动中沿用了3个基本的主题线索，来表达自己的广告观和世界观。这3个主题部分分别是：种族平等、艾滋病、战争与和平。种族平等、尊重差异一直都是贝纳通广告的主线之一。在托斯卡尼受命担任贝纳通广告总监之时，这个主题就成了贝纳通广告最具社会责任感和全球观点的明证，而产品特征则放在次要地位。在贝纳通广告运动的"百科全书"中，不能不提到一个十分关键的人物——托斯卡尼。"广告不仅是一种传播方式，更是一种的表达"，托斯卡尼在谈到广告时明确地阐述过自己的观点，"广告是世界上传播形式中最具力量的方式，我们需要更有能让人思考和讨论的(广告)图片。广告代理公司常常是陈旧、落伍的，因为他们太过于舒适。当客户高高兴兴时，他们就停止了尝试，他们不想知道世界上正发生了什么，他们只是创造了一个虚假的广告现实，并希望人们相信它，而我们却展示了现实"。贝纳通的广告运动，始终以全球意义的问题为主题，以使人震惊的现实主义的风格表现客观真实的世界和社会。在广告运动的表现中，有仇杀、偏见、歧视，同时也有爱情、亲情、和平。世界的真相在贝纳通的广告中得到最为真实的书写。它不断地刺激全球受众习以为常、熟视无睹的神经，引导他们清醒地意识到思考各种问题的意义和价值，获得广告评论界的称赞。

后现代广告具有很强的视觉冲击力，这也是引起消费者选择性注意的最直接的方式。在我们的生活被庞大的信息量所淹没的今天，我们很容易发现，很多时候人们也许根本就不会注意广告的内容。也许只是擦身而过，一幅惊艳的画面足以在短时间内给人留下深刻的印象。作为影响消费行为的广告，仍然是一种意识形态话语，是一个意识形态的形成过程，创意表现符号话语的运用仍然是其重要的核心内容之一。并非所有的后现代广告都是有意在风格和形式上进行反叛和颠覆，只是其创意表现呈现出值得肯定的后现代主义的批判否定精神和异质多样的文化意向。我们所信奉的已发展近百年的现代广告，仍然是建立在现代主义形而上学理性结构的科学基础之上的。现代主义以认识论为主旨，后现代主义以本体论为主旨，所以现代广告与后现代广告的差别是显而易见的。司迪麦“听说篇”中，从第一个人嘴里说出的一句话：“新建筑正在倒塌中！”经过许多人的转述，最后竟变成了“猫在钢琴上昏倒了！”广告以强烈的映像美学表现一个传话游戏，批判存在于语言媒体之间非理性的可能。在后工业社会，商品物化的最后阶段是形象，后现代主义偏重视觉形象的美学特征为后现代广告开辟了更为广阔的表现空间，广告就应该让形象本身、消费者本身说话，广告主体不应再是广告主、广告经营者、广告发布者，而是产品的使用解释。

拥有这种强烈的视觉冲击力，我们不需要人们记得广告的内容，也就不需要担心自己想要传达给目标人群的信息是否已经传达到。我们只需要让人记住一个商标和一句关键的广告词，就好像一枚炸弹，爆发，然后迅速留下痕迹。对于受众，他们可以对广告内容进行思考，也可以不进行思考；可以当时进行思考，也可以事后进行思考。我们所做的，只是将一个品牌的烙印深深地打在每个看过的人的心里，叫他久久难以忘怀。而从另一方面考虑，强烈的视觉冲击力对于欣赏者来说也是一种享受。后现代广告有助于扩大品牌影响力、增强忠诚度，但这一功能的实现是有前提的，即必须以企业优良的产品和良好的口碑为支撑。因此，贝纳通在时出惊人之举的同时，也保留了一套讲求服饰本身特质及和谐感的广告，从而保证该品牌在受众中的延续性；而中兴百货在其后现代广告大行其道的同时，也有一套传统的广告来诉求自身的优势。由此可见，广告的未来并不是后现代广告对现代广告的取代，而是后现代广告与现代广告的并存，它们相互支撑、相互陪衬，共同发挥作用。

贝纳通的广告主题选择了与众不同的强烈社会责任感，张扬着社区公民的使命意义。广告中对于人类共同的生存状况的反思，引起人们关注这些共同问题，关注人类的生存与发展。托斯卡尼曾说："我们的(广告)不像传统广告一样，通常我们的广告没有文案，没有产品，只有品牌标志，它们不会告诉你买我们的衣服，甚至不会暗示如此。他们所有的努力就是推出一个吸引公共的话题，对于这个话题，如果在其他渠道上接触到的话，人们也许会熟视无睹，但在我们的广告中表现出来之后，都可以获得广泛密切的关注和广泛的讨论。"贝纳通发起的这种种族现实的广告运动，挖掘出隐藏至深的偏见和歧视，引起了很大的社会关注。托斯卡尼也曾说过"广告是补偿忽视的传播方式，是一种现实的表述。在这个表述现实的过程中，浸透了它对世界冷静的思考。于是，广告已成为一种思维方式，一种关注现实的思考方式。"传统的广告是将痛苦的现实化为虚无的梦幻，让虚假的快乐无限张扬；而贝纳通广告却一再将痛苦还原成痛苦本身，让虚假的快乐像肥皂泡一样在人们眼前破灭。仅仅只是一种非常单纯的商品衣服的广告，但在贝纳通公司的笔下，就做出了如此复杂、多变的文章。强烈的思辨色彩，特立独行的个性风格，对事物、对生活与众不同的观察和思考的角度，使其广告几乎成为了一个意识流动的空间，成为社会学家解读的范本。

30.3 后现代广告的价值

后现代广告设计，它们总是以乖张、荒诞、幽默、丑态、叛逆和奇思妙想丰富着我们的精神情感和生活趣味，给我们带来了一个全新的蓬勃朝气而又充满创造力的广告时代。同品位高雅、设计规范、情调严肃的现代主义广告设计相比，后现代广告设计像解脱了缰绳的野马一样从此天高地广，无法加以约束。

根据我们的统计，我国传统风格的广告一般平均 2 秒左右切换一次画面，而MTV化广告平均1～1.3秒左右切换一次。有人把这类快速剪辑的广告看作是对传统广告风格原则的一种背离。许多学者把MTV看作是后现代文化的典型形态，它那快速跳跃闪烁的画面，使得"观众如此紧紧地跟踪着变换迅速的电视图像，以至于难以把那些形象的所指连接成为一个有意义的叙述，他（或她）仅仅陶醉于那些由众多画面迭连闪现的屏幕图像所造成的紧张与感官刺激"。电视广告MTV化也许是中国广告中较早出现并被广泛运用的后现代的广告形式。20世纪末，我国电视上饮料、运动服装的广告率先采用音乐电视（MTV）形式后，越来越多的广告表现为MTV风格。难以连缀的事理、快速切换的画面、音乐伴随的形象、语言信息的缺失表现出反蒙太奇特征。这些MTV广告很少使用语言，通常只在最后出现旁白，也没有完整的故事，只是将一些场景碎片拼合在一起，渲染产品消费的情绪体验。MTV式广告带给受众强烈的感官刺激和情绪体验，体现了后现代的视觉文化特征和大众投入式、情绪化的审美取向。《现代广告》杂志的广告，以街头、个体水果摊为背景，用背在身后的、搁在地上的纸板牌显示广告语，犹如日常生活场景的普通照片。现在许多广告中，拒绝使用大众难以企及的俊男靓女形象，淡化传统广告人物的模范功能和等级差距，使之世俗化、平民化。一些反"形象时代"的广告风格，借用后现代艺术手法变形或丑化人物形象，意在超越人物的外在形象，转向表现内在的态度和意象。这些广告通过"去艺术"，消弭艺术与日常生活的鸿沟，拆除与平民大众对话的障碍。中国广告艺术也表现出审美日常生活化的后现代倾向。许多广告作品不再遵循传统艺术的审美原则，将广告创意的视线转向日常生活元素。

西方学者有一句名言：商品的最后阶段应是形象，这正是指的这一特定现象。大众文化学者潘知常、林玮对广告形象出现的社会文化背景做过深入的探讨，发现人类社会在走向市场经济的时候，存在着一个普遍规律：社会从实体化走向媒介（传播媒介）化。而社会向媒介化的转型，又必然导致人的空心化。结果，被人类创造出来的但偏偏又反过来控制了人类的媒介，加上曾经创造了媒介但最终却被媒介所控制的人，毫无疑问就必然导致社会的形象化。消费不再是有限的，而成为无限的。在这样的社会文化背景下，形象自然成为人们追逐的对象，因为人们的消费心理也会从商品消费转向形象消费。由此，凝聚着顾客的幻想的广告形象便应运而生。换言之，后现代广告着力展示的不再是产品的功能、企业的形象或者服务的效用，而是品牌的内涵。品牌不只是一个产品的徽章，而是产品与消费者之间的关系的象征。广告所做的种种努力在于设法使品牌与顾客之间建立形象的纽带。品牌的具体内涵只是一个观念。在品牌自身行为的历程中，始终起着核心作用的不是其他，而是观念……，观念这一不断流动的东西只属于意识形态的范畴，它只是借助于物来表现自己而已……。如果说一个人拥有灵魂，那么品牌也同样——观念便是它的灵魂。而且，后现代广告不再是以商品本身为消费对象，而是以商品的形象为消费对象。这样，任何商品要想成功，就必须先把自己掏空，然后将顾客的幻想凝聚为特定的编码即商品的形象，然后才有可能将它成功地卖给顾客，成为顾客身份的组成部分。

后现代广告中，历史感消失了，历史元素与现实感受拼贴在一起，沉重而严肃的历史被性感和欲望所解构，如中兴百货广告《梅兰芳篇》：优美与丑陋、想象与现实、正义与邪恶可以杂绕在同一作品之中；如迪塞尔服饰广告《现代会议的诞生篇》：家、服装与性别也可以巧妙地组合在一起成为欲望与性别的拼贴；如迪塞尔电视广告《小石城篇》：真我与面具、自由与压抑、神话与现实可以共存。甚至，丑陋也可以信手拈来尽情挥洒。例如，在索尼游戏机电视广告《大厨篇》中，一个带着高高的帽子、穿着雪白的制服的厨师正在厨房里烹制一块牛排，这位厨师竟然把一口痰吐到牛排上。迪赛尔牛仔服《少女篇》的广告更是这种精神的完美展现。广告通过美好与丑陋的描写，正义与邪恶的较量，打出自己的广告语“为了成功的生活”。可该广告的表现过程却是极其的违反常规，尤其是它的结果，象征着善良、光明、美好的年轻人却被象征着恶毒、黑暗、丑陋的恶棍所打倒，而这种“意料之外”的结果就是要告诉人们：现实并不完美，正义仍会受挫。所以，我们必须要继续挑战，继续奋斗，来体会过程所带来的斗志，去追求更精彩的生活。这就是一种矛盾的存在，而存在即是合理，所以在后现代主义者眼中，矛盾的、异质的元素都在合情合理地演绎着属于自己的故事。由于后现代主义是西方后现代社会的特定文化和文学现象，它产生于资本主义物质文明高度发达并有着丰厚的现代主义文化土壤的地区，所以在中国大陆，它还不能成为一种主流文化，而只能作为一种供欣赏的对象，没有在广告界得到推广。而后现代主义广告对真理、进步等价值的否定，将导致相对主义、怀疑主义和虚无主义泛滥。在中国目前面临精神危机和道德失范的情况下，这种消解主义将导致严重的社会后果。在以君子为耻、以痞子为荣的价值颠倒的恶浪中，某些后现代主义广告的极端主张就起了推波助澜的作用。

后现代广告作品，就这样通过时空的交错，现实与图像的拼贴，让人体验到真实的虚幻或梦幻的真实。这种虚幻的真实，在一定意义上是人对“拷贝世界”的感受。由于大众传媒的传播积淀，在人与感性世界之间事实上形成了一个由信号、图像和模拟构成的“拷贝世界”，从而使人们对现实产生了一种不稳定的、被美化的幻觉。如果说，一般的人本观广告仍然在市场、消费者、产品三要素之间寻求人性化的沟通创意的话，那么，后现代广告则远远跳出了这一创意窠臼，成为自言自语的玩家。后现代广告的创意“颠覆”得更为彻底，不仅是对物本观广告的颠覆，而且也是人本观广告的进一步发展。它们不仅颠覆了现代广告的市场传统、消费者传统和广告传统，而且颠覆了广告的文化基础，这种彻底的颠覆表现在，广告策略上突出观念营销，是对产品营销的颠覆；图像风格上的仿真与超级写实，是对传统广告艺术的颠覆；从价值取向上关注人的现实存在状态、关注人类社会的问题，是对传统的物本观广告的颠覆；创意思路上高扬时尚、颠覆传统，是对经典文化、纯粹艺术的颠覆。后现代广告比一般广告更为独树标高而成为人本观广告的最新形态，成为青年受众追求的对象。因而，后现代广告不只是广告，更是消费时代的艺术，是一种具有时尚意味的商品艺术。

参 考 文 献

[1] 骆加中.后现代广告观论纲[J].艺术界，1999(04)：56-59.

[2] 鞠惠冰.后现代广告形象[J].天涯，2002(04)：41-45.

[3] 杨红军，刘世峰.后现代意义上的中国广告文化探讨[J].新长征，2004(21)：12-15.

[4] 李晋.解析西方广告语言形态从现代到后现代的嬗变[J].装饰，2004(02)：67-69.

[5] 张品良.后现代广告艺术风格的特征[J].美与时代，2005(01)：81-85.

[6] 秦怡心.靠广告成功的车商[J].思维与智慧，2005(06)：83-86.

[7] 田亚莲.探寻后现代广告艺术发展的方向[J].攀枝花学院学报，2007(01)：12-15.

[8] 鞠惠冰.形象文化与后现代广告的狂欢[J].电影艺术，2008(06)：55-58.

[9] 倪鹏飞.析广告设计"艺术"定位的成因[J].山东省青年管理干部学院学报，2005(03)：32-36.

[10] 陈昊.在实用与审美之间——谈广告设计中的复合型理念[J].语文学刊，2005(01)：56-58.